新能源汽车系列教材·微课版

汽车电力电子技术应用基础

编 著 赵振宁

北京理工大学出版社
BEIJING INSTITUTE OF TECHNOLOGY PRESS

内容提要

本书共分为10章，主要内容包括绪论、汽车电力电子器件、汽/柴油车辆中的电力电子技术应用、有刷直流电机的驱动控制、无刷直流电机的驱动控制、驱动电机单片机控制、电动汽车充电系统、电动汽车直流－直流变换器、汽车电力电子系统的电磁兼容、汽车电力电子维修，另外，书后还附录了工业变频器电路图和充电器电路图。

本书可作为汽车职业本科、汽车专科和职业技术学院教材，也可作为相关科研机构和汽车行业的技术人员的参考书。

图书在版编目（CIP）数据

汽车电力电子技术应用基础 / 赵振宁编著. -- 北京:
北京理工大学出版社, 2021.7（2021.11重印）
ISBN 978-7-5682-9711-0

Ⅰ. ①汽… Ⅱ. ①赵… Ⅲ. ①汽车－电力电子技术－高等学校－教材 Ⅳ. ①U463.6

中国版本图书馆CIP数据核字（2021）第138347号

出版发行 / 北京理工大学出版社有限责任公司
社　址 / 北京市海淀区中关村南大街5号
邮　编 / 100081
电　话 /（010）68914775（总编室）
（010）82562903（教材售后服务热线）
（010）68944723（其他图书服务热线）
网　址 / http: //www.bitpress.com.cn
经　销 / 全国各地新华书店
印　刷 / 河北鑫彩博图印刷有限公司
开　本 / 787毫米×1092毫米　1/16
印　张 / 16.5
字　数 / 349千字
版　次 / 2021年7月第1版　2021年11月第2次印刷
定　价 / 48.00元

责任编辑 / 高雪梅
文案编辑 / 高雪梅
责任校对 / 周瑞红
责任印制 / 李志强

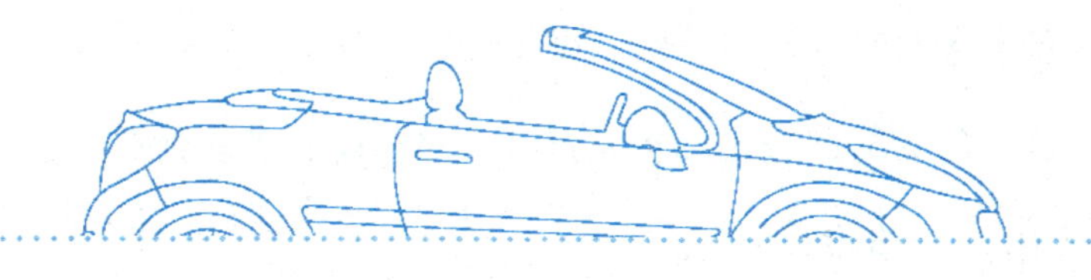

前言

PREFACE

近几年，由于新能源汽车技术大量采用了电力电子技术，使得有必要在高等院校中全面开设“电力电子学”课程。所以，行业急需编写一本电力电子技术教材定性地讲解其工作原理，方便中层技术水平的技术人员学习。

鉴于学生更注重应用而非产品开发来解决一线实际问题，所以，本书起名为《汽车电力电子技术应用基础》。

本书的侧重点是研究电力电子器件、电力电子电路及电力电子控制在汽车上的应用。本书用适当篇幅讲解了电力电子在传统汽车发动机、底盘和电气方面的应用；重点讲解了电力电子在新能源汽车变频器、车载充电机、直流充电桩、直流－直流转换等领域的应用；用小篇幅讲解了电动摩托车的有刷电机或无刷电机的变频控制、充电器充电，以及低速电动车的电机变频器、车载充电机等。为将汽车电力电子的应用原理说清楚，但又苦于缺少这些元件的电子电路图纸，本书也采用了向外应用的一定扩展，仅是想说明实际汽车中也是这样的应用，主要目的还是说明汽车元件。

本书共分为 10 章，主要内容包括绪论、汽车电力电子器件、汽 / 柴油车辆中的电力电子技术应用、有刷直流电机的驱动控制、无刷直流电机的驱动控制、驱动电机单片机控制、电动汽车充电系统、电动汽车直流－直流变换器、汽车电力电子系统的电磁兼容、汽车电力电子维修；书后还附录了工业变频器电路图和充电器电路图。

本书可作为汽车职业本科、汽车专科和职业技术学院教材，也可作为相关科研机构和汽车行业技术人员的参考书。

本书编写过程中，参考了大量参考文献、使用手册、维修经验。在此，对所有参考文献的作者表示诚挚的谢意。由于编写时间较短、相关资料不足和编者水平有限，书中难免存在许多不足之处，恳请广大读者批评指正。

编　者

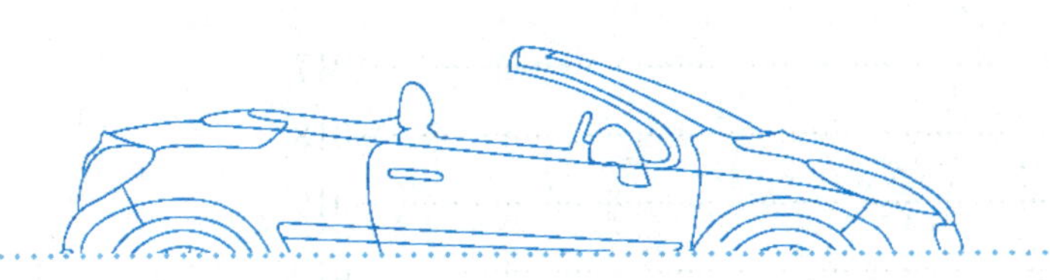

目录

CONTENTS

第 1 章
绪论

1.1 概述

1.1.1 汽车电力电子概念

本书针对汽车的电力电子部分做如下定义：汽车电力电子学（Automotive Power Electronics）是研究电力电子器件、电力电子电路及电力电子装置在汽车上的应用。可以简单概括为电力电子技术应用于汽车领域时的相关知识或理论。

1.1.2 汽车电力电子器件

传统电子学领域的电子器件与电力电子器件存在许多联系和区别，前者更多地被应用于模拟或数字类电信号的处理，体现出低电压、小电流和小功率的特点；后者往往工作在高电压变化率、大电流和大功率条件下。

一般将额定电流大于 1 A 的电子器件归类为电力电子器件，但两者的界限并不是非常清晰。与此相关的“汽车电子”与“汽车电力电子”两个术语之间也具有一定的关联和区别。例如，发动机控制系统中的点火系统及燃油喷射系统，由于采用了功率金属－氧化物－半导体场效应晶体管（功率 MOSFET）作为执行器件，可以看作是汽车电力电子技术的应用，但在现有的技术体系中，往往将其归为汽车电子领域。

表 1-1 给出了“汽车电子”和“汽车电力电子”各自具有的特点。

表 1-1 “汽车电子”与“汽车电力电子”的特点

类别	汽车电子	汽车电力电子
电压	3.3/5 V	12 ～ 1 200 V
电流	数百毫安	1 A 至数百安
功率	数瓦至数十瓦	数十瓦至数百千瓦
目的	模拟或数字信号处理	电能转换或控制
器件	模拟或数字电子器件	电力电子器件

1.1.3 汽车电力电子系统

汽车电力电子系统可定义为：为执行车载电能之间转换任务所必需的所有元件集合。

图 1-1 给出了一个乘用车的燃料电池汽车动力系统结构示意，图中与燃料电池输出侧连接的直流－直流变换器（也称为主 DC-DC 变换器）、辅助直流－直流变换器（也称为辅助 DC-DC 变换器）、电机控制器三个汽车电力电子部件组成了一个汽车电力电子系统。

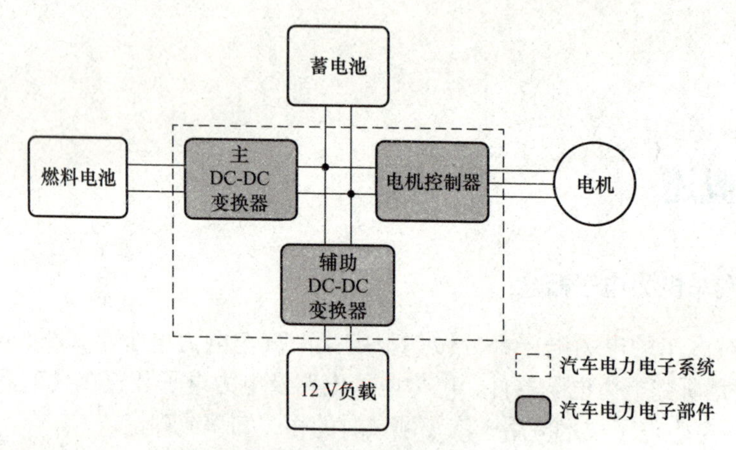

图 1-1 燃料电池汽车动力系统结构示意

1.1.4 汽车电力电子部件概念

汽车电力电子部件的概念为：组成汽车各个部分的具有不同形式电能之间转换技术特征的基本单元。因此，汽车电力电子系统既可以是单一的汽车电力电子部件，也可以是多个汽车电力电子部件的集成或组合。

一个汽车电力电子部件应具有下列特征。

1. 功能

在功能上完成一种形式电能到另一种形式电能的变换。

2. 电气结构

在电气结构上包括电力电子电路及维持其正常工作所需的辅助电路，如驱动电路、保护电路、微控制单元、数据采集电路、通信电路、电源电路等。一般将电力电子电路称为主电路，而将所有的辅助电路统称为控制电路。

3. 机械结构

在机械结构上包括导电母排、机械安装接口、各类连接器、散热子系统、防护外壳等。

4. 满足车用条件

具有较高的功率密度和效率；具有一定的防护等级和电气绝缘性能；具有较强的环境适应性和电磁兼容性。

典型的电动汽车永磁同步电机（Permanent Magnet Synchronous Motor，PMSM）驱动系统的组成，如图 1–2 所示。其包括作为电源的动力蓄电池、实现直流 – 交流电能变换的驱动电机控制器及实现电能 – 机械能变换的永磁同步电机。在图 1–2 所示系统中，电机控制器是一个汽车电力电子部件，其内部主要包括主电路和控制电路两大部分。

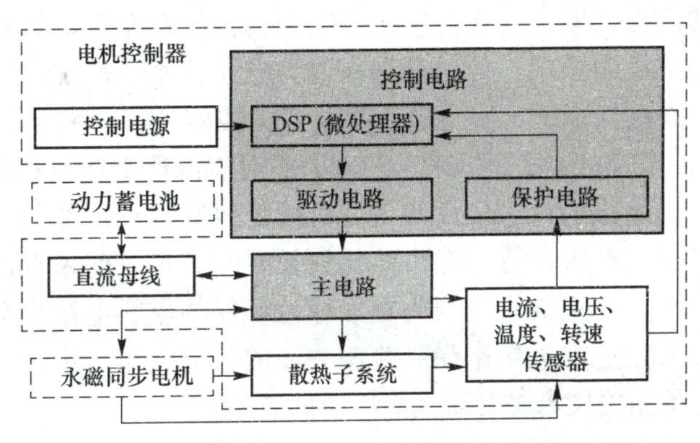

图 1–2　电动汽车永磁同步电机驱动系统的组成

主电路主要由电力电子器件构成，用来完成直流 – 交流之间的电能变换，如图 1–3 所示。三相电机控制器的主回路普遍采用三相桥式电路结构，每相桥臂由上、下两组电力电子器件构成。图 1–3 中的 V_1 与 V_3、V_5 与 V_4、V_6 与 V_2 分别构成 A、B、C 三相桥臂。同时，直流侧连接有电容。控制电路由数字信号处理器、驱动电路、保护电路等组成。

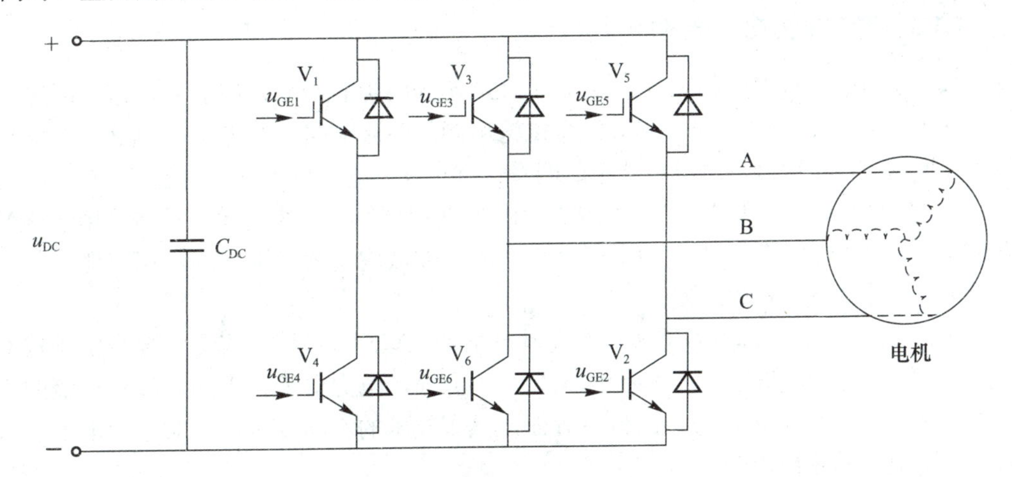

图 1–3　三相电机控制器主电路（逆变桥）

当电机驱动车辆行驶时，电机工作在电动（Motoring）状态，电能从蓄电池经电机控制器流向电机，电机控制器将直流形式的电能逆变为交流形式的电能；当车辆制动时，电机工作在发电（Generating）状态，电能从电机经电机控制器流向蓄电池，电机控制器将交流形式的电能整流为直流形式的电能。电机控制器中的控制电路根据电机实际工作状态，并基于驾驶员意图，对主电路中电力电子器件（图 1–3 中的 V_1 ~ V_6）的通断进行控制，从而实现对电机转矩或转速的控制。

换言之，在电机控制器中，大功率电能的转换是通过对主电路中电力电子器件工作状态的控制来实现的。而如何让电力电子器件按正常工作时序通断，则是控制电路的功能。除具有主电路和控制电路外，电机控制器还有各类传感器、散热子系统、连接母排、控制电源及图 1–2 中没有画出的连接器、防护壳体等构件或子系统。

电力电子技术在汽车上的应用越来越多，作用也越来越明显，这一点已获得汽车厂商和研发机构的广泛认同。在以内燃机为动力的传统汽车上，从发电机到起动机，从照明系统到发动机控制系统，处处都存在电力电子技术。传统汽车正在发展中的一些前沿技术，如智能电气系统、底盘电气化及各类线控（x–by–wire）技术等，更是离不开电力电子技术。进入 21 世纪以来，随着人们对能源严重短缺和环境污染等问题的重视，新能源汽车开始成为汽车厂商和研发机构的研究热点，部分产品如丰田公司的混合动力汽车普锐斯（Prius）等已经产业化较长时间。从目前来看，无论是纯电动汽车还是混合动力汽车，乃至被人们视为更加绿色环保的燃料电池汽车，电力电子技术都在其中扮演着重要角色。近年来受到普遍关注的智能汽车，由于采用了更多的电气执行部件，电力电子相关技术将会得到更广泛的应用。

汽车电力电子部件已经成为汽车的重要组成部分，其自身的性能对汽车的动力性、经济性、可靠性、安全性、稳定性和舒适性等会产生直接而重要的影响。汽车电力电子技术已经成为现代汽车领域关注和研究的热点。同时，汽车高温、高寒、高湿、高振动、高海拔等特殊的工作环境也对电力电子器件、电力电子电路、电力电子控制等方面提出了非常高的要求。

1.1.5 汽车电力电子技术的发展历程

汽车电力电子技术的起源可以追溯到 1957 年晶闸管的问世。1963 年，汽车部件生产商开始将大功率二极管用于交流发电机输出侧的整流电路，开创了电力电子技术在汽车领域的应用，因此，可以将这个时间看作汽车电力电子技术发展的起点。

20 世纪 70 年代，不断地有研发机构和厂商将晶闸管、功率场效应晶体管用于整车电气与发动机控制系统，但电力电子器件在汽车领域应用的范围很小，相应地，汽车电力电子技术发展就比较缓慢。

进入 21 世纪后，随着新能源汽车尤其是电动汽车相关技术的发展，电力电子技术在汽车领域的应用范围得到了极大的拓展。一方面，电力电子技术的进步对车辆的相关技术起到非常大的推动作用；另一方面，汽车技术的不断发展，也对电力电子技术提出了更高的技术要求。

1.2 电力电子在汽车上的应用

1.2.1 传统汽车上的应用

在以内燃机为动力的传统汽车上，汽车电力电子技术的应用主要集中在发动机、底盘和电气三大控制系统，具体内容如下。

1. 汽车发动机系统

电力电子技术在汽车发动机系统方面的应用为：汽油发动机点火器、喷油器、各种电机（如节气门开启电机）及各种电磁阀等的控制；柴油发动机喷油器、各种电机（如熄火阀电机）、加热器及各种电磁阀等的控制。

2. 汽车底盘系统

电力电子技术在汽车底盘系统方面的应用为：底盘转向系统对继电器、助力电机、电动液压泵电机等的控制；对主动悬挂电机和电磁阀的控制等；对 ABS 气压制动阀的驱动控制、ABS 液压电磁阀的驱动控制等。

3. 汽车电气系统

电力电子技术在汽车电气系统方面的应用为：发电机整流、起动机继电器控制，多电压电气系统的 DC-DC 转换、照明系统继电器控制，直接灯光驱动、车窗电机控制，车门锁电机控制，冷却风扇电机控制等。

除以上应用领域外，传统汽车上先进车辆控制技术的使用也往往对汽车电力电子技术具有很强的依赖性。

1.2.2 新能源汽车上的应用

与传统汽车相比，电力电子部件或系统在新能源汽车上的应用更为明显和重要，其中包括驱动车用电机变频器（有的资料错写为电机控制器）、直流－直流变换器、车载和非车载充电机、电动空调压缩机、PTC 空调加热器等核心部件。

1. 驱动车用电机变频器

电动汽车普遍采用交流异步电机或永磁同步电机来驱动车辆，驱动车用电机变频器将动力蓄电池的直流电能变换为驱动电机所需的交流电能，是电动汽车的核心部件。对于一部分混合动力的新能源汽车，在驱动车用电机变频器与动力蓄电池之间还会配有双向直流－直流变换器，用于提高电机控制器输入电压，进而提升驱动电机的综合性能。从功能角度看，这种复合电力电子装置仍然可以看作是变频器。驱动车用电机变频器的功率范围通常为几十至数百千瓦。

有的驱动车用电机变频器内部集成有 VTOG 功能，驱动车用电机变频器还要将车载动力电池直流电变换为三相或单相交流电从充电口输出，用于对外供电。

【特别指导】驱动车用电机变频器和电机控制器的区别

驱动车用电机变频器由电机控制器、逆变桥驱动器、逆变桥、电容器和电流传感器五部分组成，而电机控制器只是变频器内部电机控制部分的控制器，是接收电机转子信号和电流传感器信号实现驱动逆变桥驱动器，近而控制逆变桥换流的控制器。

在一些电动汽车资料中，误将驱动车用电机变频器称为电机控制器或电机功率控制器的说法是错误的。

2. 直流－直流变换器

直流－直流变换器主要包括以下两类：

（1）小功率直流 - 直流变换器。电动汽车用小功率直流 - 直流变换器的主要功能是将动力蓄电池提供的高压直流电能降压为 12 V 或 24 V 低压直流电能供汽车 12 V 或 24 V 电系使用。这类直流 - 直流变换器，对于乘用车，功率为 1 ～ 3 kW；对于商用车，功率为 3 ～ 5 kW。

（2）大功率直流 - 直流变换器。用于燃料电池和动力蓄电池两个动力源做电压匹配和功率分配为大功率直流 - 直流变换器。这类直流 - 直流变换器的功率可达几十至近百千瓦。

3. 车载和非车载充电机

车载充电机集成了单相或三相整流、逆变升压、整流、滤波等环节，可以说是汽车电力电子学应用方面的典型代表。非车载充电机（直流充电桩）的功率范围一般为几千瓦至数十千瓦。

对于新能源汽车，除上述应用领域外，电力电子技术还在锂离子电池管理与均衡、燃料电池空气压缩机驱动与控制、电动空调制冷压缩机变频控制和 PTC 加热功率控制等领域有所应用。

1.3 汽车电力电子技术的特点和发展趋势

1.3.1 汽车电力电子技术的特点

汽车电力电子技术的主要特点表现在以下七个方面。

1. 高效率

高效率体现在汽车电力电子器件和汽车电力电子部件两个层次。对于器件来说，由于导通损耗和开关损耗不断降低，尤其是一些宽禁带材料功率器件（如碳化硅器件）的出现和使用，大大提高了器件的工作效率；对于部件来说，采用一些先进控制技术或进行电路拓扑结构优化，可以有效地提高汽车电力电子部件的工作效率。

2. 高频率

高频率工作是汽车电力电子器件的一个典型特征。大功率直流 - 直流变换器、电机控制器等电力电子器件的开关频率普遍不低于 20 kHz；在无线充电系统中，开关器件工作频率往往接近 100 kHz。较高的频率可以减轻因器件通断引起的部件工作噪声对车辆司乘人员产生的影响，但同时也会增加设备的开关损耗，并且可能带来突出的汽车电磁兼容问题。

3. 高密度

由于汽车空间有限，同时各部件之间有机械、电气之间的连接和耦合，因此，汽车部件的结构设计非常关键。汽车电力电子部件应在满足整车的电气、机械、冷却的需求及整车安装空间的要求前提下，尽可能提高质量功率密度（功率与质量的比值，单位为 kW/kg）及体积功率密度（功率与体积的比值，单位为 kW/L）。汽车电力电子器件越来越高度集成化，分立器件的使用越来越少。多器件模块化，以及采用先进工艺可以使汽车电力电子器件和汽车电力电子部件的功率密度越来越高。

4. 智能化

传统汽车上的电力电子器件往往作为电子控制单元（ECU）的执行器件出现，在一定程度上可以将信息处理和功率处理合二为一，使电力电子器件的工作呈现智能化的特点。而对于新能源汽车，大功率电力电子部件多采用控制类数字信号处理芯片或高性能微控制单元，从而才能有较好的控制精度和数据处理的实时性。虽然目前汽车电力电子电路和智能化控制技术的结合程度已经很高，但还有很大的发展空间。

5. 高性能电力电子器件的应用

与汽车电子领域类似，许多半导体厂商针对汽车应用领域陆续推出了汽车级电力电子器件，这类器件为适应汽车恶劣的工作环境及满足安全性、可靠性和耐久性的要求，普遍具有高结温、高效、高可靠性和长寿命的特点。因此，这类器件成本往往也较高。

6. 复杂的工况和频繁的变载

与一些工业用电力电子设备不同，汽车电力电子部件工作在较复杂的工况下，其电气荷载经常会发生剧烈变化。以纯电动汽车为例，驱动车辆所需的能量几乎全部经过电机控制器，而车辆自身质量的变化、驾驶员的操作习惯、实际道路条件等都会对电机的输出功率产生较大的影响。相应地，电机控制器输出的电流、电压随之发生剧烈的波动。同样，对于一些车载直流 - 直流变换器来说，工况仍然比较复杂，只是相对电机控制器，负载变化相对平缓。频繁的变载对汽车电力电子部件的自身控制提出了很大的挑战，同时对电力电子器件的选择，以及系统热管理提出了更严格的要求。

7. 突出的电磁兼容问题

汽车电力电子器件工作在高频开关状态，电力电子开关在开关的时刻和每次导通的时间及在这个时间内通过的电流是不同的，线圈上的电容和电感元件也不同，电路中电流会含有丰富的高次谐波成分。高电压、大电流是汽车电力电子电路的普遍特点，较高的电流变化率和电压变化率除会对电力电子器件本身产生较大的电气应力外，还会引起对外的电磁干扰（Electro Magnetic Interference，EMI）。

1.3.2 汽车电力电子技术的发展趋势

现代汽车电力电子技术的发展与汽车自身特点密切相关，汽车电力电子技术的发展趋势主要体现在以下五方面。

1. 节能高效

节能高效是汽车电力电子技术持续追求的目标。低效的汽车部件不仅会降低整车动力系统的性能，而且可能会增加车辆散热系统的成本和质量，进而增加整车整备质量，降低整车经济性和续驶里程。汽车电力电子部件的工作效率与电力电子器件的损耗、电路中无源元件（电感、电容等）的损耗密切相关，也与控制方法、电路工作模式具有很大的关联性。

2. 改善电磁环境

电磁兼容性是电力电子技术应用中的一个难点，如何抑制和降低汽车电力电子部件对汽车其他电气部件或系统产生的电磁干扰，进而改善整车的电磁环境是汽车电力电子学研究的热点问题。

3．安全可靠

安全可靠是汽车上任何新技术被采用的一个前提，汽车电力电子技术也不例外。如何保证电力电子部件安全、可靠地工作，并且不对车辆其他部件产生不良影响，是研发人员面临的一个重要课题。

4．器件的定制化和模块化

由于受车辆空间和部件布置的限制，不同厂家、不同类型的车辆对汽车电力电子部件的外形、体积和质量提出了不同的要求。作为汽车电力电子部件核心的电力电子器件，其需求也会呈现差异化的特点。按不同整车或部件厂家提出的要求，实现电力电子器件定制化和模块化生产，是汽车电力电子器件的一个发展趋势。

5．先进控制理论和控制方法的应用

电力电子系统是一种非线性、变结构、电压电流经常突变的离散系统，特别是与一些负载（如电机）构成的系统更是具有强耦合、多变量、非线性的特征。经典的控制理论和控制方法有时无法直接处理电力电子系统的控制问题，也不能满足汽车对电力电子部件安全、可靠、动态响应快等方面的要求。另外，汽车多采用分层控制，如分为整车控制、动力系统控制及部件控制。汽车电力电子部件除要满足整车对自身的性能要求外，还要满足其他层次的控制要求。高性能 DSP 或 MCU 在电力电子控制领域得到了普遍的应用，为一些复杂的控制算法提供了较好的实现手段。现代控制理论与控制方法由于具有自适应、自学习等特点，在电力电子控制领域具有较好的发展前景。

第 2 章
汽车电力电子器件

2.1 汽车电力电子器件概述

“电力电子变换”是电力专业本科院校使用教材，是一门复杂的学科。对于专科学习电动汽车来说，只需定性掌握电力电子变换中换流开关的结构、符号和应用即可，结构在讲完原理后，也可忽略。

2.1.1 电力电子器件

电力电子器件是汽车电力电子系统或部件中最基本和最重要的组成部分，是车载电能控制和转换的核心。

常用的电力电子器件有六种。

（1）电力二极管（Power Diode），也称功率二极管；

（2）电力晶闸管（Silicon Controlled Rectifier，可控硅 SCR）；

（3）电力晶体管（GTR 巨形晶体管）；

（4）电力场效应晶体管（P-MOSFET）；

（5）绝缘栅双极晶体管（IGBT）；

（6）智能功率模块（IPM）。

其中，电力晶体管（GTR 巨形晶体管）被 IGBT 取代。

电力二极管应用最为广泛，汽车上几乎所有电能变换和控制的地方，都有它的存在；电力晶闸管多应用于以电压调节或可控整流为目的的系统或部件；功率 MOSFET 多应用于低电压（如 12 ～ 200 V）和小功率（如小于 10 kW）场合；而高电压（如大于 200 V）和大功率（如数十千瓦至数百千瓦）系统或部件，则普遍采用绝缘栅双极晶体管（IGBT）作为主电路器件。近年来，在新能源汽车高电压、中小功率场合，碳化硅功率 MOSFET 有取代硅 IGBT 的趋势。

四种电力电子器件在汽车上的应用情况如图 2-1 所示。电力二极管、电力晶闸管、功率金属 - 氧化物 - 半导体场效应晶体管和绝缘栅双极晶体管这四种汽车电力电子器件的电气符号和理想特性曲线见表 2-1。

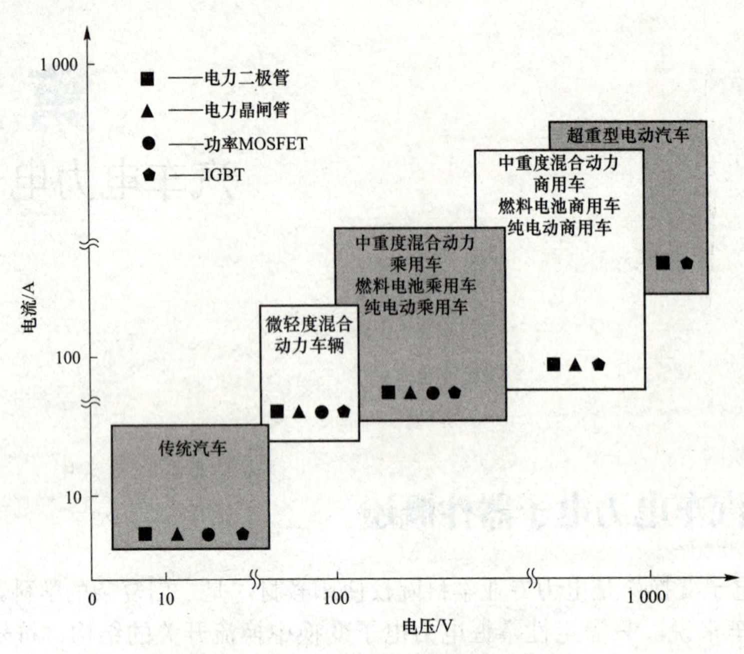

图 2-1　汽车电力电子器件应用情况

表 2-1　四种汽车电力电子器件比较

名称	符号	理想特性曲线
电力二极管	A i_D K + − u_D	i_D On Off O u_D
电力晶闸管	G i_G A i_A K + − u_{AK}	i_A On Off Off O u_{AK}
功率金属－氧化物－半导体场效应晶体管（功率 MOSFET）	D + i_D u_{DS} G + u_{GS} − S −	i_D On Off On O u_{DS}
绝缘栅双极晶体管	C + i_C G + u_{CE} u_{GE} − E −	i_C On Off Off O u_{CE}

2.1.2 车用与工业用电力电子器件区别

汽车上用的电力电子器件与其他工业领域用的电力电子器件在性能上有一定区别，主要原因是汽车电力电子器件的应用环境更为恶劣，车辆有时会处于高温、高湿、强振动、负载变化剧烈、复杂的电磁环境，甚至高海拔的场合，因而汽车电力电子器件需要具有高结温、低通态损耗、长寿命（高于整车寿命）、高可靠性等特点，同时，要满足国内外相关汽车标准和规范的要求或通过相关认证。这就要求半导体厂商在材料选取、结构设计、制造工艺上都应予以特殊考虑。但汽车电力电子器件与普通电力电子器件的工作原理与基本电气特性没有区别。

2.1.3 电力电子器件实际特性与理想特性区别

电力电子器件工作在开关状态，并且和电路中其他元器件（如电感、电容等）配合，完成对电能的变换或控制。在实际工作过程中，电力电子器件的实际特性与理想特性存在很大区别，具体见表 2–2。

表 2–2 电力电子器件实际特性与理想特性比较

类别	电力电子器件实际特性	理想特性
关断状态	阻断电压：有限	阻断电压：无穷大
	漏电流：微小	漏电流：零
开通状态	导通压降：数百毫伏至数伏	导通压降：零
	导通电流：有限	导通电流：无穷大
开通过程	所需时间：数纳秒至数微秒	所需时间：零
关断过程	所需时间：数纳秒至数微秒	所需时间：零
驱动与控制	需要复杂的驱动与控制电路，消耗一定的驱动功率或能量	简单的驱动与控制方法，需要的驱动与控制功率或能量为零

2.2 电力二极管

电力二极管

2.2.1 电力二极管作用

电力二极管（Power Diode）在 20 世纪 50 年代初期就获得应用，当时也被称为半导体整流器，它的基本结构和工作原理与信息电子电路中的二极管是一样的，都以半导体 PN 结为基础，实现正向导通、反向截止的功能。

电力二极管是不可控器件，其导通和关断完全是由其在主电路中承受的电压和电流决定的。由一个面积较大的 PN 结和两端引线及封装组成。从外形上看，主要有螺栓型和平板型两种封装。电力二极管外形及符号如图 2–2 所示。

电力二极管的伏安特性曲线与普通小功率二极管基本一致，如图 2–3 所示。在外加正向电压情况下，二极管在 0.5 V 左右开始导通，有微弱的正向电流 I_F 流过（F=Forward）。随着正向电流 I_F 的增大，电力二极管的正向压降也逐渐增大。由于功率二极管通常工作于大电流状态，在电流值达到额定电流时，工作点在伏安特性曲线的上端 *A* 点，其压降一般为 1.0 ～ 2.0 V。而普通小功率二极管通常工作于小电流状态，其工作点在伏安特性曲线的 *B* 点附近，压降一般为 0.7 V。

在外加反向电压时，二极管不导通，只有一个很小的反向饱和电流 I_s 流过。但当外加的反向电压超过二极管所能承受的最高反向电压 U_{RSM} 后，二极管被击穿，反向电流 I_r 迅速增加，此时若无限流保护，二极管将被烧毁。通常电力二极管所能承受的反向电压比较高，为几百伏至几千伏，远高于普通二极管所能承受的反向电压。

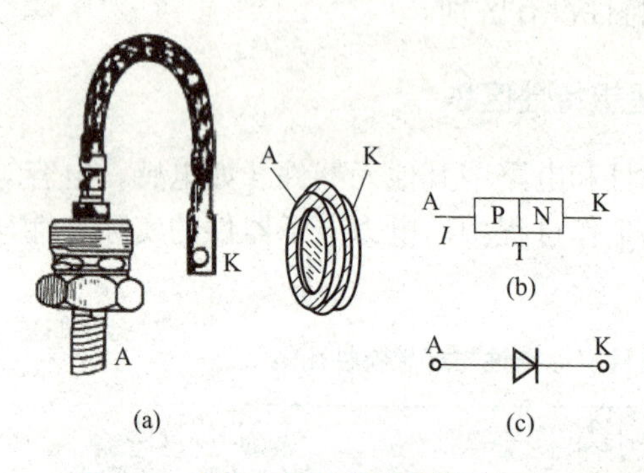

图 2-2　电力二极管外形及符号
（a）外形；（b）结构；（c）电气图形符号

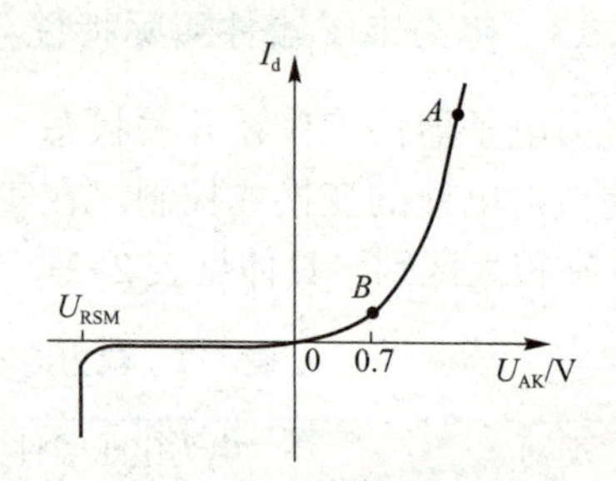

图 2-3　电力二极管伏安特性曲线

2.2.2　电力二极管类型

电力二极管类型主要有普通二极管、快速恢复二极管和肖特基二极管。

1. 普通二极管

普通二极管（General Purpose Diode）又称为整流二极管（Rectifier Diode），多用于开关频率不高（1 kHz 以下）的整流电路中。

2. 快速恢复二极管

快速恢复二极管的恢复过程很短，特别是反向恢复过程很短（5 μs 以下）的二极管，也简称为快速二极管。工艺上多采用掺金措施，结构上有的采用 PN 结构类型，也有的采用对此加以改进的 PN 结构。

3. 肖特基二极管

以金属和半导体接触形成的势垒为基础的二极管称为肖特基势垒二极管(Schottky Barrier Diode，SBD），简称为肖特基二极管。肖特基二极管的优点在于：反向恢复时间很短（10 ～ 40 ns），正向恢复过程中也不会有明显的电压过冲；在反向耐压较低的情况下，其正向压降也很小，明显低于快速恢复二极管。因此，其开关损耗和正向导通损耗都比快速二极管小，效率高。肖特基二极管的弱点在于：当反向耐压提高时，其正向压降也会高得不能满足要求，因此，多用于 200 V 以下的低压场合。反向漏电流较大且对温度敏感，因此，反向稳态损耗不能忽略，而且必须更严格地限制其工作温度。

2.3 电力晶闸管

【特别说明】有些电工电子教材中在最后一章提到过的晶闸管，就是电力晶闸管，这是电工电子学中接触电力电子学的开始，而其他电力电子学科的众多知识并未提及。

2.3.1 晶闸管概念

晶闸管是硅晶体闸流管的简称，小功率晶闸管外形如图 2-4 所示，大功率晶闸管外形如图 2-5 所示。晶闸管包括普通晶闸管和双向、可关断、逆导、快速等晶闸管类型。普通型晶闸管（Thyristor）曾称为可控硅整流器，常用 SCR（Silicon Controlled Rectifier）表示。在实际应用中，如果没有特殊说明，均指普通晶闸管。

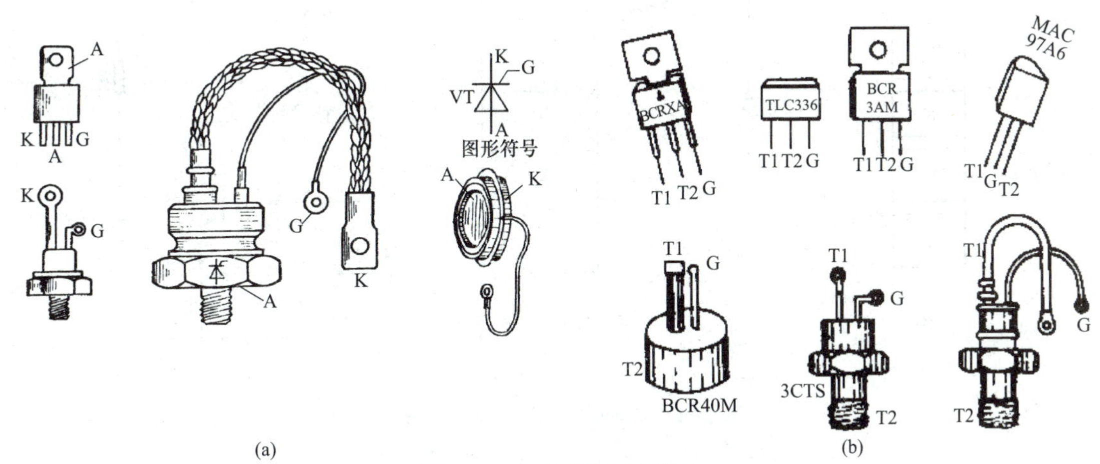

图 2-4 小功率晶闸管外形

（a）单向晶闸管外形；（b）双向晶闸管外形

图 2-5 大功率晶闸管外形

2.3.2 晶闸管用途

晶闸管主要用来组成整流、逆变、斩波、交流调压、变频等变流装置和交流开关及家用电器实用电路等。由于上述装置，特别是变流装置是静止型的，具有体积小、寿命长、效率高、控制性能好，并且无毒、无噪声、造价低、维修方便等优点，因此，在各个工业部门和民用领域都得到广泛应用。

2.3.3 晶闸管基本结构

晶闸管有阳极 A（Anode）、阴极 K（Kathode 同 Cathode）和控制极 G（Gate）三个电极。螺栓式晶闸管有螺栓的一端是阳极，使用时可将螺栓固定在散热器上，另一端的粗引线是阴极，细引线是控制极。平板式晶闸管中间金属环的引出线是控制极，距离控制极较远的端面是阳极，距离控制极较近的端面是阴极，使用时可将晶闸管夹在两个散热器中间，散热效果好。

晶闸管的内部结构如图 2-6（a）所示，它由四层半导体 P_1、N_1、P_2、N_2 重叠构成，从而形成 J_1、J_2、J_3 三个 PN 结。由端面 P_1 层半导体引出阳极 A，由端面 N_2 层半导体引出阴极 K，由中间 P_2 层半导体引出控制极 G。图 2-6（b）所示为晶闸管的图形符号。

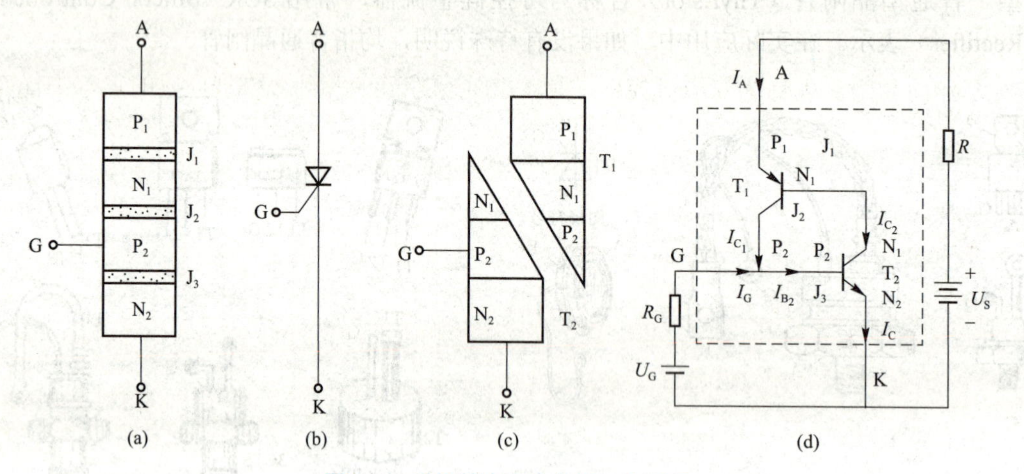

图 2-6 晶闸管内部结构及工作原理

（a）内部结构；（b）图形符号；（c）结构模型；（d）等值电路

2.3.4 晶闸管工作原理

（1）晶闸管导通的原理。为了说明晶闸管导通的原理，可以将晶闸管看成是由 PNP 型和 NPN 型两个三极管连接而成，如图 2-6（c）所示。其中 N_1、P_2 为两管共有，即一个三极管的基极与另一个三极管的集电极相连。阳极 A 相当 PNP 型管 T_1 的发射极，阴极 K 相当于 NPN 型管 T_2 的发射极。

如果晶闸管阳极加正向电压，控制极也加正向电压，两个等效三极管的各个 PN 结的偏置均应符合放大工作的条件，其电路如图 2-6（d）所示。在控制极正向电压 U_G 的作用下，产生的控制极电流 I_G 就是 T_2 管的基极电流 I_{B_2}，T_2 的集电极电流 $I_{C_2}=\beta_2 I_{B_2}=\beta_2 I_G$ 又是 T_1 管的基极电流，T_1 管的集电极电流 $I_{C_1}=\beta_1 I_{C_2}=\beta_1\beta_2 I_G$，其中 β_1、β_2 分别是 T_1、T_2 的电流放大系数。I_{C_1} 又流入 T_2 的基极再一次放大。反复放大在电路中形成强烈的正反馈，使两个三极管迅速达到饱和导通，晶闸管便进入了完全导通的状态。晶闸管导通后的工作状态可完全依靠管子本身的正反馈来维持，即使控制电流消失，晶闸管仍处于导通状态。

晶闸管导通后，其正向压降很小（1 V 左右），电源电压几乎全部加在负载上，所以，晶闸管导通后电流的大小取决于外电路参数。

（2）晶闸管关断的原理。晶闸管导通后，若将外电路负载电阻加大，使晶闸管的阳极电流降低到不能维持正反馈的数值，则晶闸管便自行关断，恢复到阻断状态。对应于关断瞬间的阳极电流称为维持电流，用 I_H 表示。它是维持晶闸管导通的最小电流。如果将晶闸管的阳极电压降低到零或断开阳极电源或在阳极与阴极之间加反向电压，导通的晶闸管都能自行关断。

综上所述，晶闸管是一个可控的单向导电开关。与二极管相比，它具有可控性，能正向阻断；与三极管相比，其差别在于晶闸管对控制电流没有放大作用。

2.3.5 双向晶闸管

1. 双向晶闸管概念

双向晶闸管也称为双向可控硅，是在普通可控硅的基础上发展而成的。它不仅能代替两只反极性并联的可控硅，而且仅需一个触发电路，是比较理想的交流开关器件。其英文名称 TRIAC 即三端双向交流开关（Triple AC）之意。

双向晶闸管，相当于两个单向晶闸管反向并联而成，但只有一个控制极。双向晶闸管的结构如图 2-7（a）可以看出，它属于 N、P、N、P、N 五层半导体器件，有三个电极，分别称为第一电极 T_1、第二电极 T_2、控制极 G。T_1、T_2 又称为主电极。双向晶闸管符号如图 2-7（d）所示，其包括平板型、螺栓型、塑封型多种，图 2-7（e）所示为小功率塑封晶闸管的外形。

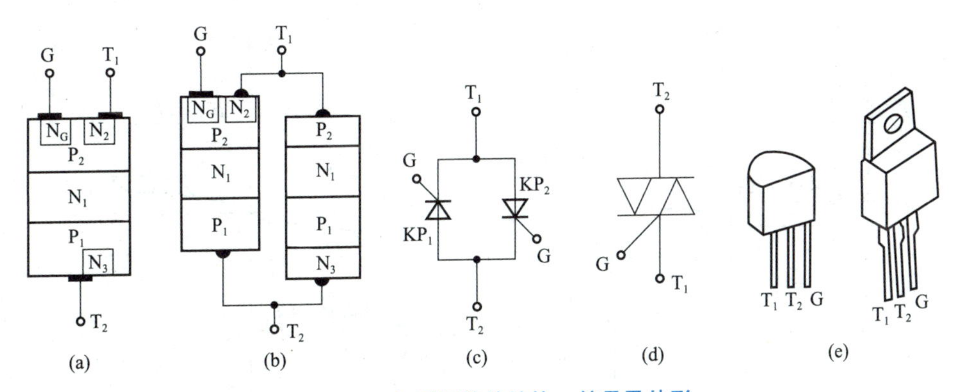

图 2-7 双向晶闸管的结构、符号及外形

（a）内部结构；（b）等效结构；（c）等效电路；（d）符号；（e）外形

为了便于说明问题，可以将图 2-7（a）看成是由左右两部分组合而成，如图 2-7（b）所示，原来的双向晶闸管就被分解成了两个 PNPN 型结构的普通的单向晶闸管。如果将右边从下往上看的 N_3-P_1-N_1-P_2 部分叫作正向的话，那么左边从下往上看的部分就成为反向，它们之间正好是一正一反地并联在一起。这种连接叫作反向并联，从电路功能上可以把它等效成图 2-7（c）。也就是说，一个双向晶闸管在电路中的作用和两个普通的单向晶闸管反向并联起来是等效的。这也正是双向晶闸管为什么会有双向控制导通特性的根本原因。

对于两个反向并联的单向晶闸管来说，因为它们各自都有自己的控制极，所以，必须通过两个控制极协调工作，才能达到控制电路的目的。而双向晶闸管却不同，它只有一个控制极，通过这唯一的控制极就能控制双向晶闸管的正常工作。显然，它的触发电路比起两只反向并联的单向晶闸管的触发电路要简单得多。这不仅给设计和制造带来很多方便，而且也使电路的可靠性得到提高，使设备的体积缩小、质量减轻，这是双向晶闸管的一个突出优点。

2. 双向晶闸管的触发电路

双向晶闸管的触发电路，通常有两类，一类是双向晶闸管用于调节电压、电流的场合，此时要求触发电路能改变双向晶闸管的导通角的大小，可采用单结晶体管（双基二极管）或双向二极管触发电路；另一类是双向晶闸管用作交流无触点开关的场合，此时双向晶闸管仅需开通和关闭，无须改变其导通角，故触发电路简单，一般只用一只限流电阻直接用交流信号触发。

目前，双向晶闸管广泛地应用于交流调压、调速、调光及交流开关等电路中。此外，其还被用于固态继电器和固态接触器中。

2.3.6 晶闸管的伏安特性

单向晶闸管的伏安特性曲线如图 2–8（a）所示。如前所述，双向晶闸管在结构上相当于两个单向晶闸管反极性并联。于是，它具有两个方向都导通、关断特性，即具有两个方向对称的伏安特性，双向晶闸管的伏安特性曲线如图 2–8（b）所示。

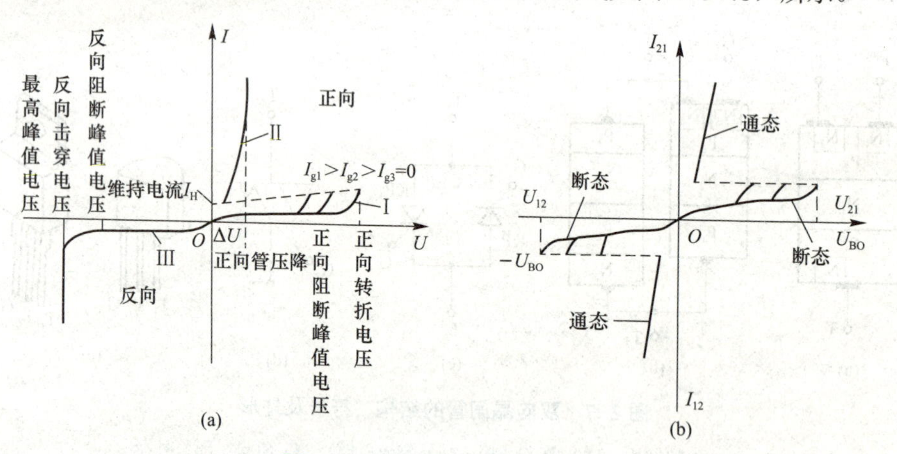

图 2–8 晶闸管的伏安特性曲线

（a）单向晶闸管的伏安特性曲线；（b）双向晶闸管的伏安特性曲线

由图 2–8（b）可见，双向晶闸管的伏安特性曲线是由一、三两个象限内的曲线组合成的。第一象限的曲线说明，当加到主电极上的电压使 T_2 对 T_1 的极性为正时，称为正向电压，并用符号 U_{21} 表示；当这个电压逐渐增加到等于转折电压 U_{BO} 时，晶闸管 KP_1 导通如图 2–7（c）所示，这时的通态电流为 I_{21}，方向是从 T_2 流向 T_1。从图 2–8 中可以看到，触发电流越大，转折电压就越低，这种情形与单向晶闸管的触发导通规律是一致的。

当加到主电极上的电压使 T_1 对 T_2 的极性为正时，叫作反向电压，并用符号 U_{12} 表示。当这个电压达到转折电压值时，右边的晶闸管 KP_2［图 2-7（c）］便触发导通，这时的电流为 I_{12}，其方向是从 T_1 到 T_2。这时，双向晶闸管的伏安特性曲线如图 2-8（b）中第三象限所示。

在上述两种情况中，除加到主电极上的电压和导通电流的方向相反外，它们的触发导通规律是相同的。如果这两个并联连接的管子特性完全相同，一、三两个象限的伏安特性曲线就应该是对称的。通过对伏安特性曲线的分析可以知道，对双向晶闸管来说，无所谓阳极和阴极。它的任何一个主电极对一个管子是阳极，对另一个管子就是阴极，反过来也一样。因此，双向晶闸管无论主电极加上的是正向或是反向电压，它都能被触发导通。不仅如此，双向晶闸管还有一个重要的特点，即无论触发信号的极性如何，或所加的触发信号电压 U_G 对 T_1 是正向还是反向，都能触发导通。因此，可以用交流信号来作触发信号，使它能作为一个交流双向开关使用。

2.3.7 应用

图 2-9 所示为单相电动机的双向闸管调速电路。电动机具有两个绕组，交流 220 V 电源，一端加到绕组的公共端，运行绕组经双向晶闸管 D_2 接到交流 220 V 的另一端，同时经 4 μF 电容器接到辅助绕组的端子上。

电动机的主通道中 D_2 导通，电源才能加到绕组上，电动机才能旋转。D_2 受 D_1 的控制，在半个交流周期内 D_1 输出脉冲，D_2 变可导通，改变 D_1 的导通角（相位）就可对速度进行控制。

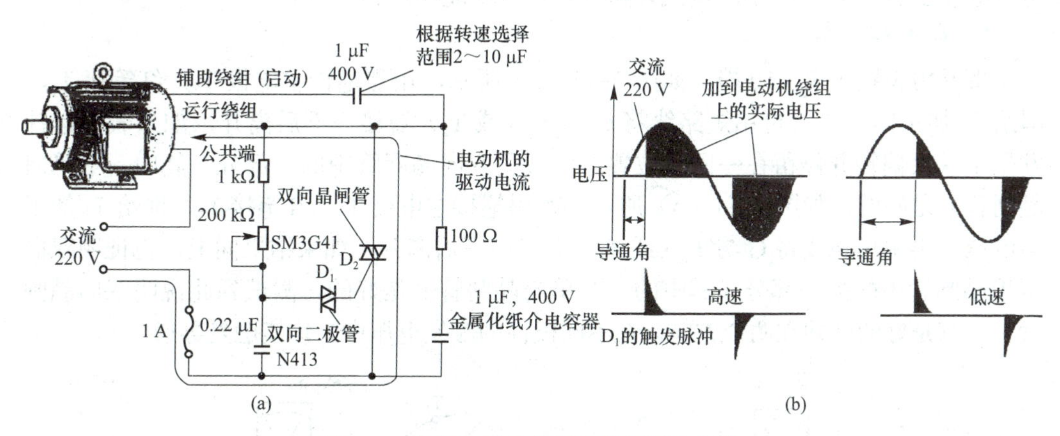

图 2-9 单相电动机的双向闸管调速电路

（a）供电电路的结构；（b）晶闸管的信号波形

在图 2-9 中要注意电容 0.22 μF 在充电时受 1 kΩ 和 200 kΩ 可变电阻控制，所以，交流信号来的时间给电容充电，电容电压升高，当高于双向二极管 D 导通，并加到双向晶闸管的 G 极时，一个方向的双向晶闸管导通，晶闸管一旦导通，电容开始放电，晶闸管仍然保持导通。交流电反向电压时原理相同。

类似的还有灯光亮度调节电路如图 2-10 所示，原理与图 2-9 相同，电容 C_1 值越小，

且串联电阻 R_1 越小，控制电压上升的就更快，双向晶闸管导通时间越多，输出电压越高。

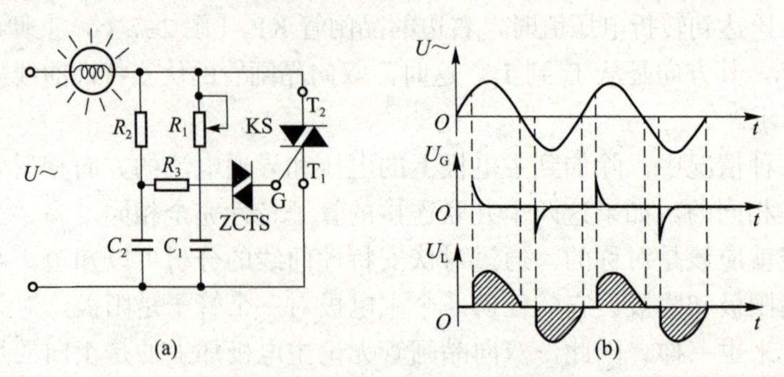

图 2-10　灯光亮度调节电路

2.3.8　检查方法

检查双向晶闸管用万用表好坏的方法如下。

1. 测量极间电阻法

将万用表置于 R×1 k 挡，如果测得 T_2-T_1、T_2-G 之间的正反向电阻接近∞，而万用表置于 R×10 挡测得 T_1-G 之间的正反向电阻在几十欧姆时，就说明双向晶闸管是好的，可以使用；反之，若测得 T_2-T_1、T_2-G 之间的正反向电阻较小或等于零，而 T_1-G 之间的正反向电阻很小至接近零时，就说明双向晶闸管的性能变坏或击穿损坏，不能使用；如果测得 T_1-G 之间的正反向电阻很大（接近∞）时，说明控制极 G 与主电极 T_1 之间内部接触不良或开路损坏，也不能使用。

2. 检查触发导通能力

将万用表置于 R×10 挡，如图 2-11（a）所示，用黑笔接主电极 T_2，红笔接 T_1，即给 T_2 加正向电压，再用短路线将 G 与 T_1（或 T_2）短接一下后离开，如果表头指针发生了较大偏转并停留在一固定位置，就说明双向晶闸管中的一部分（其中一个单向晶闸管）是好的。如图 2-11（b）所示，改黑笔接主电极 T_1，红笔接 T_2，即给 T_1 加正向电压，再用短路线将 G 与 T_1（或 T_2）短接一下后离开，如果结果同上，也证明双向可控晶闸管中的另一部分（其中的一个单向晶闸管）是好的。测试到此说明双向晶闸管整个都是好的，即在两个方向（在不同极性的触发电压中）均能触发导通。

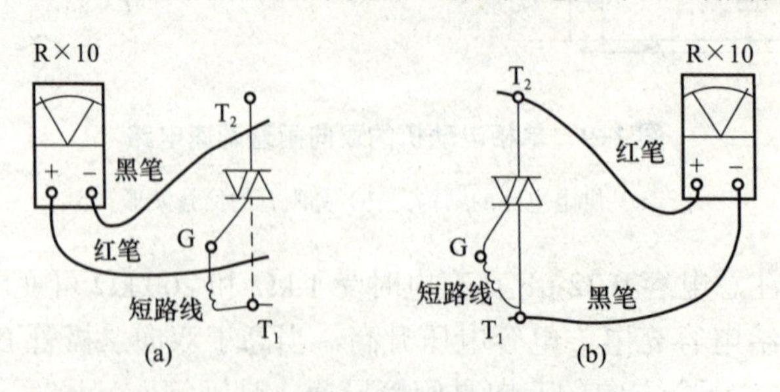

图 2-11　判断双向晶闸管的触发导通能力

（a）T_2 加正向电压；（b）T_1 加正向电压

如图 2-12（a）所示，取一只 10 μF 左右的电解电容器，将万用表置于 R×10 k 挡（V

电压），对电解电容器充电 3 ～ 5 s 后用来代替图 2-11 中的短路线，即利用电容器上所充的电压作为触发信号，再将万用表置于 R×10 挡，按照图 2-12（b）连接好后进行测试。测试时，电容 *C* 的极性可任意连接，同样是碰触一下后离开，观察表头指针偏转情况，如果图 2-12（b）的正反向测试结果指针都正常偏转证明双向晶闸管是好的。

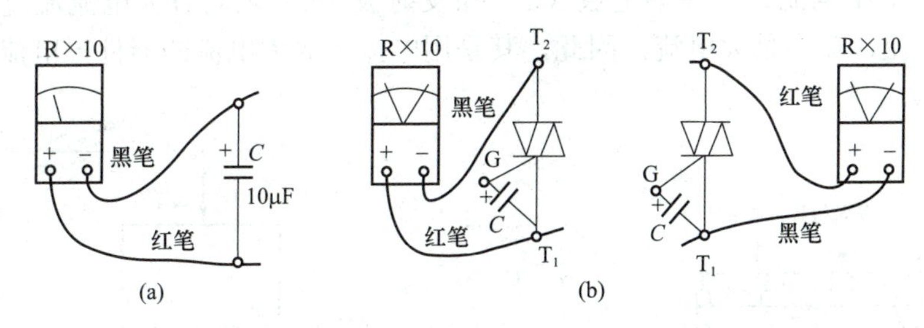

图 2-12　判断双向晶闸管的触发导通能力

（a）对 C 充电；（b）判断触发导通能力

2.4　电力晶体管

2.4.1　电力晶体管概念

电力晶体管是一种电流控制的大功率、高反压电力电子器件，具有自关断能力，产生于 20 世纪 70 年代，其额定值已达 1 800 V/800 A/2 kHz、1 400 V/600 A/5 kHz、600 V/3 A/100 kHz。它既具备晶体管饱和压降低、开关时间短和安全工作区宽等固有特性，又增大了功率容量，因此，由它所组成的电路灵活、成熟、开关损耗小、开关时间短，在电源、电机控制、通用逆变器等中等容量、中等频率的电路中应用广泛。其缺点是驱动电流较大、耐浪涌电流能力差、易受二次击穿而损坏。电力晶体管正逐步被功率 MOSFET 和 IGBT 所代替。

2.4.2　电力晶体管结构

电力晶体管的英文是 Giant Transistor（GTR），TR 是 Transistor 的首尾字母。它是一种双极结型晶体管，具有高反压、自关断能力。电力晶体管结构、外形和等效电路如图 2-13 所示。

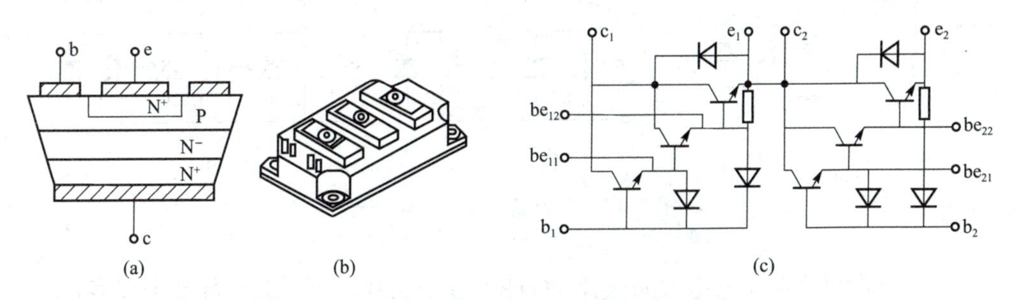

图 2-13　电力晶体管结构、外形和等效电路

（a）GTR 结构示意；（b）GRT 模块的外形；（c）GTR 模块的等效电路

2.4.3 电力晶体管原理

电力晶体管（图 2-14）有 C（Collector 集电极）、B（Base 基极）和 E（Emitter 发射极）三个电极。在电力晶体管中，基极（B）和发射极（E）之间加超过开启电压后形成一个小电流，则在集电极（C）和发射极（E）之间有大电流流过，由于输入的是小电流，输出是大电流，因此，其是用电流来放大电流的器件，电流的放大倍数用 β 表示。

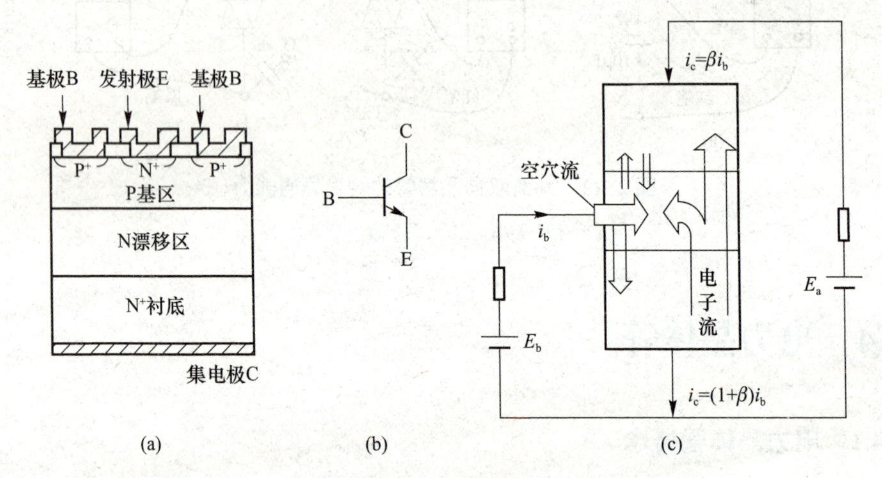

图 2-14 电力晶体管内部结构、电气符号和正向导通电路
（a）结构剖面示意；（b）电气符号；（c）正向导通电路

【特别说明】电力晶体管和《电工电子学》中的三极管的工作原理相同。其优点是输出耐高压、大电流，但输入驱动电路复杂，输入电流较大。

2.4.4 电力晶体管模块化

电力晶体管模块化符号如图 2-15 所示。其中，图 2-15（c）四单元模块可实现单相全桥逆变，图 2-15（d）六单元模块可实现三相全桥逆变。

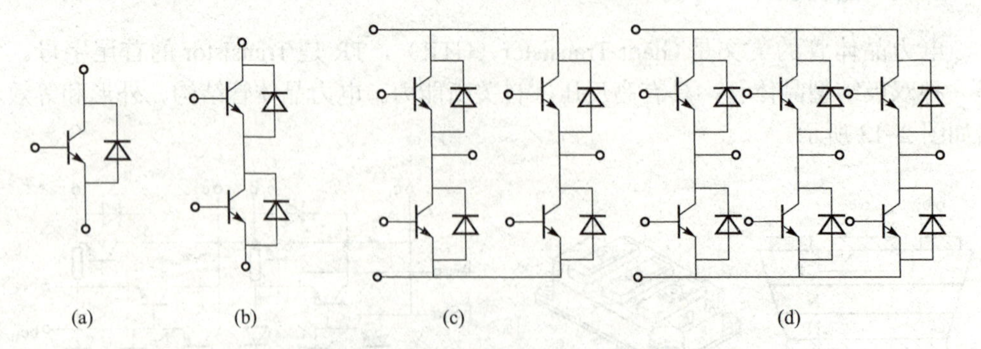

图 2-15 电力晶体管模块化符号
（a）一单元模块；（b）两单元模块；（c）四单元模块；（d）六单元模块

图 2-16 所示为两单元电力晶体管（GTR）模块实物，可见其外部端子较多。

图 2-16　两单元电力晶体管（GTR）模块实物

图 2-17 为两单元电力晶体管（GTR）模块的内部实际电路，三级放大结构在外部看来相当于一个大功率管，所以本质是图 2-15 的两单元模块。

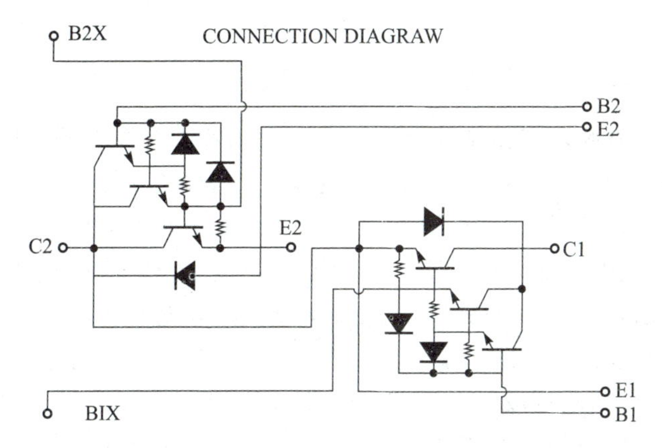

图 2-17　两单元电力晶体管（GTR）模块的内部实际电路

2.5　电力场效应晶体管

2.5.1　电力场效应晶体管概念

电力场效应晶体管为结型和绝缘栅型。通常绝缘栅型为电力金属 - 氧化物 - 半导体绝缘栅型场效应晶体管中的 MOS 型（Power Metal Oxide Semiconductor Field Effect Transistor），简称电力 MOSFET（Power MOSFET）；结型电力场效应晶体管一般称为静电感应晶体管（Static Induction Transistor，SIT）。

电力场效应晶体管按导电沟道可分为 P 沟道和 N 沟道，每种还可分为耗尽型和增强型。耗尽型是当栅极电压为零时，漏源极之间就存在导电沟道。增强型是对于 N（P）沟道器件，栅极电压大于（小于）零时才存在导电沟道。电力 MOSFET 主要是 N 沟道增强型。

2.5.2　电力场效应晶体管结构

电力场效应晶体管内部结构、电气符号如图 2-18 所示。电力场效应晶体管有 D

（Drainage 漏极）、G（Gate 栅极）和 S（Source 源极）三个极，原理与电工电子学中的场效应管相同。

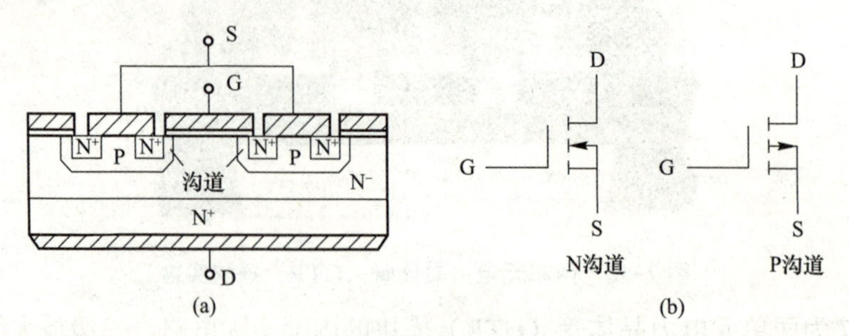

图 2-18　电力场效应晶体管内部结构、电气符号
（a）内部结构剖面示意；（b）电气符号

2.5.3　电力场效应晶体管原理

以 N 沟道的电力场效应晶体管为例，在电力场效应晶体管的漏极（D）接工作电路电源正极，源极（S）接工作电路电源负极时，工作情况如下：

1. 栅极（G）和源极（S）之间无驱动电压或低于开启电压

若电力场效应晶体管的栅极（G）和源极（S）之间电压为 0，沟道不导电，电力场效应晶体管的漏极（D）和源极（S）处于截止（不导通）状态。

2. 栅极（G）和源极（S）之间电压大于或等于管子的开启电压

电力场效应晶体管的栅极（G）和源极（S）之间电压大于或等于管子的开启电压，沟道导电，电力场效应晶体管的漏极（D）和源极（S）处于导通状态，且开启电压越大，导电能力越强，漏极电流越大。一旦导电沟形成，即使电力场效应晶体管栅极（G）和源极（S）之间电压降低至管子的开启电压以下或为零电压（取消驱动电压），导电沟仍不会消失，电力场效应晶体管的漏极（D）和源极（S）仍处于导通状态。放大能力用输出电流比输入电压，量纲为电阻的倒数，称为跨导，单位是 S（西门子），是电压放大电流的器件。

3. 栅极（G）和源极（S）之间加负电压时

电力场效应晶体管栅极（G）和源极（S）之间加负电压时，导电沟道消失，管子的漏极（D）和源极（S）处于截止状态，且开启负电压越大，导电沟道消失的越快。

2.5.4　电力场效应晶体管保护措施

电力场效应晶体管的绝缘层易被击穿是它的致命弱点，栅源电压一般不得超过 ±20 V，因此，在应用时必须采用相应的保护措施，通常有以下四种方法。

1. 防静电击穿

电力场效应晶体管最大的优点是有极高的输入阻抗，因此在静电较强的场合易被静电击穿，为此，储存时应放在具有屏蔽性能的容器中，取用时工作人员要通过腕带良好接地；在器件接入电路时，工作台和烙铁必须良好接地，且烙铁断电焊接；测试器件时，仪器和工作台都必须良好接地。

2. 防偶然性振荡损坏

当输入电路某些参数不合适时，可能引起振荡而造成器件损坏，为此，可在栅极输入电路中串入电阻。

3. 防栅极过电压

可在栅源之间并联电阻或约 20 V 的稳压二极管。

4. 防漏极过电流

由于过载或短路都会引起过大的电流冲击，当超过极限值时必须采用快速保护电路使器件迅速断开主回路。

集成栅极的双极型晶体管

2.6 绝缘栅双极晶体管

2.6.1 绝缘栅双极晶体管概念

绝缘栅双极晶体管是由 MOSFET 和双极型晶体管复合而成的一种器件，其输入极为 MOSFET，输出极为 PNP 晶体管。它融合了这两种器件的优点，既具有 MOSFET 器件驱动功率小和开关速度快的优点，又具有双极型晶体管饱和压降低而容量大的优点，其频率特性介于 MOSFET 与功率晶体管之间，可正常工作于几十千赫兹频率范围内。其在现代电力电子技术中得到广泛的应用，在较高频率的大、中功率应用中占据了主导地位。

2.6.2 绝缘栅双极晶体管结构

绝缘栅双极晶体管（IGBT）的工作原理是电力晶体管（GTR）和电力场效应晶体管（P-MOSFET）结构的复合。绝缘栅双极晶体管（IGBT）内部结构、等效电路和电气符号如图 2-19 所示。GTR 由 N$^+$、P、N$^-$、N$^+$ 四层半导体组成，无 SiO_2 绝缘层；P-MOSFET 由 N$^+$、P、N$^-$、N$^+$ 四层半导体组成，有 SiO_2 绝缘层；绝缘栅双极晶体管（IGBT）由 N$^+$、P、N$^-$、N$^+$、P$^+$ 五层半导体组成，有 SiO_2 绝缘层。

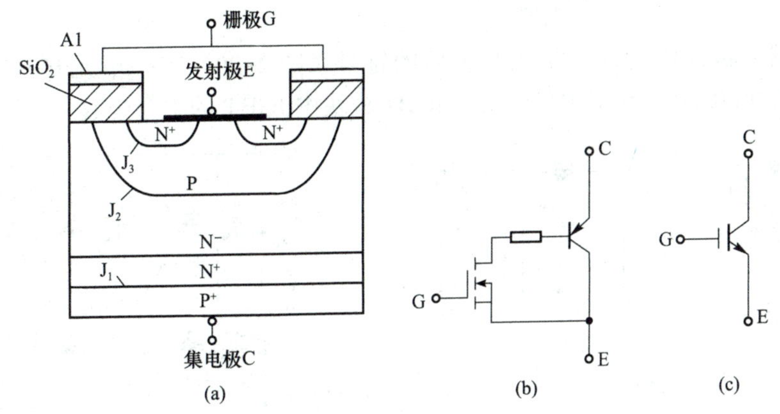

图 2-19 绝缘栅双极晶体管（IGBT）内部结构、等效电路和电气符号

（a）内部结构；（b）等效电路；（c）电气符号

2.6.3 绝缘栅双极晶体管原理

绝缘栅双极晶体管（IGBT）是通过栅极驱动电压来控制的开关晶体管，工作原理同电力场效应晶体管（P-MOSFET）和电力晶体管（GTR）相似。因此，输入栅极（G）和发射极（E）之间具有驱动功率小，开关速度快，输出集电极（C）和发射极（E）之间饱和压降低，工作电流大的优点。

IGBT 有 C（Collector 集电极）、G（Gate 栅极）和 E（Emitter 发射极）三个极。其工作原理是在 IGBT 的 G 与 E 之间施加一个电压，则在 C 与 E 之间有大电流流过，是电压放大电流的器件。其工作情况（图 2-19）如下：

1. 栅极（G）和发射极（E）之间无驱动电压或低于开启电压

若电力场效应晶体管栅极（G）和电力晶体管发射极（E）之间电压为 0，电力晶体管的集电极（C）和发射极（E）处于截止（不导通）状态。

栅极（G）和发射极（E）之间电压大于或等于管子的开启电压。

2. 电力场效应晶体管栅极（G）和发射极（E）之间电压大于或等于管子的开启电压

电力场效应晶体管的栅极（G）和发射极（E）之间的电压大于或等于管子的开启电压，沟道导电，电力场效应晶体管的集电极（C）和发射极（E）处于导通状态，且开启电压越大，导电能力越强，漏极电流越大。一旦导电沟形成，即使电力场效应晶体管栅极（G）和发射极（E）之间电压降低至管子的开启电压以下或为零电压（取消驱动电压），导电沟仍不会消失，电力场效应晶体管的集电极（C）和发射极（E）仍处于导通状态。

【电力场效应晶体管开启电压的大小问题】不同电力场效应晶体管的开启电压是不同的，低的为 3 ～ 5 V，高的为 5 ～ 10 V，具体开启电压需要查询相应型号电力场效应晶体管手册。

3. 栅极（G）和发射极（E）之间加负电压

电力场效应晶体管栅极（G）和发射极（E）之间加负电压，导电沟道消失，管子的集电极（C）和发射极（E）处于截止状态，且开启负电压越大，导电沟道消失的越快。

2.6.4 绝缘栅双极晶体管模块

绝缘栅双极晶体管模块常用封装后的符号（图 2-20）有一单元 IGBT、两单元 IGBT、六单元 IGBT，在图中只给出了 IGBT 模块中 IGBT 的组合个数。

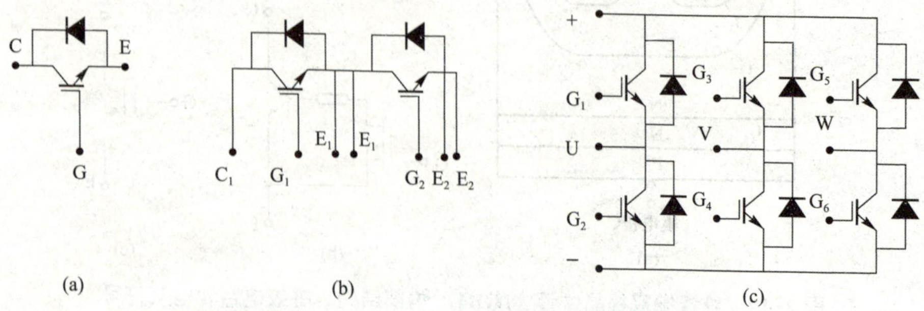

图 2-20 绝缘栅双极晶体管模块常用封装符号

（a）一单元 IGBT；（b）两单元 IGBT；（c）六单元 IGBT

两单元绝缘栅双极晶体管模块实物，如图 2-21 所示。

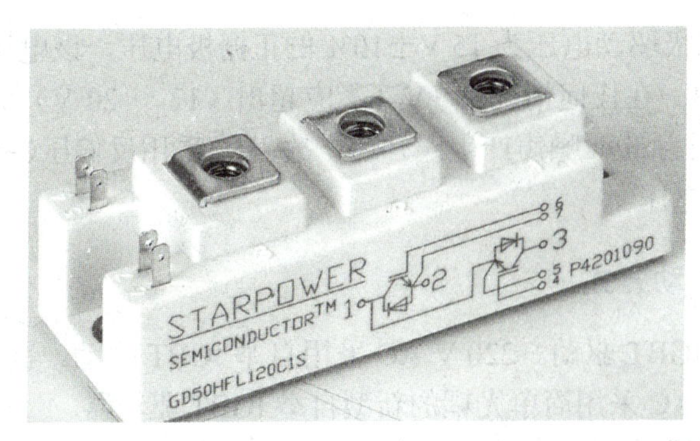

图 2-21 两单元绝缘栅双极晶体管（IGBT）模块实物

2.6.5 驱动电压对 IGBT 的影响

作用在 IGBT 栅极和发射极之间的电压会有如下表现：

（1）在 0 ～ 4.0 V 和未加电源的状态一样，由于外部噪声可能导致误动作，电源电压欠压保护（UV）不动作，也没有 FO 输出。

（2）在 4.0 ～ 12.5 V 即使有控制输入信号，开关动也会停止，电源电压欠压保护（UV）动作，对外部微控制电路输出 FO。

（3）在 12.5 ～ 13.5 V 开关可以动作，但在推荐范围外。违反了 IPM 的规格书中的规定值，集电极功耗增加，结温上升。

（4）在 13.5 ～ 16.5 V 之间，控制电压在正常范围内（通常取 +15 V 做 IGBT 的正常导通驱动，取 -10 V 做关断驱动）。

（5）在 16.5 ～ 20.0 V 开关可以动作，但在推荐范围外。违反了 IPM 的规格书中的规定值，短路时的电流峰值大，可能超过硅片的耐量而损坏。

（6）20 V 以上 IPM 内部的控制电路和 IGBT 栅极部分损坏。

2.7 IGBT 的栅极驱动和隔离

两单元 IGBT

2.7.1 IGBT 驱动电路功能

IGBT 的驱动电路必须具备以下两个功能。

1. 栅极驱动功能

提供合适的栅极驱动脉冲电压值，使集电极和发射极充分导通和截止，因此，要有开关变压器降压。

2. 电隔离功能

电隔离功能是指实现控制电路（低压部分）与 IGBT 栅极（集电极和栅极击穿，栅极可能成为高压部分）的电隔离。实现电隔离可采用脉冲变压器、光电耦合器，汽车上应用最多的是光电耦合器隔离。

2.7.2 典型驱动电压

IGBT 的光耦驱动

典型的 IGBT 栅极驱动电压为 15 V±10% 的正栅极电压，该电压足以使 IGBT 完全饱和。在任何情况下 $+V_{GE}$ 不应超出（12 ～ 20 V）的范围。为了保证不会因为 di/dt 噪声产生误开通，故 $-V_{GE}$ 采用反偏压(−5 ～ −15 V）来作为关断电压。

2.7.3 IGBT 驱动方式

（1）小功率的 IGBT 驱动。220 V AC 采用自举 IGBT 驱动，高频脉冲变压器，直流电压驱动。400 V AC 采用简单光耦的新型自举 IGBT 驱动器。

【典型驱动示例】自举产生驱动电压

正常在变频器驱动电路、伺服驱动器电路或步进电机驱动电路中，上桥电路的驱动一般都会设计独立的电源。典型的变频器驱动电路会设计四路电源，分别给上桥和下桥驱动使用。其中，上桥三路电源是独立的，下桥因为 IGBT 共地的原因可以共用一组电源，此组电源相对另外三组，提供的功率要大一些。通常提供四组电源的方法为：由开关变压器四组输出经二极管整流、电容滤波，得到 15 V 左右的电压，此电压加至光耦的输出端电源脚。

在实际的小功率的驱动电路中，为了简化设计，通常采用自举电路产生驱动 IGBT 的 15 V 和 −10 V 电压，不用开关变压器输出经二极管整流、电容滤波产生驱动电压。

（2）中等功率的 IGBT 驱动。400 V AC 采用自举供电的光耦，690 V AC 采用隔离的脉冲变压器。

【典型驱动电路示意】光耦隔离直接驱动方式

图 2-22 所示为 M57957L 光电隔离驱动芯片内部结构。

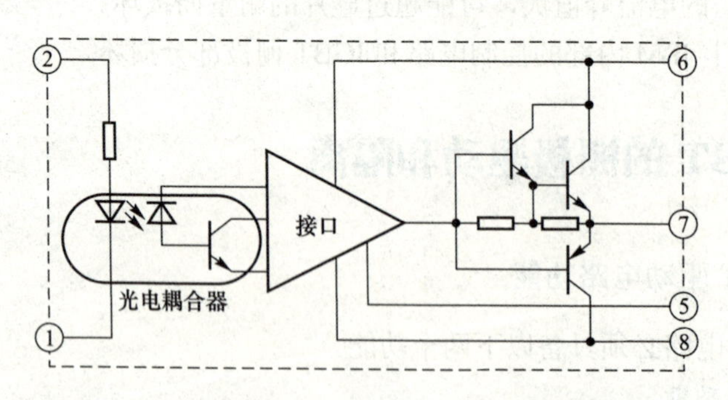

图 2-22　M57957L 光电隔离驱动芯片的内部结构

如图 2-23 所示，来自脉冲形成单元的驱动信号为高电平时光耦导通，接口电路将该信号整形后由功放级的两级达林顿 NPN 晶体管放大后输出，驱动功率 IGBT 模块导通。在驱动信号为低电平时光耦截止，此时接口电路输出也为低电平，功放输出级 PNP 晶体管导通，给被驱动的功率 IGBT 栅射极间施加以反向电压，使被驱动功率 IGBT 模块恢复关断状态。M57957L 光电隔离驱动芯片（图 2-22）引脚号用法如下：1 脚驱动脉冲输入负端（VIN），使用中通过一反相器接用户脉冲形成电路的输出；2 脚驱动脉冲输入正端（VIN +），使用中通过一电阻接用户脉冲形成部分电源；5 脚驱动脉冲输出地端（GND），接驱动脉冲输出级电源地端，该端电位应与用户脉冲形成部分完全隔离；6 脚驱动功放级正电源端（VCC），接用户提供的驱动脉冲功放级正电源端；7 脚驱动脉冲输出端（Vout），直接接被驱动 IGBT 栅极；8 脚驱动功放级负电源端（VEE），接用户提供的驱动脉冲功放级负电源端。

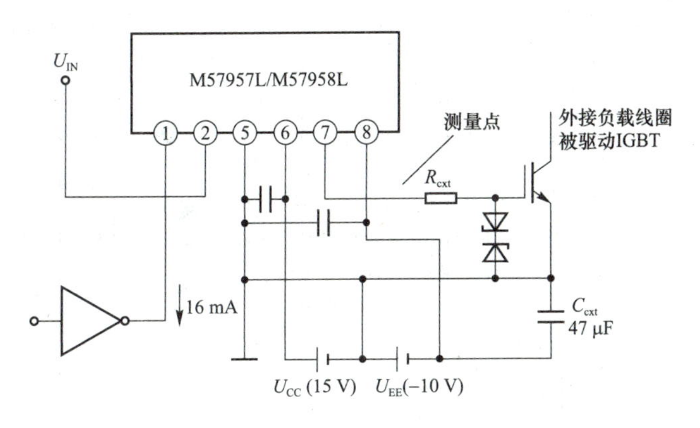

图 2-23　M57957L 驱动芯片外部电路及要被驱动的 IGBT

（3）大功率 IGBT 驱动。采用隔离变压器驱动。

【典型驱动示例】集成驱动模块驱动 + 保护

Infineon 公司、Concept 公司和 Semikron（西门康）公司是世界上著名的半导体生产商，配套生产 IGBT 驱动器，对大功率 IGBT 驱动保护。

其中，Concept 公司是世界上著名的 IGBT 驱动器专业生产商，下面以 2SP0115T 驱动器（图 2-24）为例进行介绍。

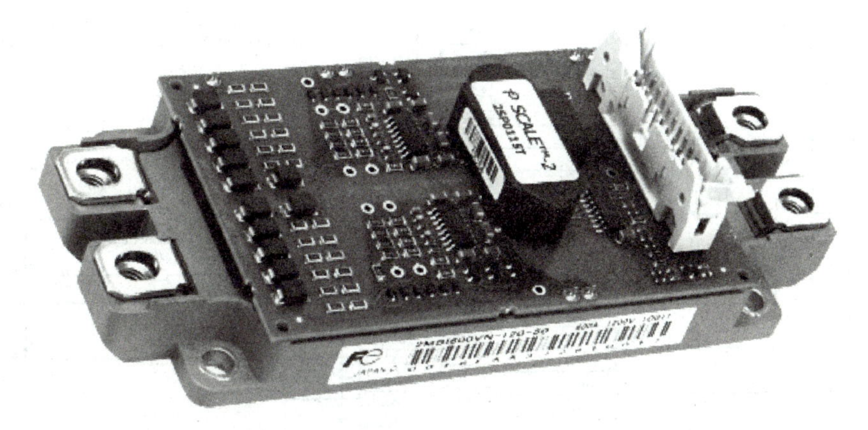

图 2-24　印刷电路板为 2SP0115T 驱动器（下部为两单元 IGBT 模块）

图 2-25 所示为 2SP0115T 两单元 IGBT 驱动器内部结构，包括 2 套隔离变压器、1 个 NTC 温度传感器、2 套驱动和保护电路。

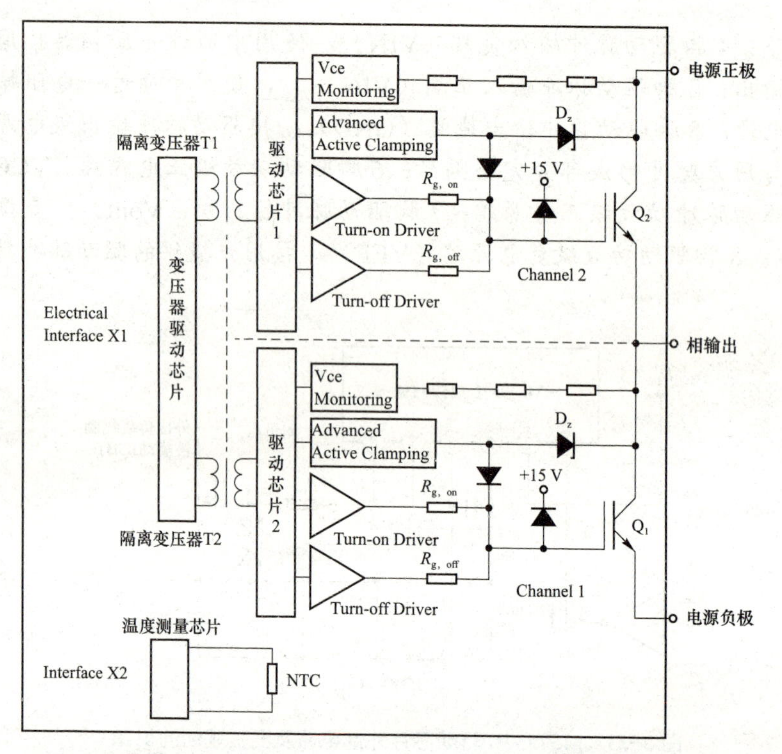

图 2-25　2SP0115T 两单元 IGBT 驱动器内部结构

连接器 X1（图 2-26）的管脚定义见表 2-3，功率逆变器中使用 2SP0115T 的简单方式：将驱动器插头 X1 连接到控制器件上，并给驱动器提供 +15 V 的电压。用输入端 MOD（接口 X1 的管脚 17），可以设置工作模式。检查门极电压：断开状态，正常的门极电压在相关参数表中指定有，导通状态是 +15 V。并检查在要求的开关频率下，没有时钟信号的驱动器的输入电流消耗。除非不能连接到门极端，否则在安装前，就应该进行这些测试。

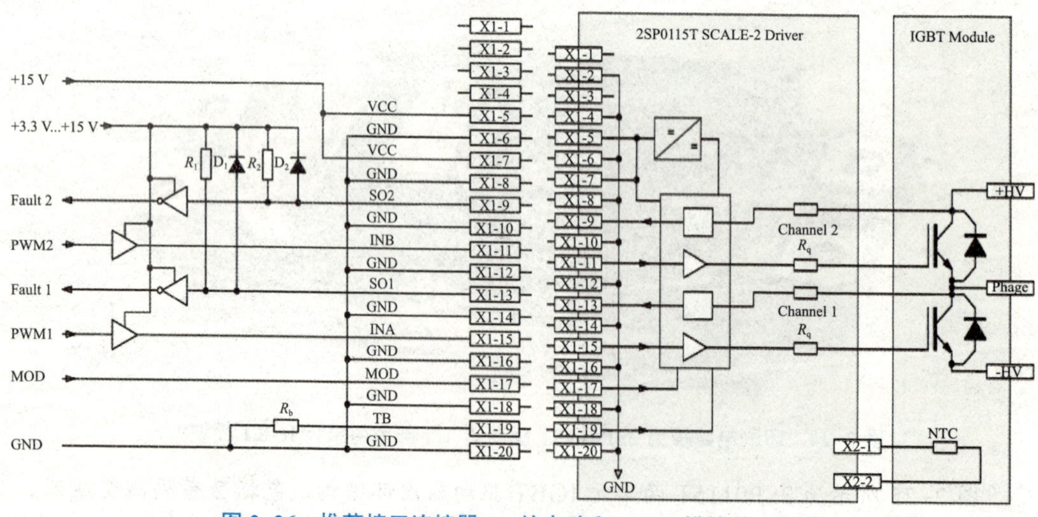

图 2-26　推荐接口连接器 X1 的电路和 IGBT 模块的方框图

表 2-3 连接器 X1 的管脚定义

管脚	定义	功能	管脚	定义	功能
1	N.C.	未连接	2	GND	接地
3	N.C.	未连接	4	GND	接地
5	VCC	+15V 电源	6	GND	接地
7	VCC	+15V 电源	8	GND	接地
9	SO2	状态输出通道 2	10	GND	接地
11	INB	信号输入 B	12	GND	接地
13	SO1	状态输出通道 1	14	GND	接地
15	INA	信号输入 A	16	GND	接地
17	MOD	模式选择（直接 / 半桥）	18	GND	接地
19	TB	闭锁时间	20	GND	接地

启动系统前，建议在功率循环条件下，对每个 IGBT 模块进行单独的检查。通常必须使用到单或双脉冲技术。Concept 公司特别推荐用户，在最坏条件下，检查 SOA 内部，IGBT 模块的开关，因为这依赖于特定的逆变器结构。即使只测试单个的 IGBT，也必须给系统的所有门极驱动器供电。通过施加负的门极电压，使其他所有的 IGBT 保持在断开状态。此时，也可以验证短路特性。然后，系统准备在实际负载情况下启动。这需要由整个布置的热特性决定。必须在指定的温度范围和负载条件下，再次确认系统是否合格。对于高压的所有手动操作都可能会危及生命，因此，必须遵守相关的安全规程！

接口 X1 驱动器具有 2 个电源端（但是只需要 1 个 15 V 电源）、2 个驱动信号输入、2 个状态输出（故障返回）、1 个模式选择（半桥模式 / 直接模式）、1 个输入，设置闭锁时间。驱动器配备了 1 个 20 针的接口连接器。所有偶数号的管脚用作 GND 连接，奇数号的管脚用作输入或状态输出。建议使用 1 个 20 芯的绞合扁平电缆。每个输入、输出信号均和它自己的 GND 线绞合在一起。所有的 GND 管脚在 2SP0115T 驱动器上连接在一起，也应该和控制板连接到一起。这种安排产生的电感非常低，具有高抗干扰性。所有的输入均是静电保护的。而且，所有的数字量输入具有施密特触发特性。驱动器的接口连接器上具有 2 个 VCC 端，用于给一次侧电子器件和二次侧 DC-DC 逆变器供电。驱动器可以发出的总功率为 2×1 W，从 +15 V 电源流出的最大输入电流约为 0.2 A。驱动器限制启动时的浪涌电流。MOD（模式选择）输入，可以选择工作模式。如果 MOD 输入没有连接（悬空），或连接到 VCC，选择直接模式。该模式下，两个通道之间没有相互依赖关系。输入 INA 直接影响通道 1，输入 INB 直接影响通道 2。在输入（INA 或 INB）的高电位，总是导致相应 IGBT 的导通。只有在控制电路产生死区时间的情况下，才能选择该模式，每个IGBT接收各自的驱动信号。应小心半桥上的2个开关同步或重叠时，会使DC link短路。如果MOD输入是低电位（连接到GND），就选择半桥模式。该模式下，输入INA和INB具有的功能为：当INB作为使能输入时，INA是驱动信号输入。当输入INB是低电位，两个通道都闭锁；如果INB电位变高，两个通道都使能，而且跟随输入INA的信号。在INA由低变高时，通道2立即关断，1个死区时间后，通道1导通。死区时间由2SP0115T上的电阻设定。

INA和INB是基本的驱动输入，但它们的功能都依赖于MOD输入。它们能安全的识别整个逻辑电位3.3～15 V范围内的信号，具有内置的4.7 kΩ下拉电阻及施密特触发特性。INA或INB的输入信号任意处于临界值时，可以触发1个输入跃变。

SO1、SO2（状态输出）输出SOx是集电极开路型。没有检测到故障条件，输出是高阻。开路时，内部500 μA电流源提升SOx输出到大约4 V的电压。在通道“x”检测到故障条件时，相应的状态输出SOx变低电位（连接到GND）。二极管D_1和D_2（图2-26）必须是肖特基二极管，而且只能在使用3.3 V逻辑电位的时候使用。对于5～15 V逻辑电位，可以被忽略。2个SOx输出可以连接到一起，提供1个公共故障信号（如对其中1相）。但是，建议单独评估状态信号，以达到快速准确的故障诊断。故障条件下，最大的SOx电流不应超过驱动器参数表中的设定值。

状态信号的处理：二次侧的故障（IGBT模块短路或电源欠压检测）立即传输到相应的SOx输出。在闭锁时间TB过去后，SOx输出自动复位（返回到高阻状态）。一次侧电源欠压同时指示到2个SOx输出。当一次侧电源欠压消失时，2个SOx输出自动复位（返回到高阻状态）。

TB（调整闭锁时间TB的输入）：该端子TB，允许通过连接1个外部电阻到GND，来减少工厂设定的闭锁时间。下文的等式计算管脚TB和GND之间的必须连接的电阻R_b的值，以设定要求的闭锁时间TB（典型值）：R_b［kΩ］=（7 650+150×TB［ms］）/（99 − TB［ms］）− 6.8，20 ms<TB<90 ms，通过选择R_b=0 Ω，闭锁时间也可以设置为最小值9 μs（典型值）。如果不使用，输入TB可以悬空。

接口X2的描述（图2-27）：NTC端在连接器X2上，有1个非隔离的IGBT模块NTC输出。它直接连接到IGBT模块的NTC热敏电阻上。

电源和电气隔离驱动器配备有1个DC/DC逆变器，给门极驱动电路提供1个电气绝缘的电源。信号通过变压器实现隔离。所有的变压器（DC/DC和信号变压器）满足EN50178安全绝缘要求，一次侧和任一个二次侧的保护等级为Ⅱ级。应注意驱动器需要1个稳定的电源。

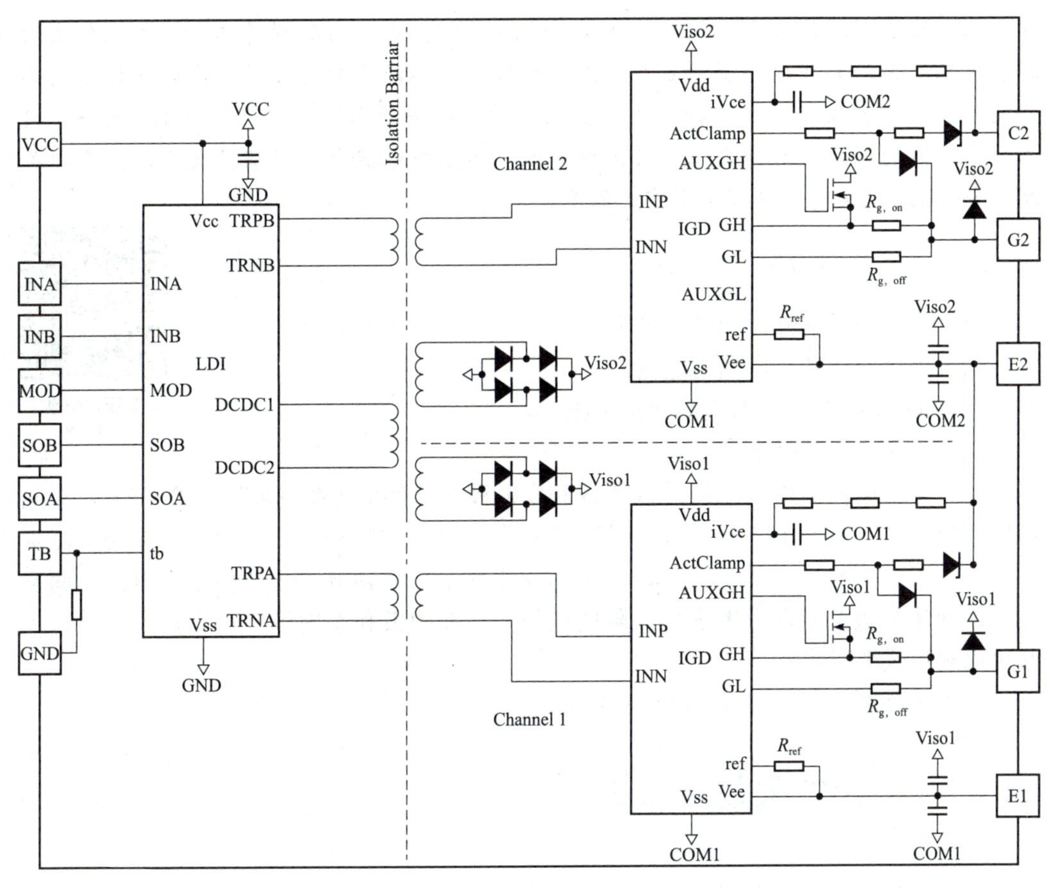

图 2-27 2SP0115T SCALE-2 驱动器的框图

电源监控：驱动器的一次侧，2 个二次侧驱动通道，配备有本地欠压监控电路。如果出现一次侧电源欠压故障，2 个 IGBT 被 1 个负的门极电压驱动，从而保持在断开状态（2 个通道都闭锁），故障传送到 2 个输出 SO1 和 SO2，直到故障消失。如果一个二次侧电源欠压，相应的 IGBT 被 1 个负的门极电压驱动，从而保持在断开状态（通道闭锁），故障传送到相应的 SOx 输出，闭锁时间之后，SOx 输出自动复位（返回为高阻状态）。即使较低的电源电压，驱动器从 IGBT 的门极到发射极之间提供一个低阻。在 1 个半桥内，如果电源电压低，建议不要用 1 个 IGBT 驱动器操作 IGBTs 组。否则，高比率增加的 Vce 可能会造成这些 IGBTs 的部分开通。

Vce 监控 / 短路保护：驱动器内置的基本 Vce 监控电路，2 个 IGBT 的集电极 - 发射极电压可以通过电阻网络进行测量。导通时，响应时间之后检测 Vce，检测短路。如果该电压高于设定的门槛电压 Vth，驱动器检测到 IGBT 短路，并立即给相应的 SOx 输出发送信号。在 1 个额外的延时后，相应的 IGBT 关断。只要闭锁时间有效，IGBT 就会一直保持断开（非导通），故障一直显示在管脚 SOx。闭锁时间独立应用于每个通道。只要 Vce 超过了 Vce 监控电路的门槛电压，闭锁时间开始。注意：不饱和功能仅用于短路检测，不能提供过流保护，然而，过流检测有 1 个较低的时间优先级，可以很容易地由应用提供。

配备的常规保护功能，如短路保护的 Vce 监控，故障后的操作禁止，电源欠压切断和状态反馈。大部分的驱动器在过流或短路时是不能限制过压的，有效钳位是指如果集电极－发射极电压超过预定的门槛电压时，由全开通变部分开通 IGBT 的一种技术。信号低的传播延时能在工作直流电压高，集电极电流大或短路情况下，能有效关断 1 个 IGBT 模块时，具有特别重大的意义。

2.7.4　IGBT 驱动设计规则

变压器驱动和隔离

（1）采用合适的开通和关断电阻。

（2）考虑过压和反向恢复电流。

（3）IGBT 门极和发射极的保护措施。

（4）必须进行防静电处理。

（5）电路的保护措施，包括门极 G 和发射极 E 之间的电阻（4.7 ～ 10 kΩ），双向稳压二极管（16.8 ～ 17.5 V），在门极 G 和发射极 E 之间加入小电容去掉振荡，必须考虑上、下管同时导通的情况，因为电压变化率太高密勒电容会产生一个电流，而且还会改变集射极的电压（考虑到门限电压值），在门极和发射极中加入负电压进行关断可以避免这个问题。

（6）上下桥臂 IGBT 的开通和关断延迟。

2.8　IGBT 失效及保护

2.8.1　IGBT 的失效机理

IGBT 的失效机理包括以下四点。

（1）机理 1：MOS 绝缘栅结构在高温情况下会失去绝缘能力。

（2）机理 2：由于硅芯片与铝导线之间有热膨胀系数的差异，在输出电流剧烈变化时，铝导线与硅芯片之间的接触面会形成热应力，从而造成裂纹，并会逐步导致铝线断裂。

（3）机理 3：由于处于芯片和散热铜底板之间的陶瓷绝缘 / 导热片的热膨胀系数和散热铜底板的热膨胀系数不同，在底板温度不断变化时，连接两种材料的焊锡层会形成裂纹，从而导致散热能力下降，进而导致 IGBT 温度过高而失效。

（4）机理 4：由于振动，可能造成陶瓷片破裂，从而降低散热能力和绝缘能力。

上述失效机理是综合影响并发生的。例如：在 IGBT 输出大电流时，铝线会受到热应力（机理 2）；同时芯片温度会上升，将热传导到底板，造成底板温度上升，从而激发机理 3；当温度过高时，会直接导致机理 1 的发生；再加上汽车运行工况所带来的颠簸振动，导致机理 4 的发生。

汽车级电力电子模块重点改善功率循环和温度循环（温度冲击）所引起的失效机理。IGBT 的最大结温为 150 ℃，在任何情况下都不能超过该值。

2.8.2 IGBT失效及保护措施

1. 过热损坏

集电极电流过大引起的瞬时过热及其他原因，如散热不良导致的持续过热均会使IGBT损坏。如果器件持续短路，大电流产生的功耗将引起温升，由于芯片的热容量小，其温度迅速上升，若芯片温度超过硅本征温度（约250 ℃），器件将失去阻断能力，栅极控制就无法保护，从而导致IGBT失效。实际运行时，一般最高允许的工作温度为130 ℃左右。

保护措施：增加散热能力或通过降栅压来降功率驱动。

2. 超出关断安全工作区

超出关断安全工作区引起擎住效应而损坏。擎住效应分为静态擎住效应和动态擎住效应。

保护措施：停止驱动输出。

3. 瞬态过电流

IGBT在运行过程中所承受的大幅值过电流除短路、直通等故障外，还有续流二极管的反向恢复电流、缓冲电容器的放电电流及噪声干扰造成的尖峰电流。这种瞬态过电流虽然持续时间较短，但如果不采取措施，将增加IGBT的负担，也可能会导致IGBT失效。

保护措施：通过电流传感器（也可采用变压器、精密电流采样电阻等）检测是否过流，时间若长，停止驱动输出。

4. 过电压

过电压会造成集电极、发射极间击穿。过电压也会造成栅极、发射极间击穿。

保护措施：通过监测 V_{CE} 电压降，如果电压降过小，采用降栅压来降功率驱动或停止驱动输出。

2.9 IGBT使用和检查

2.9.1 使用注意事项

IGBT是逆变器中最容易损坏的部分。由于IGBT模块为MOSFET结构，IGBT的栅极通过一层氧化膜与发射极实现电隔离。由于此氧化膜很薄，其击穿电压一般仅能承受到20～30 V。因此，因静电而导致栅极击穿是IGBT失效的常见原因之一。因此，使用中要注意以下几点：

（1）在使用模块时，尽量不要用手触摸驱动端子部分，当必须要触摸驱动端子时，要先将人体或衣服上的静电用大电阻接地进行放电后，再触摸；在用导电材料连接模块驱动端子时，在配线未接好之前先不要接上模块；尽量在底板良好接地的情况下操作。在应用中有时虽然保证了栅极驱动电压没有超过栅极最大额定电压，但栅极连线的寄生电感和栅极与集电极之间的电容耦合，也会产生使氧化层损坏的振荡电压。为此，通常采用双绞线来传送驱动信号，以减少寄生电感。在栅极连线中，串联小电阻也可以抑制振荡电压。

（2）在栅极－发射极间开路时，若在集电极与发射极间加上电压，则随着集电极电位的变化，由于集电极有漏电流流过，栅极电位升高，集电极则有电流流过。这时，如果集电极与发射极之间存在高电压，则有可能使 IGBT 发热及至损坏。

（3）在使用 IGBT 的场合，当栅极回路不正常或栅极回路损坏时（栅极处于开路状态），若在主回路上加上电压，则 IGBT 就会损坏，为防止此类故障，应在栅极与发射极之间串接一只 10 kΩ 左右的电阻。

（4）在安装或更换 IGBT 模块时，应十分重视 IGBT 模块与散热片的接触面状态和拧紧程度。为了减少接触热阻，最好在散热器与 IGBT 模块之间涂抹导热硅脂，安装时应受力均匀，避免用力过度而损坏。一般逆变器的底部为水道，当水循环泵损坏或发动机舱前部的冷却风扇不转时将导致 IGBT 模块发热，而发生故障，逆变器的过热保护措施会使电机工作电流时有时无。

（5）IPM 和散热器之间应涂抹使用温度范围大，且长期稳定、优良的热传导率的硅脂。为了填补 IPM 和散热器之间弯曲的缝隙，须均匀涂抹，厚度标准为 150 μm（推荐的厚度范围为 100 ～ 200 μm）。

2.9.2 IGBT 过载使用

IGBT 不会轻易发生爆炸。如果因为过电压、过电流、触发的紊乱而爆炸，就是变频器的制作水平出了问题。一般采用 IGBT 作为整流或逆变电路的元件，里面都有对元器件的自诊断、自保护功能，很偶然的才会爆炸。大多数情况是保护起作用，自动封锁功率器件。若将变频器的输出短路，然后上电，IGBT 会立即报故障，而不会爆炸，这就是 IGBT 的抗短路功能。其保护的速度是很快的，比快速熔断器还快。这就是当今 IGBT 的一大亮点。IGBT 不怕短路，但是害怕过热（过载）。如果过载使用，IGBT 自身可就没有保护（变频器对它的热保护也是比较薄弱的），需要注意散热条件、环境温度、长期连续的工作电流选择和限制。

2.9.3 正常 IGBT 管极性判断

判断极性首先将万用表拨到 R×1 kΩ 挡，用万用表测量时，若某一极与其他两极阻值为无穷大，调换表笔后该极与其他两极的阻值仍为无穷大，则判断此极为栅极（G）。其余两极再用万用表测量，若测得阻值为无穷大，调换表笔后测量阻值较小。在测量阻值较小的一次中，则判断红表接的为集电极（C）；黑表接的为发射极（E）。

2.9.4 有故障 IGBT 的检测

IGBT 管的好坏可以用指针万用表的 R×1 k 档来检测，或用数字万用表的“二极管”档来测量 PN 结正向压降进行判断。检测前先将 IGBT 管三只引脚短路放电，避免影响检测的准确度；然后用指针万用表的两枝表笔正反测 G、E 两极及 G、C 两极的电阻，对于正常的IGBT管，正常G、C两极与G、E两极间的正反向电阻均为无穷大；内含阻尼二极管的IGBT管正常时，E、C极间均有4 kΩ正向电阻，上述所测值均为无穷大。最后用指针万用表的红笔接C极，黑笔接E极，若所测值在3.5 kΩ左右，则所测管为含阻尼二极管的IGBT管；若所测值在50 kΩ左右，则所测IGBT管内不含阻尼二极管。对于数字万用表，正常情况下，IGBT管的C、E极之间正向压降约为0.5 V。

综上所述，内含阻尼二极管的IGBT管检测接除上述以外，其他连接检测的读数均为无穷大。若测得IGBT管三个引脚间电阻均很小，则说明该管已击穿损坏；维修中IGBT管多为击穿损坏。若测得IGBT管三个引脚间电阻均为无穷大，说明该管已开路损坏。

2.9.5 逆变器短路原因

1. 直通短路桥臂

某一个器件（包括反并联的二极管）损坏或由于控制或驱动电路的故障，以及干扰引起驱动电路误触发，造成一个桥臂中两个IGBT同时开通。

直通保护电路必须有非常快的速度，在一般情况下，如果IGBT的额定参数选择合理，10 μs之内的过流就不会损坏器件，所以，必须在这个时间内关断IGBT。母线电流检测用霍尔传感器，响应速度快，是短路保护检测的最佳选择。检测值与设定值比较，一旦超过，马上输出保护信号封锁驱动。同时，用触发器构成记忆锁定保护电路，以避免保护电路在过流时的频繁动作。

2. 负载电路短路

在某些升压变压器输出场合，副边短路的情况。

3. 逆变器输出直接短路

在逆变器输出的三相交流电压供电线间直接短路。

智能功率模块

2.10 智能功率模块

2.10.1 智能功率模块概念

智能功率模块（Intelligent Power Module，IPM）是一种先进的功率开关器件，具有大功率晶体管（GTR）高电流密度、低饱和电压和耐高压的优点，以及场效应晶体管（MOSFET）高输入阻抗、高开关频率和低驱动功率的优点。而且，IPM内部集成了逻辑、控制、检测和保护电路，使用起来方便，不仅减小了系统的体积及开发时间，还大大增强了系统的可靠性，适应了当今功率器件的发展方向——模块化、复合化和功率集成电路（PIC）。因而，其在电力电子领域得到了广泛的应用。

2.10.2 智能功率模块结构

智能功率模块是在IGBT的外围集成了驱动和诊断电子电路，从而实现驱动和诊断的功能。随着 IGBT 的工作频率在 20 kHz 的硬开关及更高的软开关应用中，智能功率模块代替了 MOSFET 和 GTR。

图 2-28 所示为全桥智能功能模块，内含 6 个 IPM 模块的内部保护电路，分别独立驱动 6 个 IGBT。

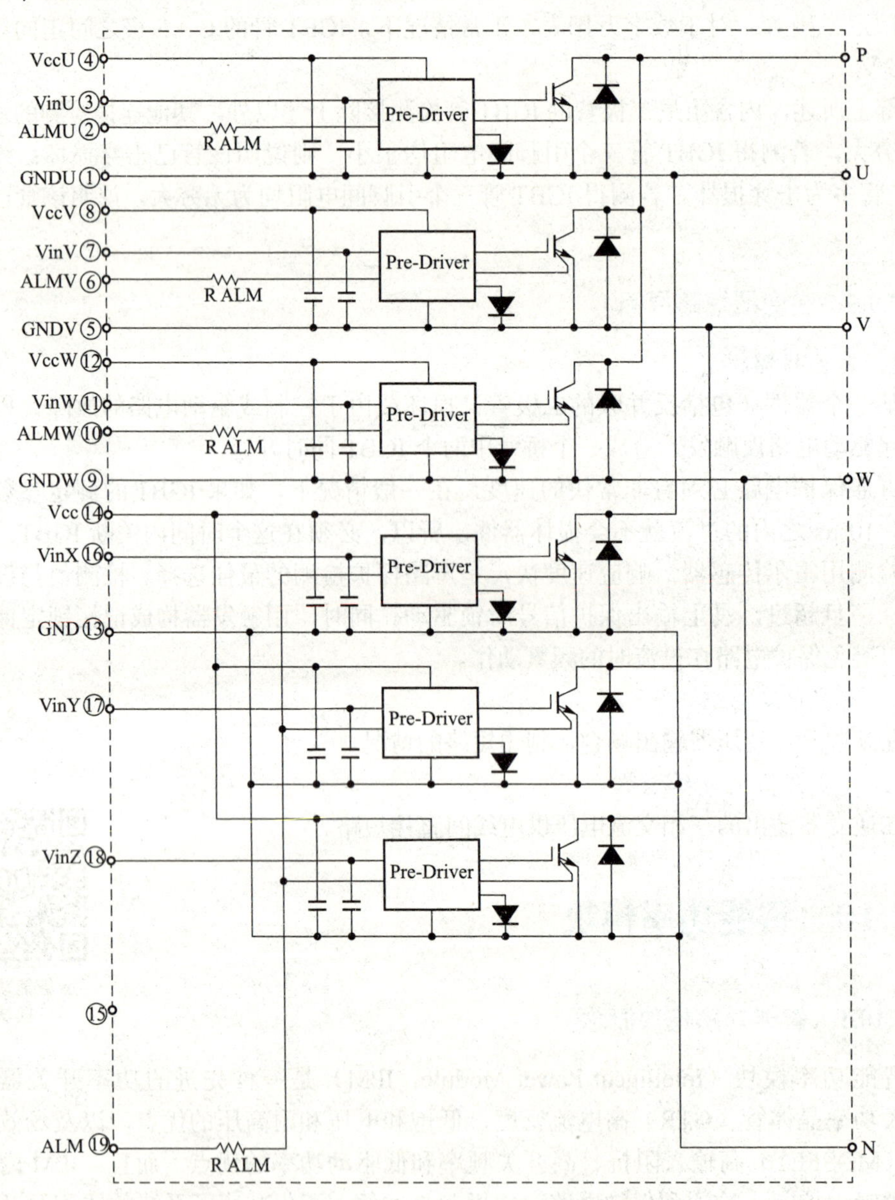

图 2-28　全桥智能功能模块

图 2-29 所示为全桥智能功能模块内含 7 个 IPM 模块的内部保护电路，下桥合并驱动。

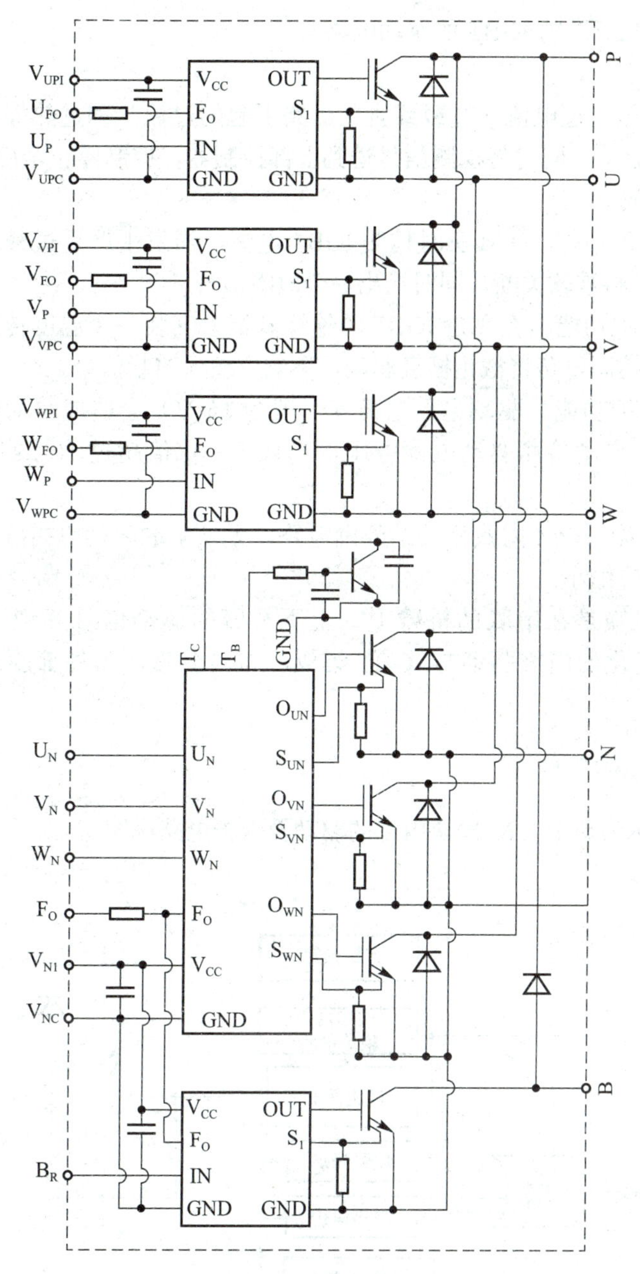

图 2-29　带制动控制的全桥智能功能模块

2.10.3　智能功率模块功能

1. 驱动功能

IPM 内的 IGBT 芯片都选用高速型，而且驱动电路紧靠 IGBT 芯片，驱动延时小，所以，IPM 开关速度快，损耗小。IPM 内部的 IGBT 导通压降低，开关速度快，故 IPM 功耗小。

具体参考前几节讲的 IGBT 的驱动电路。

2. 保护功能

当出现过电压、过电流（过载或直接短路引起的过流）和过热等故障时，自身先停止本 IGBT 的驱动，同时将检测信号送到上部控制器，控制停止全部 IGBT 的驱动，并对外输出故障码。

（1）过流保护功能。IPM 实时检测 IGBT 电流，当发生严重过载或直接短路引起的过流时，IGBT 将被软关断，同时送出一个故障信号。

（2）过温保护功能。在靠近 IGBT 的绝缘基板上安装一个温度传感器，当基板过热时，IPM 内部控制电路将截止栅极驱动，不响应输入控制信号。

（3）欠压保护功能。驱动电压过低（一般为 15 V）会造成驱动能力不够，增加导通损坏，IPM 自动检测驱动电源电压，当低于一定值超过 10 μs 时，将截止驱动信号。

（4）其他功能。IPM 内藏相关的外围电路，无须采取防静电措施，大大减少了元件数目，体积相应缩小。

桥臂对管互锁是在串联的桥臂上，上下桥臂的驱动信号互锁，有效防止上下臂同时导通。优化的门级驱动与 IGBT 集成，布局合理，无外部驱动线，抗干扰能力强。

2.10.4 驱动和保护

驱动和保护电路

图 2-30 所示为单个 IPM 模块内部的驱动及保护电路框图。

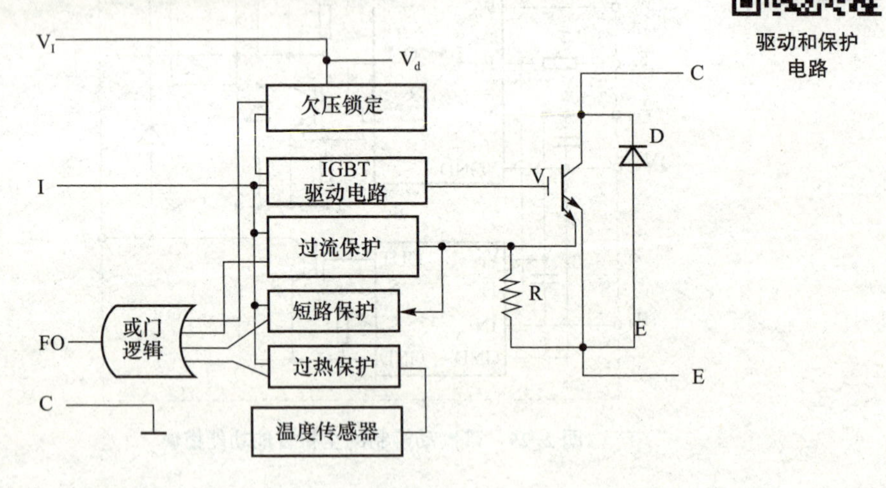

图 2-30 单个 IPM 模块内部的驱动及保护电路框图（含一个 IGBT 驱动 + 四种保护电路）

如果 IPM 内部四种保护电路中的一种保护电路工作，IPM 输出一个故障信号 FO（Fault Output，故障输出），IPM 自身先停止本 IGBT 的驱动，同时将检测信号送到上部控制器，控制停止 IPM 整个模块的全部 IGBT 的驱动，并对外输出故障码。

1. 控制驱动电源欠压锁定（UV）

UV 为 Under Voltage 缩写，译为欠（低）电压。如果某种原因导致控制电压符合欠压条件，该功率器件会关断 IGBT 并输出故障信号。如果毛刺电压干扰时间小于规定的时间 Td（UV）则不会出现保护动作。

2. 过热保护（OT）

OV 为 Over Temperature 缩写，译为过温。在绝缘基板上安装温度探头或测温二极管，如果超过数值，IPM 会截止栅极驱动，直到温度恢复正常（应避免反复动作）。

3. 过流保护（OC）

OC 为 Over Current 缩写，译为过流。如果 IGBT 的电流超过数值，并大于关断时间 Toff（OC），典型值为 10 μs，IGBT 被关断。超过 OC 数值，但时间小于关断时间 Toff（OC）的电流，并无大碍，故 IPM 不予处理。当检测出过电流时，IGBT 会被有效的软关断。

4. 短路保护（SC）

SC 为 Short Circuit 缩写，译为短路。当发生负载短路或上下臂直通时，IPM 立即关断 IGBT 并输出故障信号。

注：过流采样和短路采样采用同一回路。

2.10.5 IPM 与微控制器的隔离

为防止主电路强电损坏控制器电路，在微控制器输出的反向器部分和 IPM 模块之间增加了光电隔离驱动电路，如图 2-31 所示。

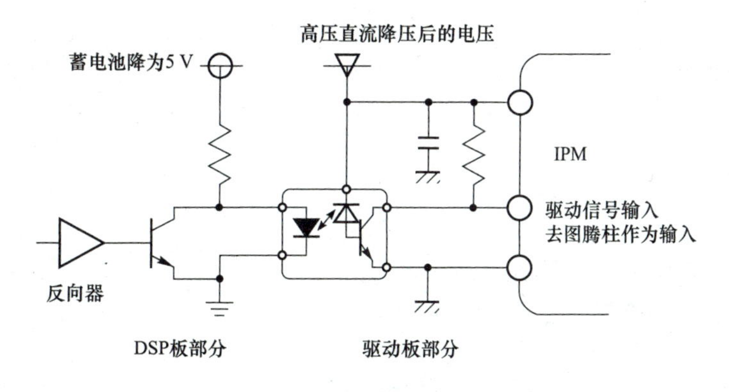

图 2-31　IPM 模块光电隔离驱动电路

在图 2-32 所示 IPM 的电机驱动电路中，光耦在高压主回路和低压回路中的一些注意。低速光耦可用于故障输出端和制动输入端。位置①散热器可能和 N 侧一样接地；位置②平滑电容和薄膜电容应放在 IPM 附近；位置③三相输出不能接电容；位置④输入端子和光耦之间的配线尽量短；位置⑤为了光耦稳定动作应输入加电解电容或陶瓷电容。

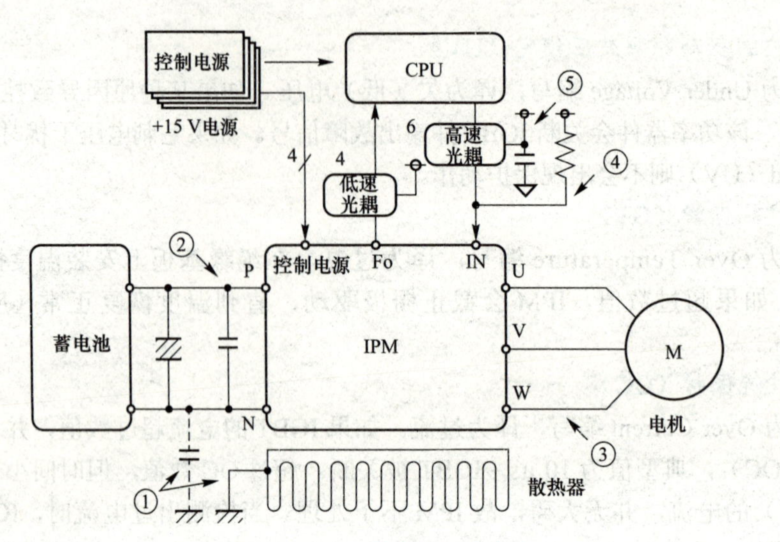

图 2-32　IPM 的电机驱动电路

第 3 章

汽 / 柴油车辆中的电力电子技术应用

3.1　传统汽车中的电力电子技术

高低边驱动

3.1.1　传统汽车电力电子技术应用

电力电子技术在以内燃机为动力的传统汽车上的应用主要集中在汽车发动机控制、电气控制和底盘控制三个系统。传统汽车中的电力电子器件为功率 MOSFET 和 IGBT，与新能源汽车相比，其电压和电流普遍较小。

如图 3-1 所示，常见的汽车电子控制系统由传感器、电子控制单元（ECU）和执行器三部分组成，而电子控制单元又由输入回路、输出回路及单片机系统三部分构成。传感器的作用是检测受控对象及其相关联系统的状态，并将各种状态转化成电信号作为 ECU 的输入。执行器是将 ECU 输出的电信号转化成机械运动的机构或装置。

严格来说，汽车的点火（模块）线圈不属于汽车执行器的范畴，但在现代汽车中，它和其他执行器的驱动都严重依赖于电力电子电路，所以，图中也将其放入执行器中。对于电力电子电路来说，在执行器中，压电式蜂鸣器、压电式喷油器属于容性负载；车外照明、指示灯、加热器等接近于阻性负载；其他大多属于感性负载，如各种电磁阀、电机等。

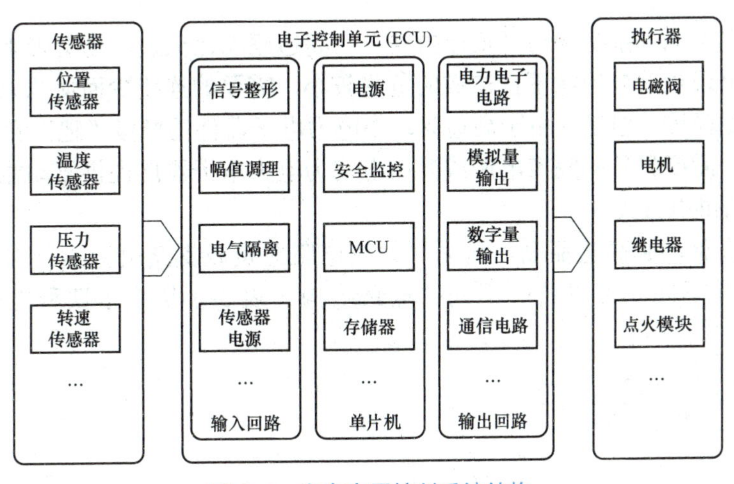

图 3-1　汽车电子控制系统结构

3.1.2 电力电子驱动方式

汽车执行器的驱动电路，即ECU的电力电子电路，按电力电子器件在电路中的位置可以分为低边驱动、高边驱动、高低边驱动（又称串联驱动）、半桥驱动（又称推挽式驱动）和全桥驱动五类。其中，全桥驱动根据负载的不同，又可以分为H桥驱动和三相桥驱动。

图3-2给出了ECU中各种电力电子电路的结构，图中电力电子器件采用功率MOSFET。

如图3-2（a）、（b）所示的低边驱动和高边驱动主要适用由一个或多个负载共用一个全电子器件来进行通断切换的场合。二者的区别只是电力电子器件和负载所处的位置不同。

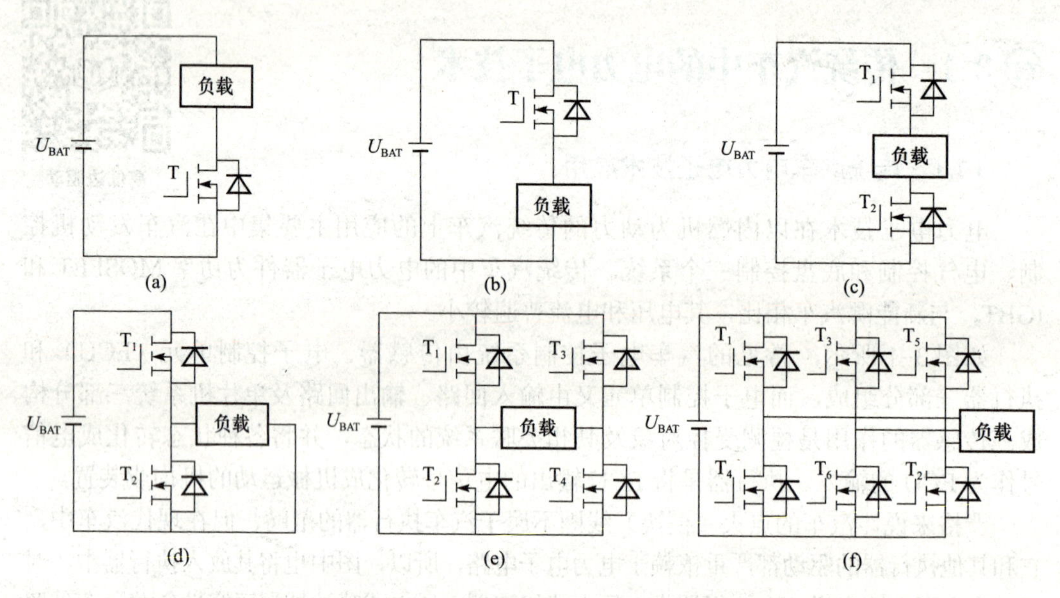

图3-2 汽车执行器的驱动电路结构

（a）低边驱动；（b）高边驱动；（c）高低边驱动；（d）半桥驱动；（e）H桥驱动；（f）三相桥驱动

因传统汽车电气系统采用“负极搭铁”，高边驱动比低边驱动会带来一些优势。例如，负载出现短路或绝缘不良造成的危害较小，需要的连线少而使线束成本降低，电偶腐蚀程度轻等。但是，由于高边驱动中电力电子器件的栅极“地”和ECU“地”的电位不同，需要另外的隔离电源或升压电路为电力电子器件提供驱动能量，也可采用“自举”的供电方式。

对于低边驱动和高边驱动，可采用精密电阻对负载支路电流进行采样。根据采样电阻的位置不同，可以构成不同的电路结构。表3-1给出了四种电路结构及其特点。

表 3-1　具有采样电阻的低边驱动和高边驱动电路结构和特点

项目	低边驱动 高边采样电阻	低边驱动 高边采样电阻	高边驱动 低边采样电阻	高边驱动 高边采样电阻
电路结构	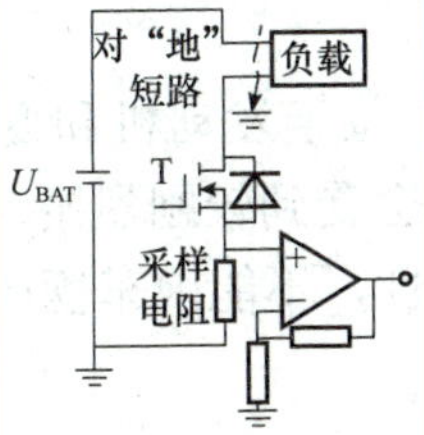 对“地”短路 负载 U_{BAT} T 采样电阻	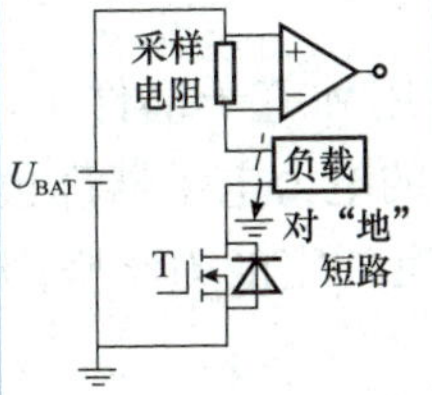 采样电阻 U_{BAT} 负载 对“地”短路 T	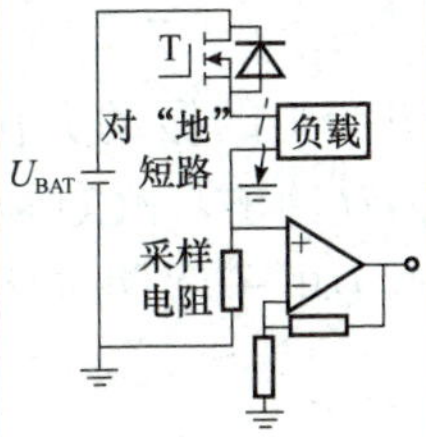 T 对“地”短路 负载 U_{BAT} 采样电阻	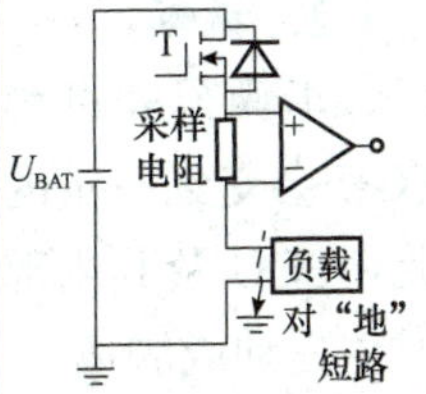 T 采样电阻 U_{BAT} 负载 对“地”短路
电力电子器件的驱动	简单，成本一般	简单，成本较低	复杂，成本较高	复杂，成本较高
采样电路	简单	复杂，采用差分电路	简单	复杂，采用差分电路
负载对地短路	无法检测	可检测	无法检测	可检测

图 3-2（c）所示的高低边驱动主要用于对供电可靠性和安全性要求非常高的负载，如安全气囊等。当出现非正常供电状态或故障时，这些负载的运行可能会导致严重的安全问题。

图 3-2（d）所示的半桥驱动用于流过单向电流且关断速度要求比较快的负载，如雨刷器等。

图 3-2（e）所示的 H 桥驱动用于流过双向电流的负载，如直流电机等。通过控制 H 桥中对角电力电子器件的通断状态或导通的占空比（即 PWM 信号驱动电力电子器件工作），可以控制加到负载两端的直流电压幅值和极性。

图 3-2（f）所示的三相桥驱动主要用于三相交流电机的控制。

汽车上的执行器负载种类和数量较多，如果所有执行器的驱动电路都由分立元件搭建，会导致器件多、ECU 体积大、PCB 布线困难，同时控制系统的可靠性和稳定性很难得到保证，灵活性和扩展性也不好。随着微电子技术的发展和电子工艺水平的进步，出现了很多汽车用集成化功率芯片，这些芯片的输入电气接口可以直接与 MCU 逻辑数字接口连接，输出电气接口可以直接连接执行器电气接口，芯片内部集成了电力电子器件、保护电路、温度检测电路、电流采样电路等，在很大程度上提高了 ECU 的集成度，改善了驱动性能，降低了电控系统的设计和生产成本。

3.1.3　汽车电力电子工作环境

传统汽车对电力电子器件提出了严格的要求，这些要求与汽车运行环境和特点密切相关。

1. 电磁环境

在传统汽车上，从电源、ECU 到各种负载，结构比较复杂，线束分布于车辆全身，因而构成了一个复杂的电磁环境。同时，汽车行驶在道路上，穿行于高压输电线、通信基站和其他电磁辐射区域，司乘人员也可能使用计算机、手机等消费电子设备。因此，汽车上 ECU 及其内部的电力电子器件需要有很好的电磁兼容性（Electro Magnetic Compatibility，EMC）才能满足汽车安全可靠行驶的要求。

2. 振动

车辆行驶过程中产生的振动会作用到电子部件上，位于发动机和变速器附近的 ECU 会受到一定的振动冲击，ECU 内的电力电子器件也会受到较剧烈振动的影响。因此，ECU 及其内部电力电子器件应具有一定的力学坚固性，不能因车辆产生的振动而发生松动或脱离。

3. 温度和湿度

汽车电气系统工作环境温度范围如下：最低温度为 -40 ℃，发动机舱内最高温度为 105 ℃（热源较近的可达 120 ℃），其他区域最高温度为 85 ℃（阳光直射处为 105 ℃）。

电力电子器件在开关过程中及导通时会产生一定的损耗，因此，要充分考虑 ECU 壳体和 ECU 安装位置对散热的影响。

在湿度较大的环境下，ECU 内电力电子器件及 PCB 可能会因潮湿使绝缘强度降低进而引发电气故障。另外，潮湿的空气会对器件的管脚及 PCB 上的焊盘、导线具有一定的腐蚀作用。

4. 化学环境和盐雾

不同安装位置的 ECU 有可能需要暴露在化学环境之中，在车辆使用过程中，可能会出现燃油、冷却液、润滑油、电解液、清洗剂等化学品的泄漏。这些化学物质对 ECU 内的电力电子器件和 PCB 会产生严重的腐蚀作用。另外，盐雾也可能对汽车电气部件产生侵蚀作用。虽然 ECU 壳体对内部器件具有一定的保护作用，但还需要器件和 PCB 具有一定的抗腐蚀能力。

5. 环境保护要求

汽车行业越来越强调 ECU 中所采用材料的环保要求，一些汽车厂商和零部件企业已经采用了类似 RoHS（Restriction of Hazardous Substances）或更为严格的环保标准，对器件中铅、镉、汞、多溴联苯（Poly Brominated Biphenyls，PBB）、多溴联苯醚（Poly Brominated Diphenyl Ether，PBDE）等元素或含量提出了严格的要求。在选择电力电子器件时，应选用符合 RoHS 规定的器件。

3.2 汽车电气电力电子应用

3.2.1 汽车电源系统

在传统汽车中，供电电源由交流发电机与蓄电池构成。在发动机不启动时，整车电气系统由蓄电池供电；当发动机启动后，发动机带动发电机运行，根据车上电气负荷的高低及蓄电池荷电状态（State Of Charge，SOC），发电机可为蓄电池充电并为车上电气负载提供电能，也可以和蓄电池一起为车上电气负载提供电能。蓄电池及带有整流模块的发电机的负极就近“搭铁”。因而，除非特殊需要，否则汽车上电气网络普遍采用正极“单线制”连线方式，负极则经“搭铁”而形成供电回路。图 3–3 所示为典型的汽车电气系统连接示意。

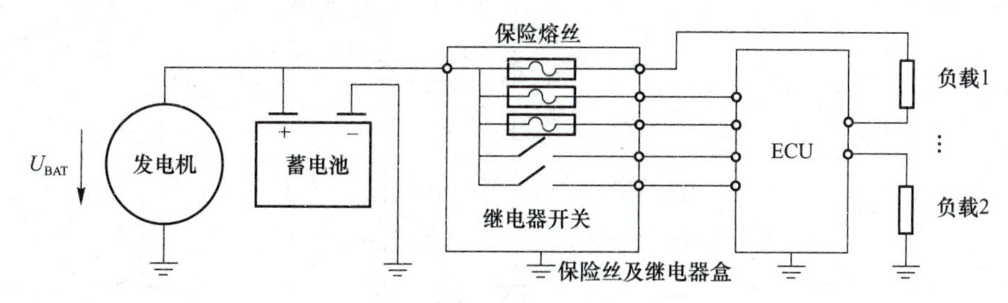

图 3–3 汽车电气系统连接示意

3.2.2 三相整流电路

交流发电机产生的交流电能需要经过整流电路才能输出到蓄电池或用电部件，如图 3–4 所示，B 为发电机直流输出，经负载后，从 E 点回流到发电机。

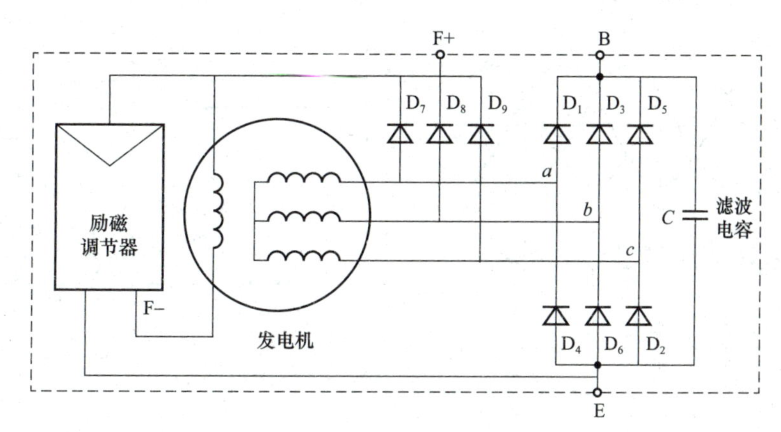

图 3–4 内置电压调节器和整流器的交流发电机内部原理

交流发电机输出三相交流电压为

$$
\begin{cases}
u_{ao} = U_{m}\mathrm{sim}(\omega t) \\
u_{bo} = U_{m}\mathrm{sim}\left(\omega t - \dfrac{2\pi}{3}\right) \\
u_{co} = U_{m}\mathrm{sim}\left(\omega t - \dfrac{4\pi}{3}\right)
\end{cases}
\tag{3-1}
$$

整流电路普遍采用三相全桥式整流电路，由 $D_1 \sim D_6$ 六个功率二极管构成，具体如图 3–5 所示。

在图 3–5 所示电路中，在任一时刻，对于共阴极的二极管 D_1、D_3 和 D_5，阳极电位最高的功率二极管导通；对于共阳极的二极管 D_4、D_6 和 D_2，阴极电位最低的功率二极管导通。也就是说，在任一时刻，只有两个功率二极管导通，这两个功率二极管分别位于三相整流桥的上桥臂和下桥臂，并且不在同一桥臂上。施加在负载 R 上的电压为某两相间的电压，即火线间电压。

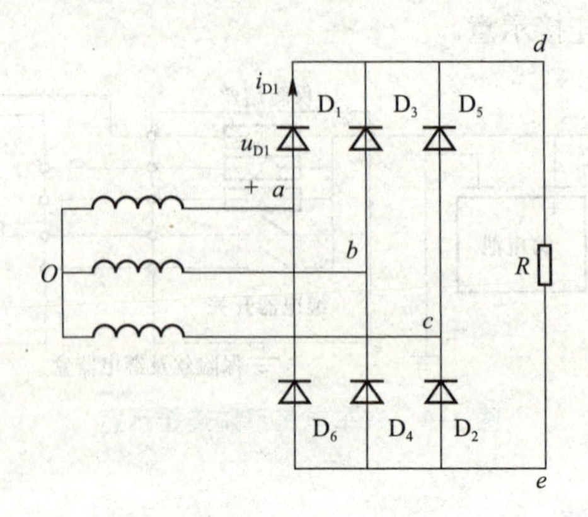

图 3-5　三相全桥式整流电路

电路工作波形如图 3-6 所示，图中同时给出了流过功率二极管 D_1 电流 i_{D1} 的波形，以及 D_1 两端承受电压 U_{D1} 的波形。

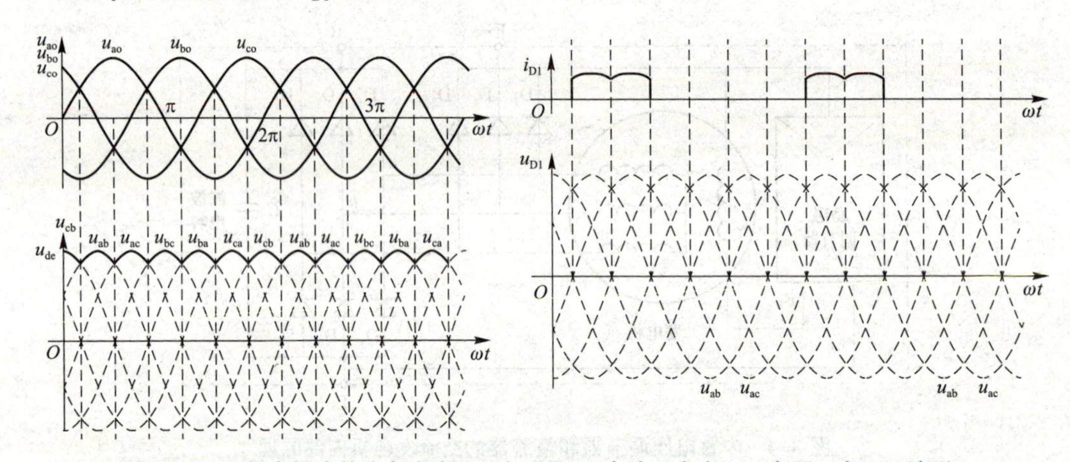

图 3-6　三相全桥式整流电路波形（左）及 D_1 电流（左上）、电压（右下）波形

从波形可以看出，在共阳极三个功率二极管（或共阴极三个功率二极管）中，一个功率二极管从导通到关断时，必有另一个功率二极管从关断到导通，这个切换现象称为换相。换相的时刻是三相相电压“u_{ao}、u_{bo} 和 u_{co} 的交点，也是三相线电压 u_{ao}、u_{bo} 和 u_{co} 的交点。图 3-5 中六个功率二极管的导通顺序依次为 D_1、D_2、D_3、D_4、D_5 和 D_6。三相全桥式整流电路输出电压波形是三相相电压“u_{ao}、u_{bo} 和 u_{co} 波形中正包络线和负包络线的差值。三相全桥式整流电路的输出电压平均值为

$$\overline{U}_{out}=\frac{1}{\frac{\pi}{3}}\int_{\frac{\pi}{6}}^{\frac{\pi}{2}}(u_{ao}-u_{bo})\mathrm{d}t=\frac{3U_m}{\pi}\int_{\frac{\pi}{6}}^{\frac{\pi}{2}}\left[\sin(\omega t)-\sin\left(\omega t-\frac{2\pi}{3}\right)\right]\mathrm{d}t=1.654U_m \tag{3-2}$$

对于带励磁绕组的交流发电机，其正常工作时，励磁绕组需要通过电流，产生发电所需的磁场。为了向励磁绕组供电，图 3-4 中还有三个励磁功率二极管 D_7、D_8 和 D_9，它们和功率二极管 D_4、D_6 和 D_2 形成了另外一个三相全桥式整流电路，该整流电路经励磁调节器为励磁绕组提供所需能量。由于发电机在不同转速下输出的电压会发生变化，为了维持输出电压在合理的范围之内，需要调节发电机的励磁电流。励磁调节器的作用就是基于发电机输出电压对励磁电流进行调节。由 D_1 ～ D_9 构成的整流电路通常会和发电机集成在一起，称为汽车交流发电机的整流器。

从图 3-6 中可以看出，三相桥全式整流电路输出电压每个周期（$\omega t = 2\pi$）脉动 6 次，具有很大的纹波电压。由于蓄电池具有一定的平波作用，当把发电机整流输出和蓄电池并联后，纹波电压会得到一定的抑制。如果此时纹波电压仍超出允许范围，可以在整流输出端并联一个电容（图 3-4 所示电容 C），从而获得更好的平波效果。即使这样，发电机整流输出纹波也不可能被完全消除。

3.2.3 电源的电压波动

传统汽车电气系统直流电压，即蓄电池输出电压或发电机整流输出电压，还会因下列原因产生波动。

（1）负载的突然变化。如发动机启动瞬间或点火瞬间，由于瞬时功率消耗较大，使电气系统直流电压出现急剧下降。尤其在发动机点火过程中，通常伴随着电气系统直流电压的短时间电压振荡、尖峰或波动。

（2）集成式起动机发电机的工况变化。装配集成式起动机发电机（Integrated Starter and Generator, ISG）的车辆，当 ISG 在驱动和制动过程切换时，相当于较大的“负载”和“电源”在切换，会导致电气系统直流电压出现一定幅度的波动。

（3）蓄电池性能下降。在蓄电池长时间使用后，其性能会明显衰退，内阻明显增加，对电压纹波抑制能力变差。发电机工作时，电气系统直流电压会迅速增高；而当发电机停止工作时，电气系统直流电压会迅速下降。另外，在冬季环境温度较低情况下，蓄电池放电性能会变差，如果负载较大，也会导致电气系统直流电压较低。

（4）负载突降。负载突降（Load dump）是指发电机工作时，蓄电池接线端子突然断开，发电机电压调节电路无法快速响应而使电气系统出现较高电压脉冲的现象，属于汽车电气系统中严重的故障。

（5）蓄电池电量不足。当汽车长时间停泊或由于其他原因导致蓄电池电量较低时，在发电机工作前，电气系统直流电压会较低。如果此时启动发动机，则可能出现过低电压。

（6）应急启动或蓄电池反接。汽车在应急启动时，应急电源（Jump Start）电压等级不正确或蓄电池反接，会导致电气系统直流电压出现异常。

基于以上多种原因，电气系统直流电压通常会在一定范围内变化。以标称 12 V 电压的蓄电池为例进行介绍。

（1）蓄电池电缆在蓄电池桩上被反接时，全车电气将出现 0 ～ 16 V 的反向电压，具体电压大小依据蓄电池的电压大小；

（2）蓄电池馈电时，电压为 0 ～ 12 V，具体电压大小依据蓄电池的电压大小；

（3）车上正常工作的蓄电池电压为 13 ～ 14 V（从车上取下后通常为 12.6 ～ 12.8 V），发动机启动瞬间，蓄电池输出电压会有较大的电压下降，严重的会超过 6 V；

（4）车辆外接起动 / 充电机时跨接起动时，起动瞬间需要给起动机供给更高的电压，这时充电 / 起动机输出电压会高于 16 V；

（5）在大负载突然关断时，如大功率直流电机在关断后，电气系统产生的电压瞬间可上升到 40 V 左右。

汽车上所有的 ECU 和用电部件在 -16 V ～ +40 V 的电压范围内都不应损坏。事实上，汽车电气还混有其他电感类电源，如点火线圈的高压，但由于作用回路阻抗非常大，时间又极短，对电子元件损坏可以不计。

3.3 汽油机电力电子技术应用

点火系统电路

3.3.1 汽油机电子点火系统

如图 3-7 所示，汽油机电子点火系统分为有分电器的电子点火系统和无分电器的单缸独立电子点火系统。汽油机电子点火系统由电控发动机的传感器输入信号给发动机电控单元，经电控单元处理后驱动点火执行器。点火执行器是一个开关变压器电路，包括电力电子（IGBT）电路和点火线圈、初级线圈。高压经点火次级电路、高压线和火花塞形成回路。

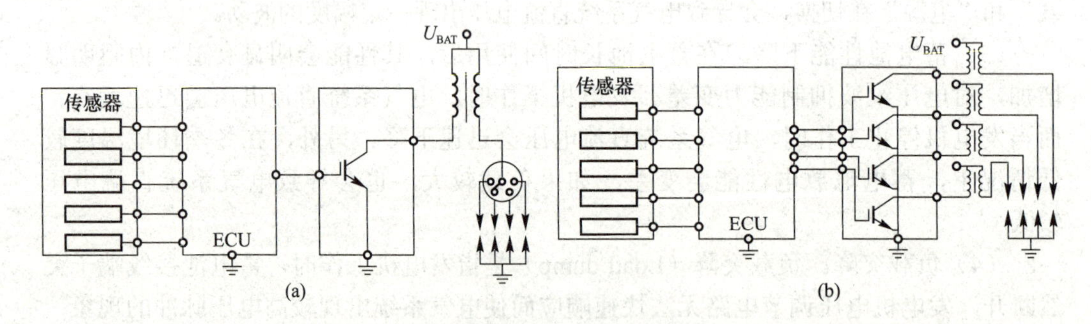

图 3-7 汽油机电子点火系统

（a）有分电器的电子点火系统；（b）无分电器的单缸独立电子点火系统

为保证汽油机在各种工况下可靠并准确点火，点火系统应满足以下要求：

（1）次级线圈要产生足够高的电压，使火花塞电极间击穿，从而产生电火花。现代发动机的点火系统普遍能提供 20 kV 以上的次级电压。

（2）电火花要有足够的能量。若点火能量不够，缸内混合气就不能被点燃，燃烧也就不能进行。目前，点火线圈存储的能量一般为 60 ～ 120 mJ。

（3）点火系统应按点火顺序并以最佳时刻（点火提前角）进行点火。点火提前角是由发动机动力性、经济性和排放性能共同确定的。

（4）若需要进行爆震燃烧控制时，能使点火提前角推迟。

结合图 3-8 分析电子点火系统的工作原理。IGBT 导通时点火线圈储能，IGBT 断开时在次级线圈产生高压传递给火花塞实现点火，双向稳压管串联背向串联实现双向稳压，防止 IGBT 的 CG 极间和 GE 极间过压。

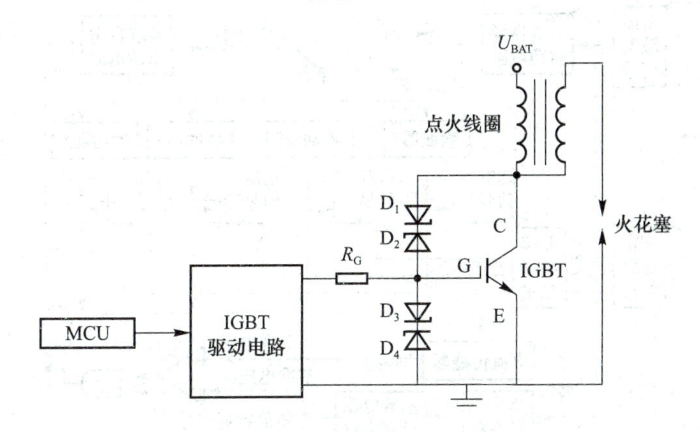

图 3-8　基于 IGBT 的电子点火系统

3.3.2　汽油机缸内直喷系统

为了实现缸内直喷汽油机（GDI）喷油量、喷油正时和喷油速率的精确控制，对喷油器驱动电路提出更高的要求。GDI 发动机喷油器驱动电路由 BOOST 升压、高端自举驱动和电流分段控制电路等模块组成，采用双电源供电，以实现三段驱动反馈电流控制，节省了软件资源。该电路可以有效地减少喷油器的开启时间和关闭时间，满足喷油器对驱动性能的要求。

1. 喷油器驱动电流要求

如图 3-9 所示，理想的喷油器驱动电流要求分为上升阶段（T_0—T_1）、拾波阶段（T_1—T_2）和保持阶段（T_2—T_3）三个阶段。在上升阶段，需要一个高电压直接作用在喷油器电磁阀线圈上，加快驱动电流上升速度，以缩短喷油器开启时间；在拾波阶段，仍需提供较大保持电流，以防止电流突变导致喷油器针阀意外落座；在保持阶段，驱动电流下降到一个较小的值，保证喷油器处于打开状态且功耗降低。

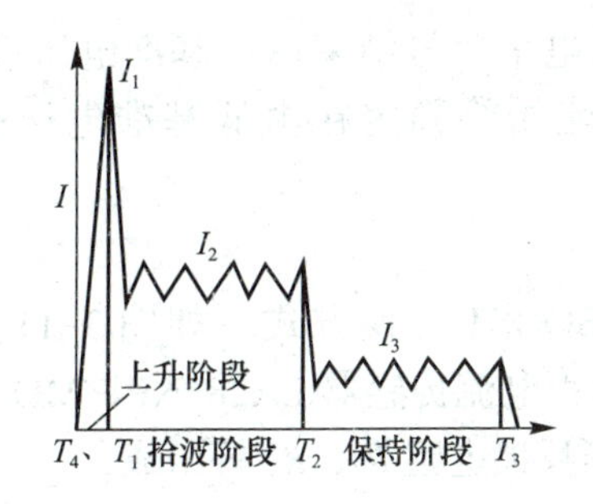

图 3-9　理想喷油器的驱动电流波形

2. 喷油器驱动电路结构

喷油器驱动电路

喷油器驱动电路结构如图 3-10 所示，由升压电路、高端自举驱动电路、电流分段控制电路等组成，工作原理如下。

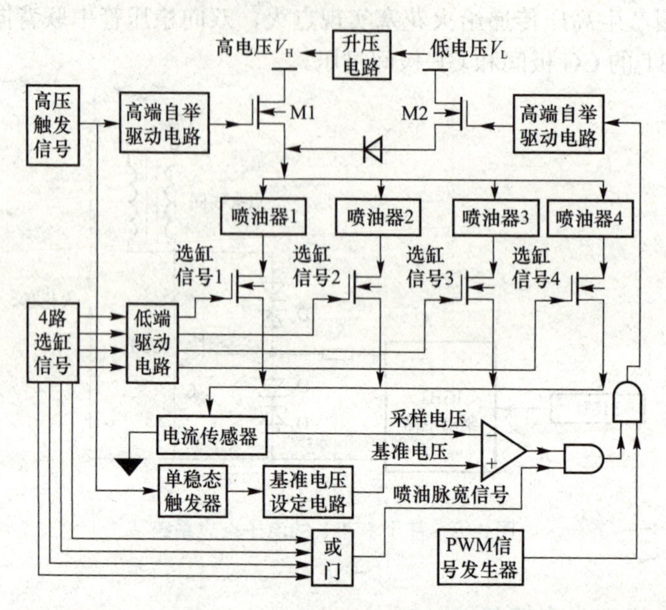

图 3-10 喷油器驱动电路结构

发动机喷油时，ECU 同时产生选缸信号和高压触发信号，其中，选缸信号通过低端驱动电路控制相应缸号的低端电力 MOSFET 导通，其脉宽决定了喷油时间；高压触发信号通过高端自举驱动电路控制高端 MOSFET 管 M1 导通，其脉宽决定了高电压通电时长。此时，通过升压电路得到的高电压 V_H 对喷油器供电，形成较大的电流，使喷油器快速开启。

高压触发信号结束时，其下降沿触发单稳态触发器，产生一个低电平信号，控制基准电压设定电路产生一个高基准电压。当采样电压低于基准电压时，比较器输出高电平，通过与门逻辑输出高电平信号，允许高端 MOSFET 管 M2 工作，低电压 V_L 开始供电，电流增加。当采样电压高于基准电压时，比较器输出低电平。此时，M2 截止，低电压 V_L 停止供电，电流减小。如此循环，使第一段保持电流始终稳定在由高基准电压确定的范围内。

单稳态触发器产生的低电平信号结束后，基准电压设定电路产生低基准电压。类似地，使第二段保持电流始终稳定在由低基准电压确定的范围内，直到喷油结束。

3. DC/DC 升压电路

DC/DC 升压电路采用 BOOST 变换方式。如图 3-11 所示，升压电路由电流型 PWM 控制器 UC3843、多量程电流传感器 LA28_NP、MOSFET Q1、储能电感 L_1、二极管 D_1、储能电容 C_4 和电压反馈电阻 R_5、R_V 等组成。

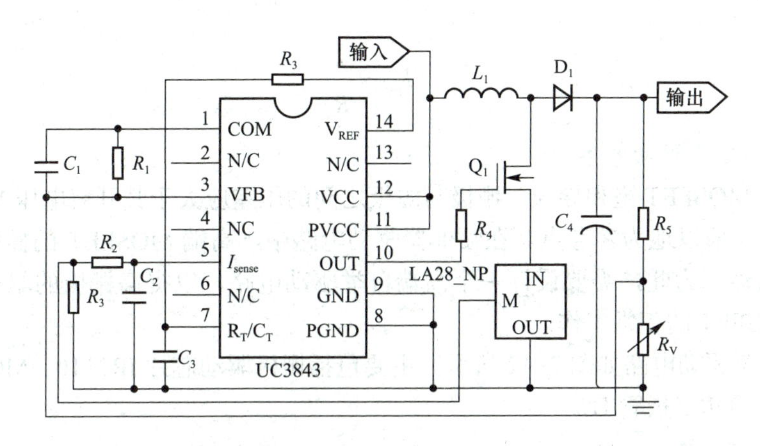

图 3-11　基于 UC3843 的 DC/DC 升压电路

升压（BOOST）原理是：当 MOSFET 管 Q_1 导通时，二极管 D_1 反相截止，电感线圈 L_1 与供电电源形成闭合回路，能量以磁能形式储存在 L_1 中；当 MOSFET 管 Q_1 截止时，由于流过 L_1 的电流不能发生突变，所以 L_1 的两端会产生一个与供电电源同向的感应电动势。在它们的共同作用下，二极管 D_1 导通，以高于电源的电压向储能电容 C_4 充电。如果 MOSFET 反复导通和截止，就可以在储能电容 C_4 两端得到高于电源电压的电压输出。

UC3843 通过 PWM 的方式控制 BOOST 电路的工作，其工作原理为：当电压反馈引脚 VFB 输入电压高于 2.5 V 时，输出引脚 OUT 为低电平，BOOST 电路停止工作；当电压反馈引脚 VFB 输入电压低于 2.5 V 时，引脚 OUT 输出 PWM 信号，BOOST 电路开始工作。

电容 C_4 两端电压经电阻 R_5、R_V 分压后输入 VFB 引脚。调整电阻 R_5、R_V 大小，使得输出电压为目标电压时，输入 VFB 引脚的电压恰好为 2.5 V，从而实现对输出电压大小的控制。

PWM 输出频率由 R_T/C_T 引脚外接的 R_3 和 C_3 确定，最大工作频率可达 500 kHz，计算公式为

$$f=\frac{1.72}{R_3\times C_3} \tag{3-3}$$

电流传感器 LA28_NP 对电流进行检测，与 UC3843 配合工作，实现过流保护功能。当 LA28_NP 检测到流过蓄能电感 L_1 的电流为 I_1 时，其信号输出引脚 M 产生与 I_1 成正比的电流 I_1/k（k=1 000），经过采样电阻 R_S 转化成电压信号后，送入 UC3843 的电流取样引脚 sense。当 I_{sense} 引脚输入电压高于 1.0 V 时，UC3843 启动过流保护功能，OUT 引脚停止输出 PWM 波，升压电路停止工作。

因此，通过调整电阻 R_S 的阻值，即可确定允许流过蓄能电感 L_1 的最大电流 I_{Pk}，I_{PK} 与采样电阻 R_S 的关系为

$$I_{PK}=\frac{k}{R_S} \tag{3-4}$$

4. 高端自举驱动电路

为保证 MOSFET 饱和导通，栅极与源极之间的压差应大于其开启电压 VGS（th），且栅极电压一般以地为参考点。在喷油器驱动电路中，高端 MOSFET 的栅极接电源，源板接喷油器。为此，需要设计一个高端自举驱动电路，以提高栅极的驱动电压，保证高端 MOSFET 的正常工作。

高端自举驱动电路如图 3-12 所示，主要包括栅极驱动芯片 IR2110、MOSFET、自举电容 C_2、自举二极管 D_2。

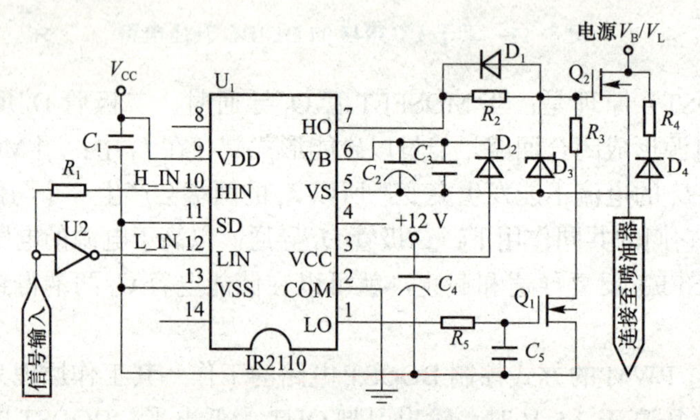

图 3-12 高端自举驱动电路

栅极驱动芯片IR2110具有独立的高端和低端输入通道，高端工作电压可达500 V，输出的电源端电压范围为 10 ～ 20 V，逻辑电源电压为 5 ～ 15 V，可方便地与 TTL、CMOS 电平相匹配，具有工作频率高，导通、关断延迟小等特点。

高端自举驱动电路的工作原理如下：PWM 信号 H_IN 输入到 IR2110 的高端信号输入引脚 HIN，其反相信号 L_IN 输入到低端信号输入引脚 LIN。当 HIN 引脚输入低电平、LIN 引脚输入高电平时，HO 输出为低电平，LO 输出为高电平，此时，MOSFET 管 Q_1 导通，由 +12V、D_2、C_2、Q_1、GND 构成的充电回路对自举电容 C_2 充电；当 HIN 引脚输入高电平、LIN 引脚输入低电平时，C_2 充电完毕，IR2110 的引脚 HO 与引脚 VB（C_2 正极）导通。另外，Q_2 栅源极电压高于其开启电压，高端 MOSFET 被打开，自举完成。另外，电阻 R_5 和电容 C_5 用于延时 LO 引脚信号输出，以防止高压端对地短路。

自举元件 D_2、C_2 的选取直接影响自举电路的驱动性能。在电路中，自举二极管起到隔离高端电源与低端电源的作用。当 Q_2 导通时，其栅源极开启电压 $V_{GS(th)}$ 完全由自举电容提供，选用超快速恢复二极管 MUR160，能够承受电路中的全部电压，且可以减小自举电容反馈进电源的电荷量。另外，C_2 必须具有足够的储能才能驱动 Q_2 的栅极，应选用钽电容，并尽量靠近芯片。自举电容最小的电荷量可由式（3-5）计算：

$$Q_{bs}=2Q_g+\frac{I_{qbs(max)}}{f}+Q_{ls}+\frac{I_{Cbs(leak)}}{f} \tag{3-5}$$

式中 Q_g——MOSFET 栅极电荷；

f——工作频率；

$I_{qbs(max)}$——高端驱动最大静态电流；

$I_{Cbs(leak)}$——自举电容漏电流；

Q_{ls}——每个工作周期内电平转换电路中的电荷。

自举电容必须能够提供不低于上述要求的电荷，为保证一定的余量，自举电容上的电荷必须是最小电荷量的两倍。利用式（3-6）可以计算自举电容的电容量：

$$C \geqslant \frac{2\left[2Q_g+\frac{I_{qbs(max)}}{f}+Q_{ls}+\frac{I_{Cbs(leak)}}{f}\right]}{V_{CC}-V_f-V_{LS}-V_{min}} \tag{3-6}$$

式中 V_f——自举二极管的正向压降；

V_{LS}——低端 MOSFET 的压降；

V_{min}——V_b 与 V_c 之间的最小压差。

由式（3-5）（3-6）计算的自举电容应当大于 0.26 μF，实际选取 0.47 μF，耐压为 35 V 的钽电容。

5. 电流分段控制电路

电流分段控制电路由基准电压设定电路 A 和电流反馈控制电路 B 组成，如图 3-13 所示。其中，电流传感器反馈电压 V_f 与喷油器驱动电流大小成正比，拾波阶段和保持阶段驱动电流的大小则通过输出信号 S_IN 控制喷油器低压电源的通断来实现。

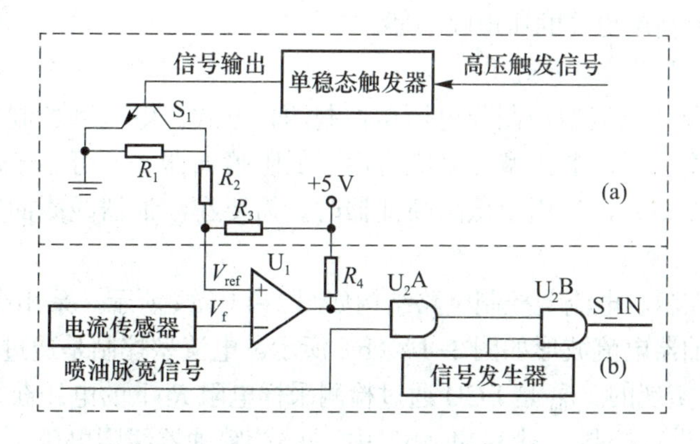

图 3-13 电流分段控制电路

如图 3-13（a）所示，基准电压 V_{ref} 大小由分压电阻 R_1、R_2、R_3 和三极管 S_1 共同决定：正常情况下，单稳态触发器输出保持高电平，三极管 S_1 导通，V_{ref}（5-0.6）×［R_2/（R_2+R_3）］；当高压触发信号结束时，其下降沿会触发单稳态触发器输出一个设定脉宽的低电平脉冲，三极管 S_1 截止，$V_{ref}=5\times[(R_1+R_2)/(R_1+R_2+R_3)]$。

如图 3-13（b）所示，电流反馈控制电路主要由电压比较器 U_1 和与门 U_2 构成，工作原理是：当 V_{ref} 大于 V_f 时，U_1 输出高电平，与喷油脉宽信号和 PWM 信号相与后，S_IN 输出一个 PWM 信号，控制低压电源对喷油器供电，使电流不断上升，电流传感器反馈电压 V_f 也随之上升；当 V_f 大于 V_{ref} 时，U_1 输出低电平，与喷油脉宽信号和 PWM 信号相与后，S_IN 输出低电平，低压电源停止对喷油器供电，使电流下降，直到 V_f 小于 V_{ref}。不断重复上述动作，实现电流的反馈控制。

通过电流反馈和基准电压的共同作用实现了电流的分段控制。

该电路将 12 V 电压经过升压后可以得到 90 V 高电压。喷油开始时，通过喷油器的电流在 250 μs 内迅速上升到 16 A 使喷油器打开，随后在拾波阶段和保持阶段分别产生 5 A 和 2.5 A 的电流，以保持喷油器持续打开直至喷油结束。

3.4 柴油发动机电力电子技术应用

3.4.1 喷油器电磁阀驱动模块组成

喷油器电磁阀驱动模块是共轨 ECU 开发的核心技术，现阶段，喷油器电磁阀广泛地采用峰值电流开启＋维持电流控制方式，峰值电流为 20 A 左右，维持电流为 13 A 左右，该方式通常由 BOOST 升压与 PWM 调制驱动两个部分构成。

3.4.2 柴油机两种喷油器的控制方式

发动机燃油喷射系统的任务是实时检测发动机需要的燃油量，并准确地将所需燃油喷射到发动机缸内。发动机的喷油器可以分为两类，一类为大量普及的电磁喷油器，另一类为喷射精度更高的压电喷油器。

1. 电磁喷油器的控制方式

电磁喷油器分为电流型控制与电压型控制两种方式。电流型控制适用低阻（线圈阻值小于 5 Ω）喷油器；电压型控制既可用于低阻喷油器，又可用于高阻喷油器（线圈阻值为 12 ～ 17 Ω），当用于低阻喷油器时，需要在喷油器线圈回路串联电阻进行限流。

（1）电流型控制。电流型控制电路结构如图 3-14（a）所示，采用高低边驱动方式，其控制逻辑与喷油器电流波形如图 3-14（b）所示。电流型控制是通过控制喷油器线圈的工作电流 i_{Inj} 来实现的。i_{Inj} 是 ECU 通过检测采样电阻 R_i 上的电压获得的。ECU 根据目标喷油量对 i_{Inj} 进行控制。图 3-14（b）中，u_{Inj} 为喷油器线圈电压。

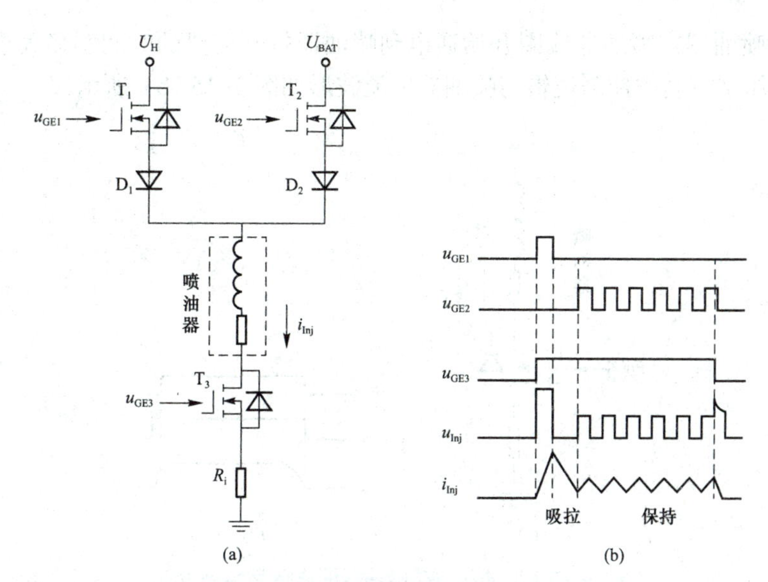

图 3-14 柴油机电磁喷油器的电流型控制方式

（a）电路结构；（b）控制逻辑与电流波形

在电流型控制电路中，U_H 为 ECU 内 12 V 或 24 V 经升压电路（BOOST）升成的高电压，通常为 48 V、80 V 等，来自 ECU 的高压电源 U_H，其数值根据喷油器要求确定，当功率 MOSFET 管 T_1 和 T_3 同时导通时，流过喷油器线圈中电流较大，可以使喷油器针阀快速打开，从而改善喷油器的响应特性，缩短喷油器打开过程所需的时间。而在针阀打开后，保持针阀在升起位置，只需要较小的电流，此时将 T_1 关闭，而对 T_2 根据电流 i_{Inj} 进行脉冲控制，这时电源为蓄电池电压 U_{BAT}，这样可以防止喷油器线圈过热和减少功耗。

电流型控制电路比电压型控制电路响应特性好，供油调节范围宽，但电路结构比较复杂，需要 ECU 将蓄电池电压 U_{BAT} 用升压电路升高为 U_H。此外，T_1、T_2 和 T_3 的栅极驱动需要配有不同的电源。

【技师指导】

柴油机为了改善喷油器的敏感度，将驱动电压变为高电压来加速电磁线圈磁化和喷油器电磁阀的响应。ECU 中的充电电路将蓄电池电压提高到大约 100 V，维持电压 12.8 V，它通过 ECU 发出的驱动喷油器的信号而施加到喷油器上。

喷油器为了实现高频动作，其触发电压一般为几十伏，甚至上百伏，原因是 ECU 内设置了大容量的电容器，利用了电容储能的驱动方式。怠速时，实测的圣达菲车 D4EA 柴油机喷油器的驱动电压值达到 79.2 V。

（2）电压型控制。电压型控制电路结构如图 3-15（a）所示，采用低边驱动方式，当功率 MOSFET 导通时，喷油器工作。电压型控制电路适用串联有电阻的低电阻喷油器和高电阻喷油器，喷油器线圈开始通电到喷油器打开需要的时间明显大于电流控制型电路。电压型控制的控制逻辑与喷油器电流波形如图 3–15（b）所示。

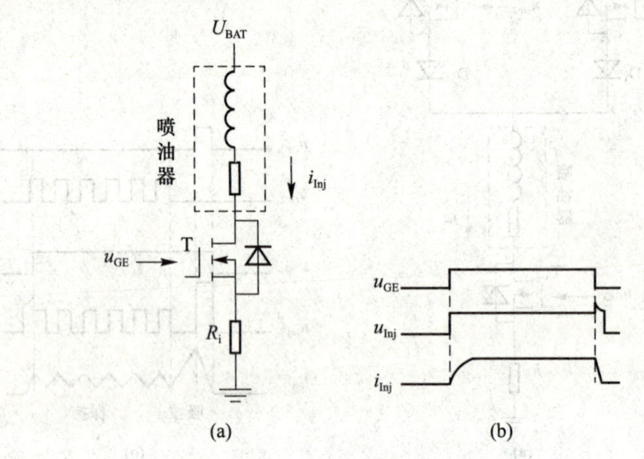

图 3–15　柴油机电磁喷油器的电压型控制方式

（a）电路结构；（b）控制逻辑与电流波形

2. 压电喷油器的控制方式

若对喷油精度和喷油响应要求非常高时，可以选择压电喷油器。压电喷油器内的核心控制部件为压电陶瓷，其在电场作用下会产生形变，与电磁喷油器中的电磁线圈具有类似的功能，开启针阀进行喷油。压电陶瓷的响应时间要远快于电磁线圈，因此，压电喷油器的喷油响应要高于电磁喷油器。另外，通常压电喷油器的体积也小于电磁喷油器。

由于压电喷油器的工作原理是压电陶瓷在电场作用下发生形变，与相当于感性负载的电磁喷油器不同，压电喷油器体现出容性负载的特点，当开启喷油器的时候充电，闭合时放电。

可以采用半桥式驱动电路对压电喷油器进行控制，如图 3–16（a）所示。为了避免容性负载 C_{Inj} 的充放电电流过大，在 C_{Inj} 所在支路上串联限流电感 L_s。由于压电喷油器工作电压较高，所以，要将蓄电池电压 U_{BAT} 提高到规定的幅值 U_H。在 T_1 开通时，T_2 关断，高压电源通过电感 L_s 为 C_{Inj} 充电，C_{Inj} 上的电压满足喷油器开启条件时，针阀打开，燃油开始喷射。当喷射需要停止时，T_2 开通，T_1 关断，C_{Inj} 通过 L_s 和 T_2 放电，在 C_{Inj} 降到一定程度时，针阀关闭，喷油结束。在图 3–16（a）所示电路中，电感 L_s 和电容 C_{Inj} 在特定频率下会产生串联谐振，当谐振发生时，每半个谐振周期，L_s 和 C_{Inj} 所在回路中电流过零。在电流等于零时，关断或开通 T_1、T_2 可以大幅度降低其开关损耗，同时避免了大电流通断产生的电磁干扰。这种因谐振使电力电子器件电压为零或电流为零时开通或关断的控制方式称为软开关控制。

图 3–16（a）所示的电路中，喷油器的关断是通过 T_2 开通、T_1 关断来实现的，此时电感 L_s 和电容 C_{Inj} 串联支路的电压 u_{ao} 为零。如果要进一步加快喷油器的关断时间，可以采用图 3–16（b）所示电路，这个电路类似 H 桥驱动电路，区别只是其中一个桥臂的两个电力电子器件被电容 C_1 和 C_2 替代。当 T_2 开通、T_1 关断时，电感 L_s 和电容 C_{Inj} 串

联支路的电压 $u_{cd}=-\dfrac{U_H}{2}$，有利于喷油器的快速关断。当然，当 T_1 开通、T_2 关断时，$u_{cd}=-\dfrac{U_H}{2}$，而不像图 3-14（a）为 U_H。由于电路中电容 C_1 和 C_2 起分压作用，因此要求两个电容性能尽量一致，同时，其容量要尽量大，才能保证在较大负载功率下 d 点电位保持稳定。

在图 3-16 所示电路中，电力电子器件 T_1、T_2 可以根据喷油器工作状态和实际喷油量的需求采用高频脉冲进行控制，从而得到较高的控制精度和控制响应。

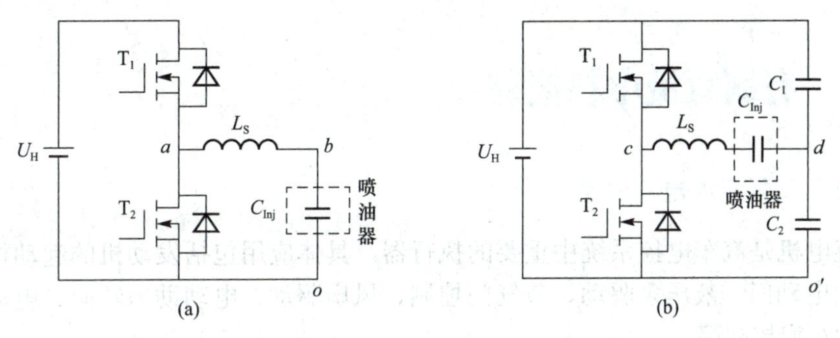

图 3-16 柴油机压电喷油器的控制方式（图中电容符号 C_{Inj} 为压电晶体）
（a）半桥驱动；（b）类似 H 桥的半桥驱动

【技师指导】

柴油机上，通常汽车电压为 12 V 或者 24 V，压电元件需要一个高电压（110 ~ 150 V），有些高达 400 V。为解决电压的问题，通常在控制单元内部串联功率放大器，以换取驱动压电晶体元件的工作电压。所以，在采用内压电喷油器的共轨柴油喷射系统中，看不到喷油器共用的供电线，普遍每个喷油器的正负线都由控制单元单独控制。

压电喷油器
驱动电路

第 4 章 有刷直流电机的驱动控制

4.1 有刷直流电机概述

4.1.1 有刷直流电机分类

直流电机是汽车电控系统中重要的执行器，具体应用包括发动机的起动机、雨刷器驱动、电动门、液压泵驱动、节气门控制、风扇驱动、电动助力转向、电动座椅调节、电动车窗控制等。

传统汽车用的直流电机可以分为有刷直流电机和无刷直流电机。有刷直流电机又可以按励磁方式分为永磁直流电机和电励磁（具有励磁绕组）直流电机。根据励磁绕组供电方式，电励磁直流电机又可分为他励直流电机和自励直流电机。其中，自励直流电机又可以分为并励直流电机、串励直流电机和复励直流电机。无刷直流电机（Brushless DC Motor，BLDCM）的定子多采用三相绕组，工作时定子绕组施加三相极性交变的方波电压，其结构和永磁同步电机具有很大的相似性，严格地讲，可以将其归于交流电机的范畴。图 4-1 所示为直流电机的分类。

在传统汽车上，除起动机一般为串励直流电机外，多为永磁直流电机，而且绝大多数电机工作在电动状态，即传统汽车上使用的直流电机大多为永磁直流电机。直流电机可以工作在电动状态，这时称为直流电动机；也可以工作在发电状态，这时称为直流发电机。

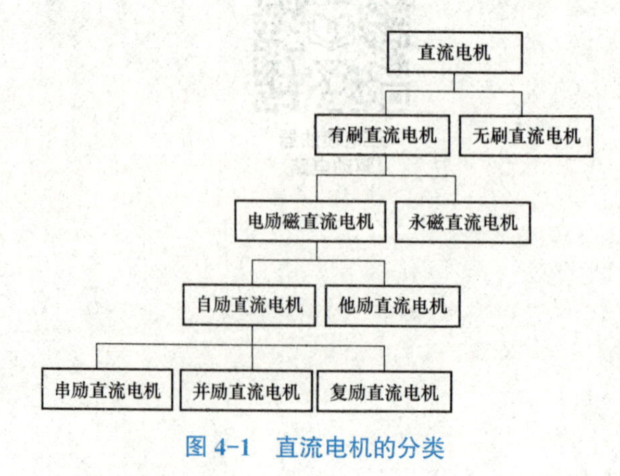

图 4-1 直流电机的分类

汽车上的小功率电机通常采用永磁直流电机；对于雨刮电机、电动转向电机、风扇电机、鼓风机电机这类较大功率的电机也采用永磁直流电机；而起动机则采用串励直流电机或永磁直流电机。

电动汽车驱动电机、一部电动水泵电机、部分电动转向电机通常采用无刷直流电机。

4.1.2 有刷直流电机构造

图 4-2 所示为传统汽车用有刷直流电机外形与内部构造。有刷直流电机由定子（stator）和转子（rotor）两部分构成。定子由磁极、电刷装置、端盖和底座构成。定子的核心部件是磁极和电刷，磁极可以由永磁体构成（永磁直流电机），也可以由励磁绕组和铁芯构成（电励磁直流电机），其作用是建立磁场。电刷是由石墨或金属石墨构成的导电体，用弹簧施加一定的压力，使电刷和转子上的换向器形成良好的滑动接触，直流电源通过电刷和换向器为转子绕组供电。有刷直流电机的转子由转子铁芯、转子绕组、换向器、轴承、机械转轴等构成。转子绕组由若干转子线圈按一定的规律连接起来，镶嵌在转子铁芯中，是产生感应电动势和电磁转矩，以及进行机电能量转化的枢纽，因此也称为电枢绕组（Armature Winding）。换向器的作用是将电刷上所通过的直流电流转换为绕组内的交变电流，也可以将绕组内的交变电动势转换为电刷端上的直流电动势。

(a)　　(b)

图 4-2　有刷直流电机的外形与内部构造

（a）汽车起动机侧置电刷式；（b）汽车起动机转子换向器

对于传统汽车来说，除起动机常采用串励直流电机外，其他直流电机多以永磁直流电机为主。传统汽车中的绝大多数有刷直流电机只工作在电动状态，即有刷直流电动机。有刷直流电机的工作原理：当将直流电源（如传统汽车上的蓄电池）通过电刷连接到电枢绕组（即转子绕组）时，会使电枢导体有直流电流流过，由于磁场（永磁体产生或励磁绕组产生）的存在，电枢导体将受到电磁力的作用，电磁力在转子上产生转矩，使转子转动，以拖动机械负载旋转。

4.2 有刷直流电机工作原理

有刷电机驱动

4.2.1 有刷直流电机模型

有刷直流电机的工作原理如图 4-3（a）所示。若在 *A*、*B* 之间外加一个直流电源，*A* 接电源正极，*B* 接负极，则线圈中有电流流过。当线圈处于图 4-3（a）所示位置时，有效边 *ab* 在 N 极下，*cd* 在 S 极上，两边中的电流方向为 $a \rightarrow b$，$c \rightarrow d$。由安培定律可知，*ab* 边和 *cd* 边所受的电磁力为：$F = BLI$。式中 *I* 为导线中的电流，单位为安（A）。根据左手定则可知，两个 *F* 的方向相反，如图 4-3（b）所示，形成的电磁转矩驱使线圈逆时针方向旋转。当线圈转过 180° 时，*cd* 边处于 N 极下，*ab* 边处于 S 极上。由于换向器的作用，使两有效边中电流的方向与原来相反，变为 $d \rightarrow c$、$b \rightarrow a$。这就使得两磁极对应的有效边电流的方向保持不变，因受力方向和电磁转矩方向都不变，电机转子得以顺利转动。但 *abcd* 中线圈的电流方向是变化的，电流是矢量，所以，通过 *abcd* 线圈的是交变电流。

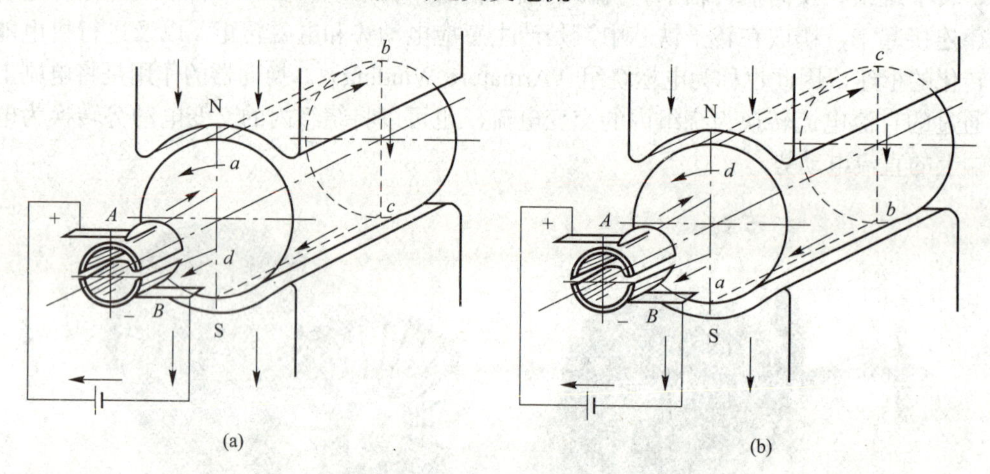

图 4-3 有刷直流电机的工作原理

由于换向器和电刷的存在，换向时因换流容量过大，会烧毁换向器和电刷，严重时换向器上会出现环火。有刷直流电机功率一般在 10 kW 以内，换向器引起转矩波动，并限制了电动机的转速，且电刷会带来摩擦与射频干扰（RFI）。由于磨损和断裂，换向器和电刷需定期维护。这些缺点使其可靠性低且不适合免维护工作，从而限制了它们在电动汽车驱动领域的广泛应用。

对于电动汽车功率需要从几十千瓦到几百千瓦，只能采用电力电子换向的永磁直流无刷电机或永磁直流同步无刷电机，由于同步无刷扭矩输出更平稳，轿车使用同步无刷电机。

直流电机之所以称为直流电机是因为电源是直流电，交流电机之所以称为交流电机是因为电源是交流电，无论是直流电机还是交流电机，线圈内部电流方向都是变化的。有刷直流电机工作的条件是，线圈能在换向点处把电流换向，电机就能顺利转动下去。现在把电机转子采用永磁体，定子线圈采用电子换向，在转子上增加位置传感器，电机变频器根据转子位置，通过控制开关管的导通与截止，实现对线圈电子换向，这个传感器通常称为电机解角传感器。

4.2.2 永磁直流电机电力电子电路

（1）永磁直流电机的单极性驱动。单极性驱动是指在一个 PWM 周期内，电机电枢绕组只承受单一极性的端电压。可以采用低边驱动、高边驱动或半桥驱动来实现对电机的单极性驱动，具体电路如图 4-4 所示。对于图 4-4（a）和图 4-4（b）所示电路，可以通过控制功率 MOSFET 栅极控制信号的占空比，实现对电机电枢绕组端电压的调节，进而控制电机的输出转矩。对于图 4-4（c）所示电路，T_1 和 T_2 工作在“互补”状态，两路栅极控制信号需要加“死区”保护，防止桥臂上下两个功率 MOSFET 直通。

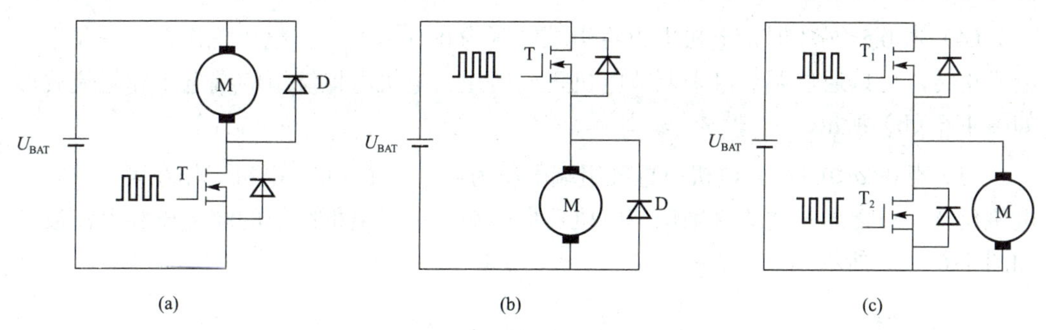

图 4-4　永磁直流电机的单极性驱动电路
（a）低边驱动；（b）高边驱动；（c）半桥驱动

对于图 4-4 所示的三种电路，在电机电枢绕组施加的电压总是一个方向，是单极性的。相应地，电机的转矩和转速方向也是始终为一个方向，电机始终工作在第一象限（这里的参考方向为转矩为正，转速为正）。

（2）永磁直流电机的双极性驱动。永磁直流电机的双极性驱动多采用 H 桥驱动，具体电路如图 4-5 所示。图中的四个功率 MOSFET 分为两组，T_1 和 T_4 为一组，T2 和 T3 为另一组。每组的栅极控制信号相同，不同组的栅极控制信号互补。两组栅极信号之间也要考虑“死区”问题，以保证每个桥臂都不能出现直通现象。

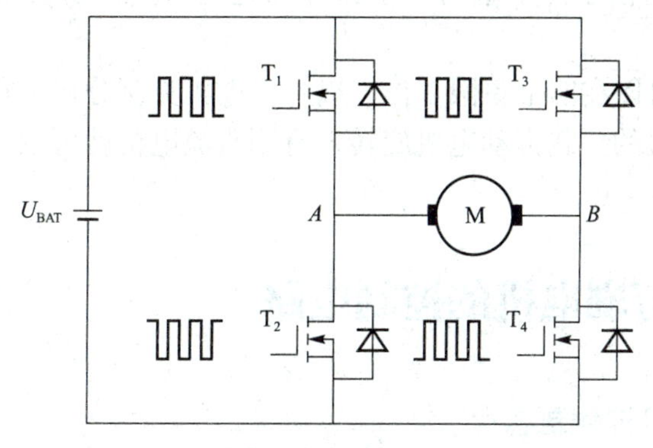

图 4-5　永磁直流电机的双极性驱动电路

在一个 PWM 周期，若 T_1 和 T_4 的驱动信号占空比为 α，则 T_2 和 T_3 的驱动信号占空比为 $1-\alpha$。因此，电机电枢绕组平均端电压为

$$\bar{U}=\alpha U_{BAT}+(1-\alpha)(-U_{BAT})=(2\alpha-1)U_{BAT}$$

由上式，可得出以下结论：

（1）当 $\alpha=1$ 时，电机电枢绕组端电压为 $\bar{U}=U_{BAT}$，电机工作在第一象限，电机正转，且电机正向转矩最大。

（2）当 $\alpha=0$ 时，电机电枢绕组端电压为 $\bar{U}=-U_{BAT}$，电机工作在第三象限，电机反转，且电机反向转矩最大。

（3）当 $\alpha=0.5$ 时，电机电枢绕组端电压平均值 $\bar{U}=0$，电机转矩为 0，电机不转。电机电枢绕组的端电压和电流波形如图 4-6（a）所示。

（4）当 $0.5<\alpha<1$ 时，电机电枢绕组端电压为 $0<\bar{U}<U_{BAT}$，电机工作在第一象限，电机正转，可以通过调节口来调节电机正向转矩。电机电枢绕组的端电压和电流波形如图 4-6（b）所示。

（5）当 $0<\alpha<0.5$ 时，电机电枢绕组端电压为 $-U_{BAT}<\bar{U}<0$，电机工作在第三象限，电机反转，可以通过调节口来调节电机反向转矩。电机电枢绕组的端电压和电流波形如图 4-6（c）所示。

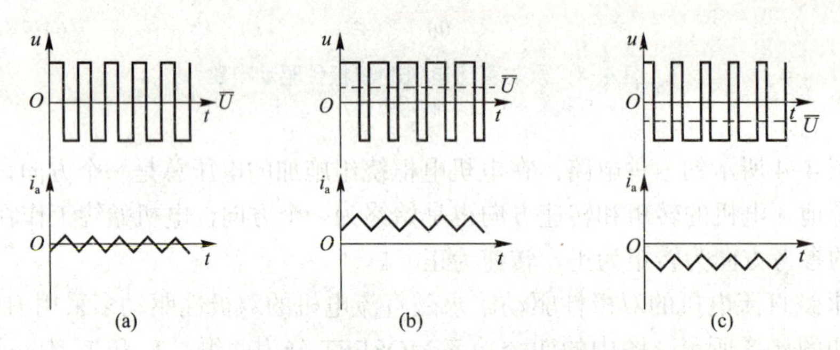

图 4-6　双极性电枢绕组端电压和电流波形

（a）$\alpha=0.5$；（b）$0.5<\alpha<1$；（c）$0<\alpha<0.5$

双极性驱动时，由于四个电力电子器件都处于高频通断状态，因此，器件功率损耗较大。

有刷直流电机可以在四个象限工作，以上以电机为例分析了在第一、第三象限的电动状态，如果电机的负载带动电机旋转，有刷直流电机就可以工作在第二和第四象限的发电状态。

4.3　典型有刷电机的控制电路

4.3.1　有刷电机控件制芯片

虽然 ATE33035 设计用于控制无刷直流电机，但也可用于控制有刷直流电机。

图 4–7 显示的是用最少元件组成 H 桥 MOSFET 有刷电机驱动电路。当控制器的正向 / 反向管脚为逻辑 1 时，上左（Q_1）和下右（Q_3）导通；正向 / 反向管脚为逻辑 1 时，上右（Q_4）和下左（Q_2）导通。此逻辑是 H 桥实现方向和速度驱动控制的必要条件。

常用的控制方式是用频率约为 25 kHz 的脉宽调制器。电机的转速控制是通过调整误差放大器的同相输入端电压，建立 PWM 的占空比或参考水平。电流经由 H 桥→电机→ R_S →地，逐周期的电机电流限制，是通过检测相对于内部 100 mV 的 R_S 电阻电压来完成。在汽车和电机不能完全停止时，过流检测电路用正向 / 反向开关可以反转电机方向。

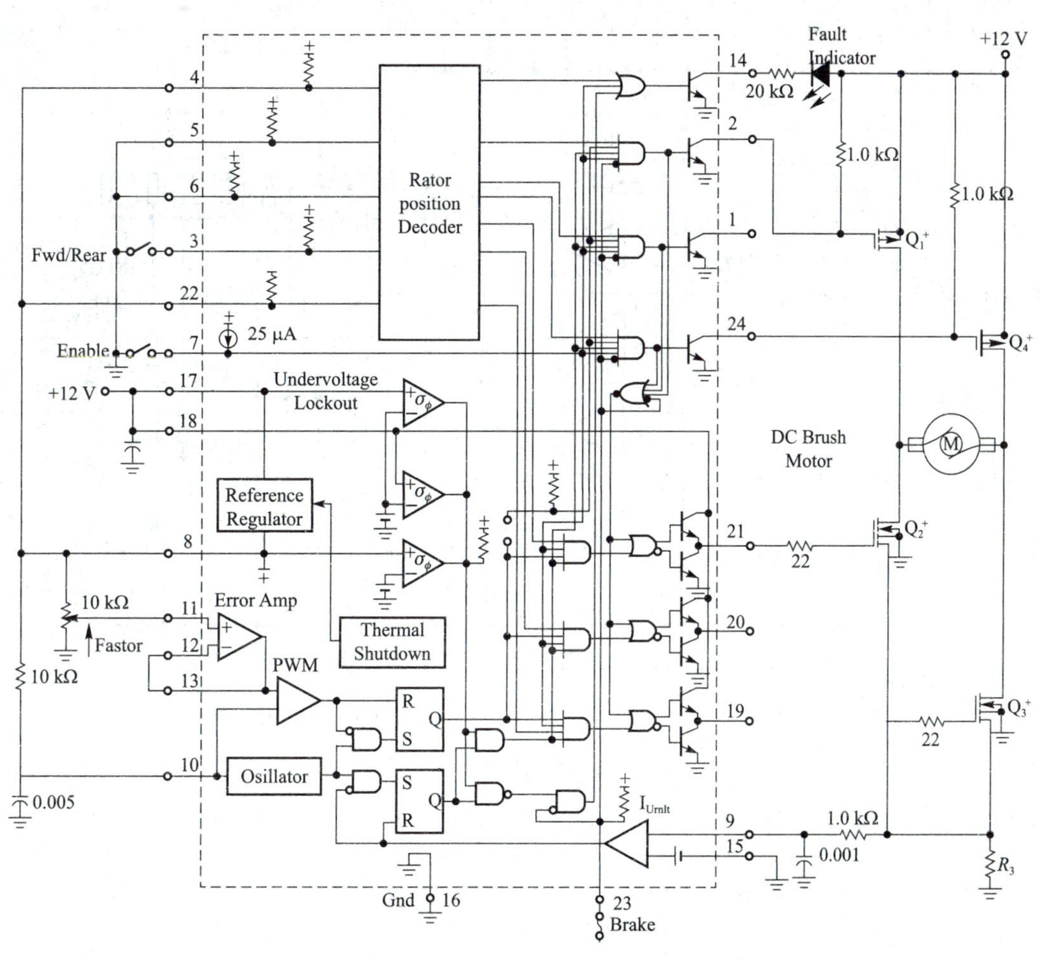

图 4–7　典型 ATE33035 设计用于控制无刷直流电机的内部和外围电路

4.3.2　有刷电机线路图

如图 4–8 所示，V_7、V_8、V_9 三个电力场效应晶体管控制电机 M 的电压，使电机 48 V 的电压在 0 ～ 48 V 之间调节，从而实现电机的调速。R_0=0.005 Ω 用于电流反馈。

以 8050 普通三极管六个，V_1、V_2、V_3 三个三极管作为末级三个并联管的导通驱动控制，驱动电压来自 IC7805 输出的 5 V 电源，V_4、V_5、V_6 三个三极管作为末级三个并联管的截止驱动控制。

调速用霍尔信号经 NE555 的 7 脚输入，作为 NE555 的一个控制信号，可调 PMW 的由 3 脚输出。刹把开关接地时，控制 NE555 的 7 脚输入，从而控制 NE555 在 3 脚的 PMW 输出。

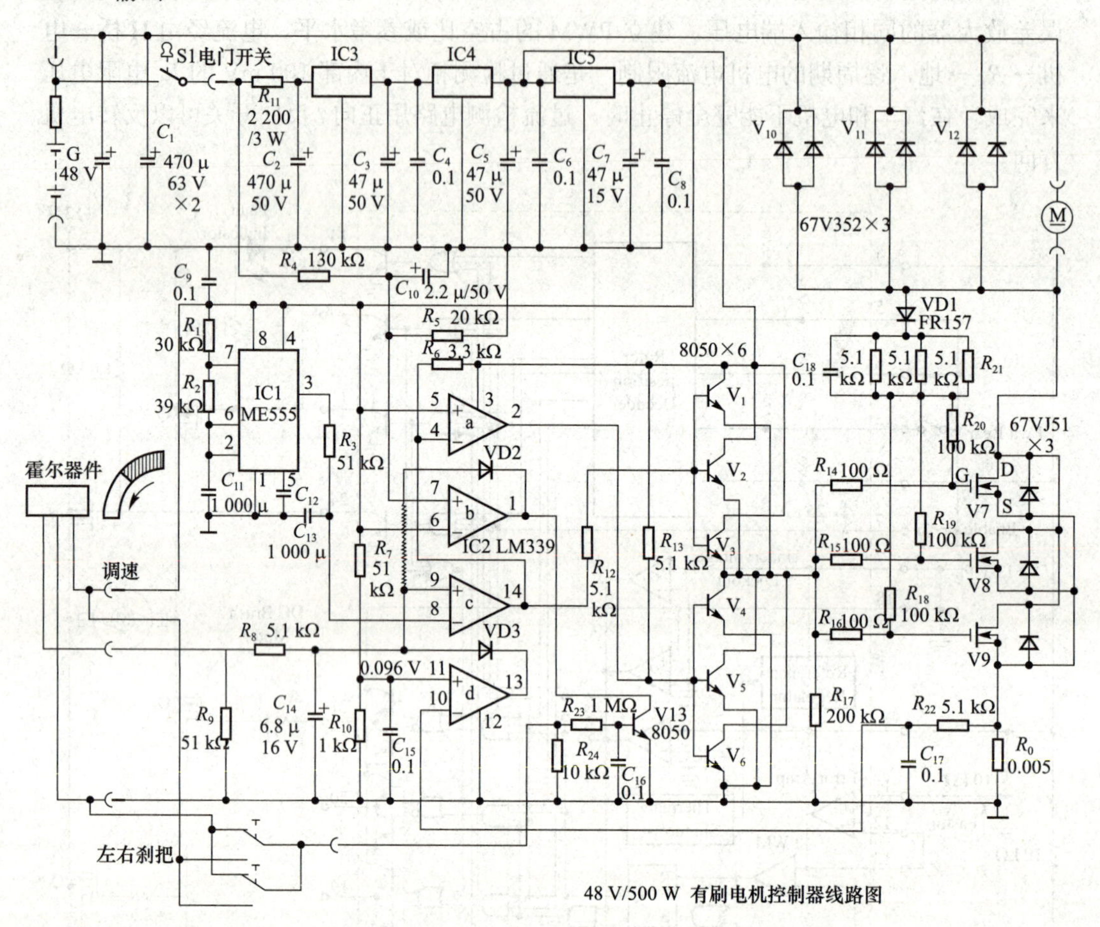

图 4-8 利用 NE555 芯片产生 PMW 信号控制有刷电机调压

第 5 章
无刷直流电机的驱动控制

永磁同步和交流异步电机转子

5.1 无刷直流电机的结构

5.1.1 无刷直流电机优点

与有刷直流电机相比，无刷直流电机具有很多优点，但对电力电子控制电路要求也较高，表 5-1 给出了两者的特点对比。由于无刷直流电机具有明显的优势，因此，在传统汽车上越来越多地取代了有刷直流电机，尤其在电动助力转向、冷却水泵驱动、雨刷器、车身照明自适应调节与控制装置等方面得到了较广泛的应用。

表 5-1 有刷直流电机与无刷直流电机特点对比

项目	有刷直流电机	无刷直流电机
换相方式	由电枢和换向器实现机械式换相	依靠位置传感器和电力电子换相
维护性	周期性更换电刷进行维护	由于无电刷，基本无维护
使用寿命	短（受滑环磨损）	长（不存在受滑环磨损）
转速 / 转矩特性	高速时因电刷摩擦，可用转矩减小	恒转矩区较宽
效率	一般	高
功率密度	一般	高
转子转动惯量	具有转子绕组，高	因无转子绕组，低
转速范围	窄（有电刷影响）	宽（无电刷影响）
电磁噪声	换向器电弧产生严重对外电磁干扰	对外电磁干扰很低
制造成本	低（铜、硅钢、铁）	高（铜、硅钢、铁或永磁体等）
控制电路与成本	控制电路简单，成本低	控制电路复杂，成本高
控制算法	简单，可采用无控制或仅电压可变	复杂，电流为方波或正弦

无刷直流电机与有刷永磁直流电机在结构上的不同之处是将永磁直流电机的定子和转子位置进行了互换，转子上装有永磁体，定子上装有电枢绕组，有刷永磁直流电机的电刷和换向器的作用依靠电力电子驱动电路实现。图 5-1 所示为汽车上无刷直流电机转子的两种结构。

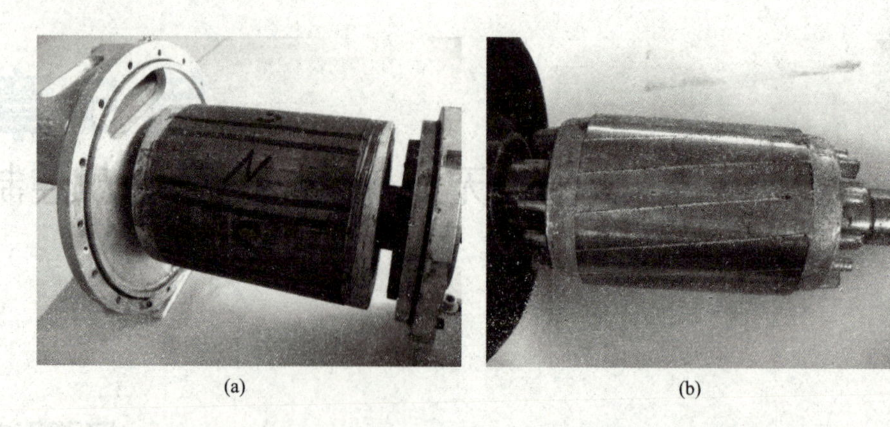

图 5-1 无刷直流电机应用与内部结构
（a）汽车永磁同步电机（永磁体电机转子）；（b）交流异步电机（鼠笼式电机转子）

无刷直流电机的定子结构与交流感应电机或永磁同步电机相似，定子铁芯中嵌有多相对称绕组（一般为三相对称绕组），绕组多采用星形连接的整距集中绕组。转子铁芯表面或内部镶嵌永磁体。位置传感器的作用是检测电枢绕组相对于转子磁极的位置，以便控制电枢绕组中电流的通断。霍尔位置传感器因具有体积小、成本低的特点，而被广泛用于无刷直流电机中的转子位置检测。

5.1.2 无刷直流电机工作原理

如图 5-2 所示，三相无刷直流电机的定子绕组为 AX、BY 和 CZ，三相定子绕组在空间上按 120° 电角度布置。

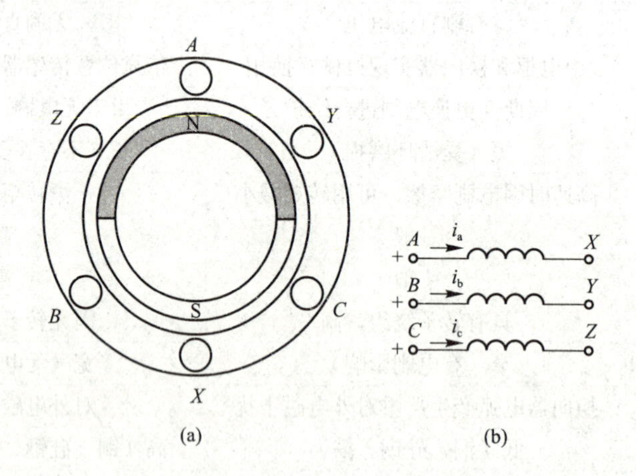

图 5-2 三相无刷直流电机的定子绕组
（a）定子绕组位置；（b）等效定子绕组

当转子转动时，三相绕组会产生感应电动势。感应电动势波形为梯形波，感应电动势和定子绕组电流波形如图 5-3 所示。

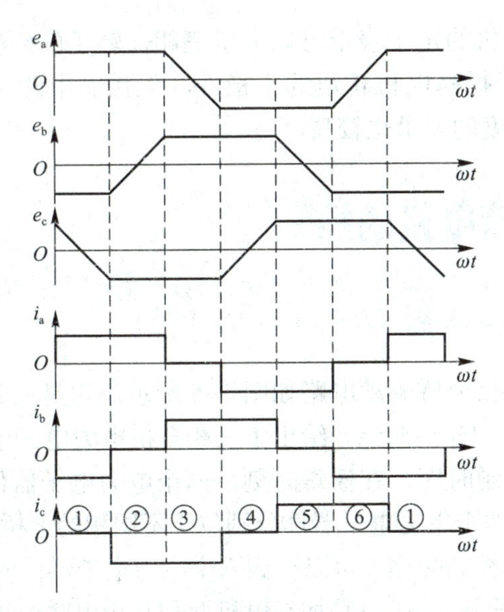

图 5-3　感应电动势和定子绕组电流波形

若在转子磁极位于图 5-4 ①所示位置时，绕组 *AX*、*BY* 之间施加直流电压，定子绕组电流方向为 $A \to X \to Y \to B$，则转子受到电磁转矩作用，逆时针方向转动；若在转子磁极旋转至图 5-4 ②所示位置时，*AX*、*CZ* 之间施加直流电压，定子绕组电流方向为 $A \to X \to Z \to C$，则转子受到电磁转矩作用，继续逆时针方向转动；依此类推，只要根据转子磁极的位置③～⑥，合理地控制三相定子绕组的电流方向，就可以使电机始终受到电磁转矩作用而沿一个方向转动。

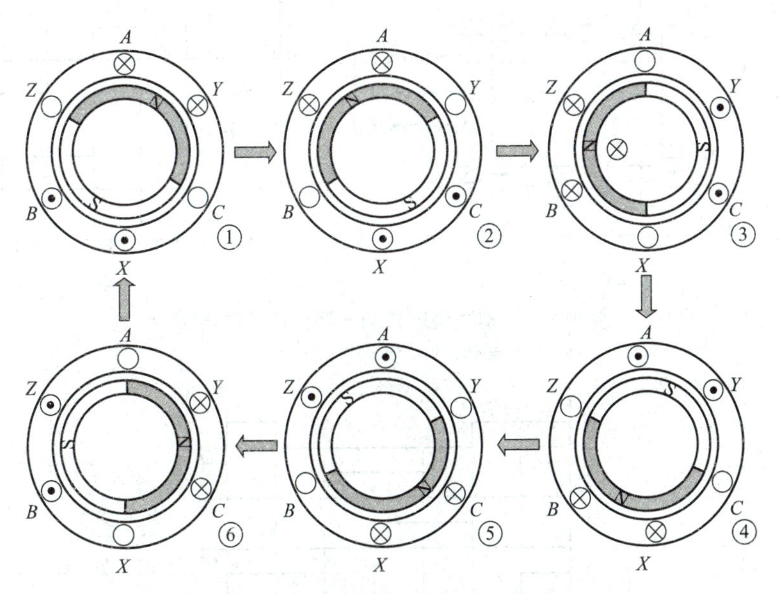

图 5-4　三相无刷直流电机的控制时序

从上面分析可以看出，转子位置的识别非常重要，必须保证定子绕组感应电动势的方向和绕组电流方向的一致性。

实际的无刷直流电机的定子绕组可以大于三相，转子的磁极也可以不止一对，绕组和磁极的增加有利于提高电机转矩的平稳性，但控制电路结构也会变得复杂，同时，对转子位置识别精度的要求也较高。

5.2 无刷直流电机的控制

逆变桥的逆变

5.2.1 三相全桥驱动电路

无刷直流电机的三相全桥驱动电路如图 5-5 所示，它是三相无刷直流电机控制普遍采用的电力电子电路。图 5-5（a）给出了三相全桥电力电子电路结构，图 5-5（b）给出了相电流波形和控制时序。在任意时刻，两个电力电子器件导通，其他四个电力电子器件关断，导通的两个电力电子器件分别位于不同相的上桥臂和下桥臂上。

按图 5-5（b）所示控制时序，可以得到六个电力电子器件的通断状态，如图 5-6 所示。此时，直流电源电压 U_{BAT} 总是加在电机两相互相串联的绕组的两端，这种控制方式也称为 H—ON L—ON 控制，即在一个 $\dfrac{\pi}{6}$ 时间内总有一个上桥臂中的电力电子器件是导通的，也总有一个下桥臂中的电力电子器件是导通的。

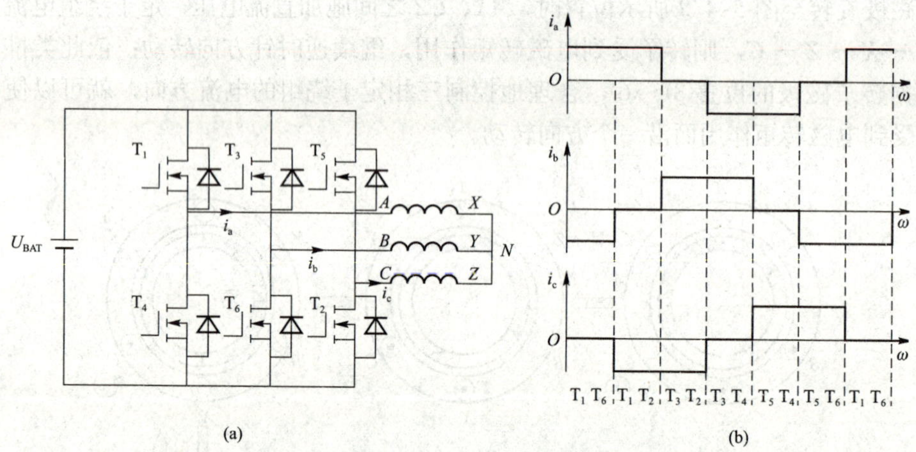

图 5-5 无刷直流电机的三相全桥驱动电路

（a）电路结构；（b）相电流波形和控制时序

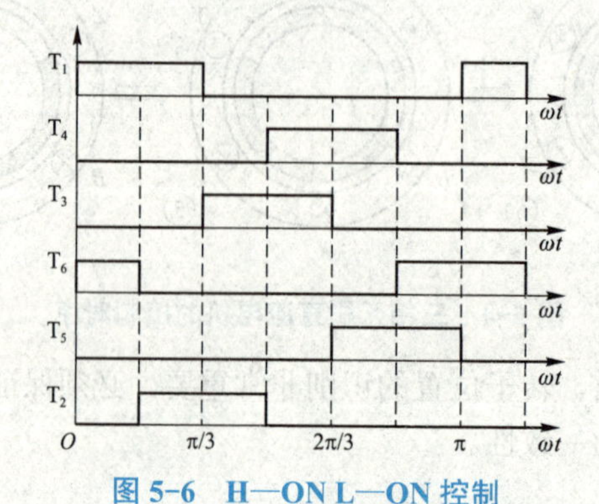

图 5-6 H—ON L—ON 控制

5.2.2 电机相电流控制

实际应用中，当根据负载变化和电机转速需要对电机转矩 T 进行控制时，可以采用电流滞环跟踪 PWM 控制方法。如图 5-7 所示，每个 PWM 周期都有两个电力电子器件同步通断一次，这种控制方式称为 H—PWM L—PWM。在开关频率较高时，这种控制方式会导致较大的开关损耗。基于全桥驱动的工作原理，可以得到另外四种降低器件开关频率的控制方法，分别是 H—ON L—PWM、H—PWM L—ON、PWM—ON 和 ON—PWM，具体如图 5-8 至图 5-11 所示。这四种控制方法都能有效降低电力电子器件开关频率，减小开关损耗。

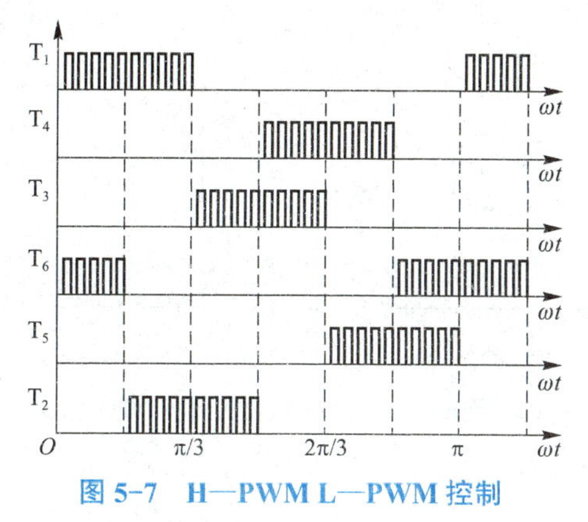

图 5-7　H—PWM L—PWM 控制

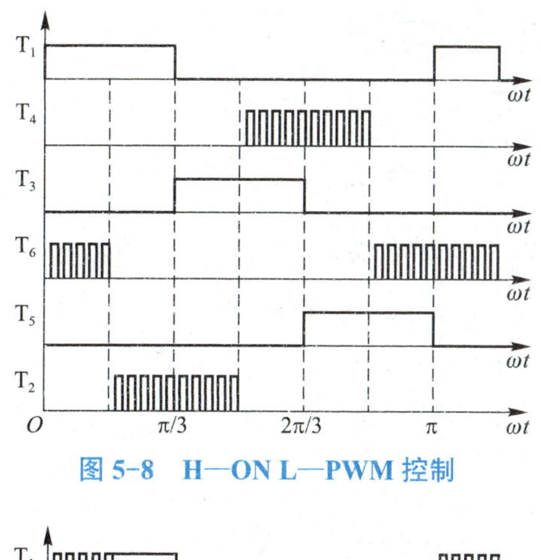

图 5-8　H—ON L—PWM 控制

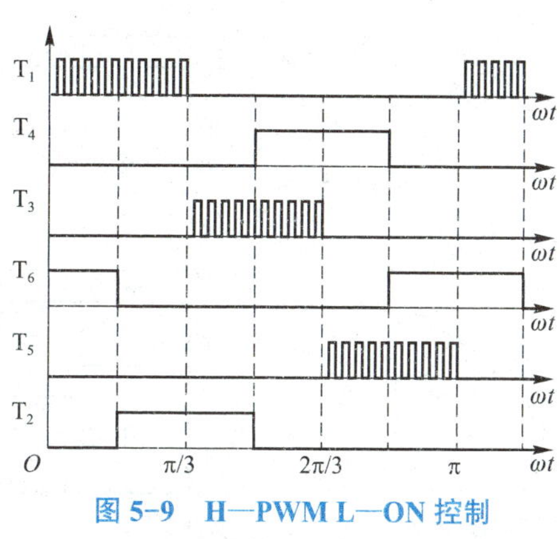

图 5-9　H—PWM L—ON 控制

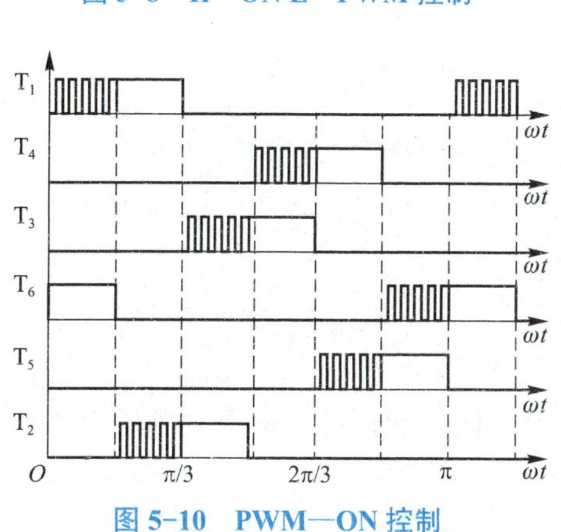

图 5-10　PWM—ON 控制

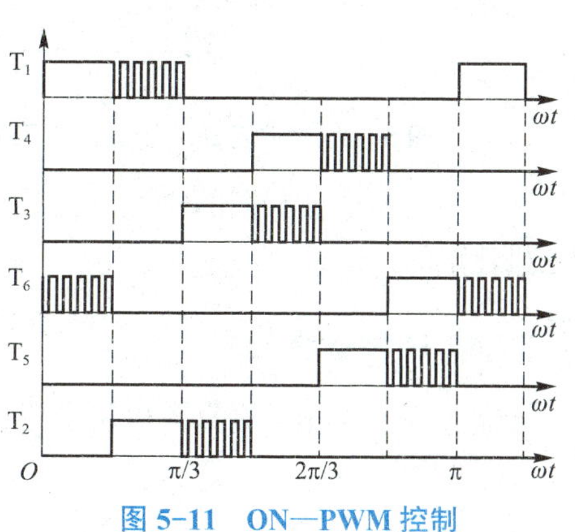

图 5-11　ON—PWM 控制

5.2.3 三相高边驱动和低边驱动电路

可以采用高边驱动或低边驱动电路来控制无刷直流电机绕组的通电状态，电路如图 5-12 所示，与图 5-5（a）所示的三相全桥电路相比，由于其使用了三个电力电子全控器件，因而硬件成本较低。在图 5-12 中，三个电力电子器件 T_1、T_2 和 T_3 在一个工作周期各导通 120° 或在 120° 内施加 PWM 控制信号。三相绕组感应电动势和电流波形如图 5-13 所示，可以看出相电流只能按正方向流动。

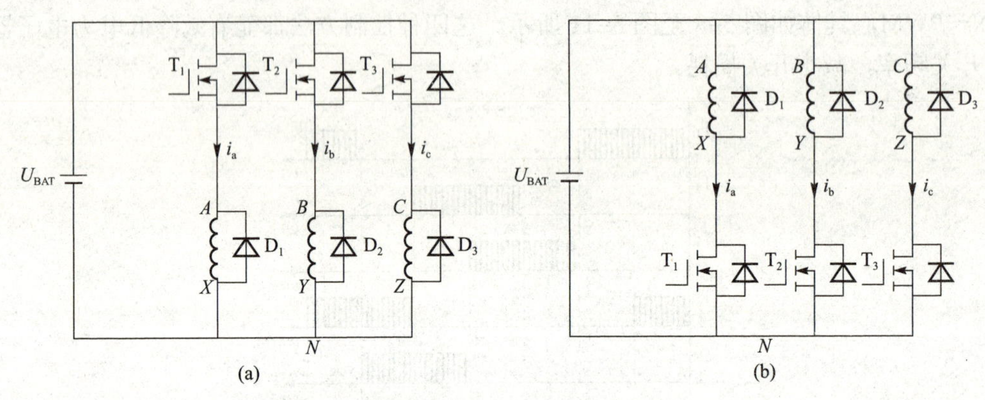

图 5-12 无刷直流电机的高边驱动和低边驱动电路
（a）高边驱动；（b）低边驱动

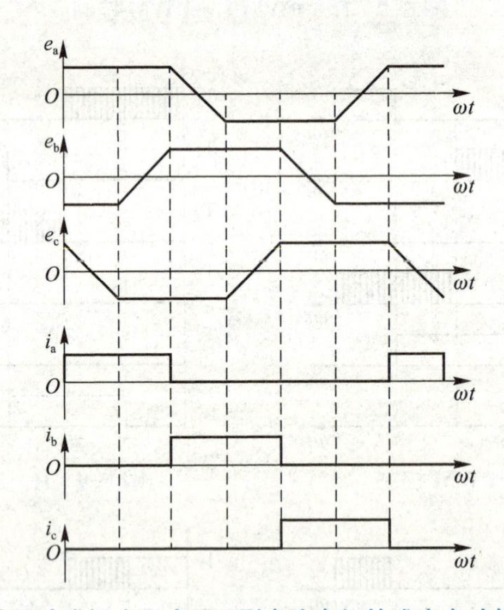

图 5-13 高边驱动或低边驱动下无刷直流电机的感应电动势和相电流波形

在定子绕组电流相同的情况下，三相全桥驱动的电机转矩是高边驱动或低边驱动的电机转矩的 2 倍。

5.2.4 H 桥驱动电路

若需要控制三相无刷直流电机定子绕组电流双向流动，可以采用 H 桥驱动的电力电子电路结构，如图 5-14 所示。由于每相绕组需要 4 个电力电子全控器件，因此，三相无刷直流电机共需要 12 个电力电子全控器件，电路结构比较复杂，电路成本较高。

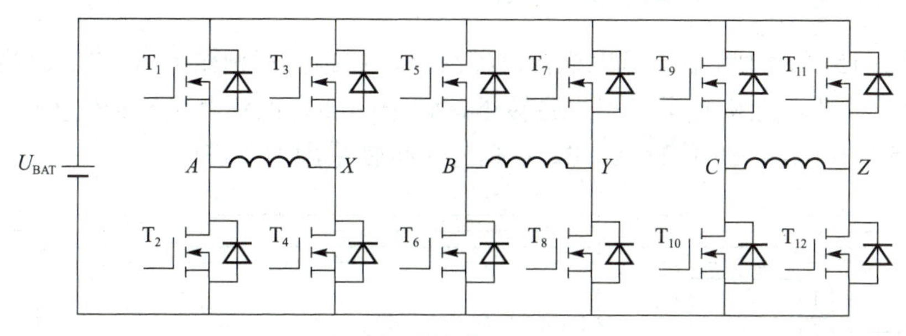

图 5-14　无刷直流电机的 H 桥驱动电路

前面用于三相全桥驱动电路的 H-ON 且 L-PWM、H-PWM 且 L-ON、ON-PWM（低边开关先导通后再采用 PWM 型）和 PWM-ON 控制方法可以用于 H 桥驱动电路，以降低器件的开关损耗。

除前面论述的具有代表性的“三相无刷直流电机”外，无刷直流电机还有四相、五相等多相结构，相应地，电力电子驱动电路结构也会发生变化。另外，相同相数的电机绕组之间的连接方式也不尽相同。绕组相数及其连接方式及电力电子电路的选择要综合考虑以下因素：

（1）转矩的脉动。引起转矩脉动的因素很多，一般来说，相数越多，转矩脉动会越小；与高边驱动或低边驱动方式相比，全桥驱动下的无刷直流电机转矩脉动较小。

（2）绕组利用率。在无刷直流电机工作中，并非所有绕组都参与导电，如果能提高绕组利用率，让更多导体参与转矩的输出，对提高电机效率会有很大的益处。

（3）电机实际运行需求。传统汽车上不同场合对电机的运行要求是不同的，有的要求电机单向转动，如液压泵等；有的要求电机双向转动，如电动助力转向系统；有的只要求电机工作在电动状态；有的要求电机既可以工作在电动状态，也可以工作在发电状态。不同的需求导致电机的运行特点不同，对电机的电力电子驱动电路要求也不尽相同。

（4）电机系统的成本。不同的电力电子驱动电路的成本是不同的。通常来说，用的电力电子器件越多，成本越高。

（5）控制算法的复杂程度。电机不同相数、不同驱动拓扑结构对控制算法的复杂程度要求也不相同，尤其汽车上越来越多地采用数字化控制电路对电机实施控制，较复杂的控制算法对 MCU 及其附属电路也提出了较高要求。

5.3 无刷直流电机控制电路图解析

5.3.1 无刷直流电机控制器线路图

如图 5-15 所示为无刷直流电机控制器线路，控制器三相输出 A、B、C 给 36 V 无刷电机定子线圈，电机转子采用永磁转子，转子端部有识别电机转子位置的三个霍尔传感器（5 V 供电，三个位置 A、B、C 信号，搭铁采用内置搭铁）。

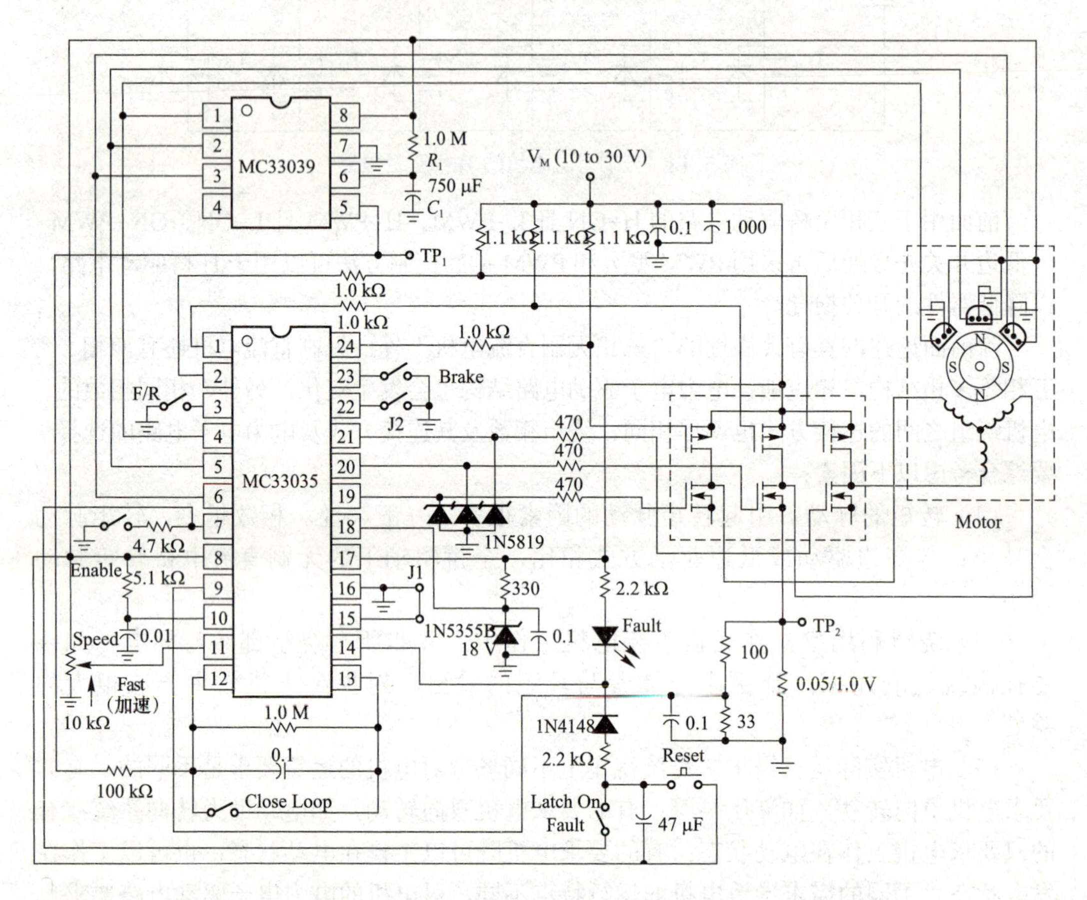

图 5-15 基于 MC33035 芯片和 MC33039 芯片的无刷直流电机控制器电路

5.3.2 无刷直流电机控制器芯片

MC33035 是一种单片的直流无刷电机控制器，它包含了开环控制的三、四相电机控制系统所需的全部功能。另外，也可以用于控制有刷直流电机。采用双极性模拟技术，其全功能和高耐用性非常适合于恶劣的工业环境。

（1）无刷直流电机控制器芯片的功能如下：

1）准确转动位置测序的转子译码器；

2）参考与电源电压传感器的温度补偿；

3）可预设频率的锯齿波振荡器；

4）全接近误差放大器；

5）脉宽调制比较器；

6）上部的三个集电极开路驱动器；

7）下部的三个用于驱动功率场效应管 MOSFET 的大电流图腾柱电路。

（2）无刷直流电机控制器芯片保护功能如下：

1）欠压锁定；

2）可预设关断延迟时间的逐周期电流限制模式；

3）内部热关断；

4）可以连接到微处理器控制系统的故障输出端口。

（3）无刷直流电机控制器芯片电机控制功能如下：

1）开环时间控制；

2）正、反向运行控制；

3）可控的启用和制动；

4）可以通过 60° /120° 选择引脚设置转子位置解码器，用于 60° 或 120° 的电机相位传感器输入。

（4）转子位置译码器。内部转子位置译码器监控三个传感器输入（管脚 4、管脚 5、管脚 6），为上部和下部驱动提供适当的输出顺序。传感器输入端口设计为可以直接连接到集电极开路型霍尔效应开关或光电耦合器（通过旋转开槽孔）。内部上拉电阻可以保证外部器件的小信号输入有效。兼容典型门限为 2.2 V 的 TTL 电平输入。ATE33 035 设计用于常用的三、四相位传感器的电动机控制。通过管脚 22（60° /120° 选择输入）可以完成 ATE33035 内部设置，能够控制 60°、120°、240° 和 300° 电相位传感器的电动机。三个传感器输入能够组合成八组输入代码，其中的六组代码用于有效转子位置。剩下的两组代码是无效的，通常是由某个传感器线的开路或短路产生。六组有效输入代码，使解码器可以控制电机转子的角度范围达到 60° 。

正向 / 反向输入端（管脚 3）用于改变电机的旋转方向，方法是反转定子绕组的电压方向。当一个指定的传感器输入代码从高变到低（如 100），改变了这个输入的状态，将启动对应相同字母标识（A_T ～ A_B，B_T ～ B_B，C_T ～ C_B）的顶部和底部驱动输出进行交换。同时，相位顺序反转，电机改变旋转方向。

输出始能（引脚 7）用于电机的开 / 关控制。悬空时，内部 25 μA 电流源能使上部和下部驱动顺序输出。当接地时，上部驱动输出关闭，并强制拉低下部驱动器，使电机进入滑行状态和故障输出端口低电平有效。

电机的动态制动要求有一定的安全范围，在 ATE33035 中有这种设计。制动是通过将制动输入（管脚 23）转为高电平来完成的。这导致上部驱动输出关闭，下部驱动打开，短路后的电机会产生反电动势。制动输入无条件地优先于其他所有输入。这个端口悬空或断开连接时，端口内部直接有 40 kΩ 的上拉电阻，可确保制动开关系统安全有效。一个四输入或非门（NOR）用于监控制动输入，之后，输入到三个上部驱动输出晶体管。其目的是为了禁止制动，直到上部驱动输出达到高电位。这有助于防止同时导通上部和下部功率开关。在半波电机驱动应用中，不需要上部驱动输出，通常保持断开状态。在或非门（NOR）感测到上部驱动输出晶体管的基极电压的这些条件下，才能完成制动。

（5）误差放大器。高性能、全补偿、连接有输入和输出（管脚 11、管脚 12、管脚 13）的误差放大器，可以方便地进行闭环电机速度控制。该放大器具有典型的 80 dB 直流电压增益，0.6 MHz 的增益带宽，以及从地 GND 到 V_{ref} 的宽共模输入电压范围。在大多数的开环速度控制应用中，放大器设置为跟随连接到速度设定电压同相输入端的单一电压增益。

（6）振荡器。通过定时元件 R_T 和 C_T 设置内部锯齿波振荡器的频率。电容 C_T 通过电阻 R_T 由参考输出（管脚 8）进行充电，通过内部放电晶体管进行放电。锯齿波的波峰、波谷典型电压分别为 4.1 V 和 1.5 V。用于在电机噪声和输出切换效率之间进行良好折中选择，建议振荡频率范围为 20 ～ 30 kHz。

（7）PWM 脉宽调制器。用脉冲宽度调制的方式控制电机速度，通过改变每个相位期间定子绕组上的平均电压时间宽度，进行有效的能量控制。当 C_T 放电时，振荡器关闭上部和下部驱动输出。当误差放大器的输出大于 C_T 的正向锯齿波时，PWM 比较器开启上部驱动输出，关闭下部驱动输出，只用下部驱动输出的脉冲宽度调制来控制转动速度。

（8）电流限制。电机严重过载时的连续运行会导致过热和最终损坏。用逐周期电流限制可以有效地防止这种损坏，也就是每个周期检测一次。监控每次输出开关导通时间内建立的定子电流实现逐周期电流限制，在检测到过电流时，立即关闭开关，并保持关闭状态直到振荡器的锯齿波上升到达顶点。三个下部开关晶体管（Q_4、Q_5、Q_6）串联取样电阻器 R_S 连接到参考地，定子电流经由 R_S 转换为取样电压，通过电流检测输入端口（管脚 9 和管脚 15）监控取样电阻两端产生的电压，并与内部 100 mV 参考电压进行比较。电流检测比较器输入有大约 3.0 V 的共模输入范围。在超过 100 mV 电流检测门限时，比较器重置下部锁存器并关闭输出导通开关。

（9）参考。内部的 6.25 V 调节器（管脚 8），为振荡器定时电容提供充电电流，为误差放大器提供参考电压，并且可以在低电压应用时直接为传感器提供 20 mA 供电电流。在高电压应用中，调节器能够在需要时转换为关闭集成电路的所有功率消耗。通过外加一个旁路晶体管，就能够很容易实现。可以简单地选择用这个 6.25 V 基准电压控制 NPN 电路，这里，V_{ref}-V_{BE} 要大于过温时霍尔效应传感器所需的最小电压。选择合适的晶体管和足够的散热，可以提高放大器的负载电流。

（10）欠压闭锁。内部有一个三合一欠压锁定，用于防止损坏 IC 和外部电源开关晶体管。在低电压的条件下，它保证 IC 和传感器的全功能应用，并且有足够的下部驱动输出电压。分别用 9.1 V 门限的独立比较器监测集成电路的正电源 V_{CC} 和下部驱动电源 V_C。这样在驱动标准的功率 MOSFET 器件时，确保有足够的栅极驱动，来实现低通态漏源电阻 R_{DS}（ON）。从参考输出直接为霍尔传感器供电，在参考输出电压低于 4.5 V 时会导致传感器不能正常工作。第三个比较器用于检测这种情况。如果一个或多个比较器检测到欠压状态，故障输出被激活，上部驱动器关闭，下部驱动器处于低输出状态。每一个比较器都有滞后电路，防止在各自超过门限时产生抖动。

（11）故障输出。集电极开路的故障输出（管脚 14），目的是在系统发生故障时提供诊断信息。它有 16 mA 的吸收电流能力，可直接驱动发光二极管指示。另外，它能很容易地用与 TTL/CMOS 微处理器控制系统的逻辑接口。

下面一个或多个条件发生时，故障输出低电平：

1）无效的传感器输入代码；

2）输出始能为逻辑［0］；

3）电流检测输入大于 100 mV；

4）一个或多个比较器有效，激活欠压闭锁；

5）热关机，超过最高结温。

这个独立的输出也可以用来判断电机启动和过载状态的持续运行。在故障输出和始能输入之间加入 RC 网络，可以设置一个过流关断锁存的延迟时间。附加的电路提供额外的起动转矩，使有高惯性负载的电机系统能够顺利起动，同时还保留了过流保护。预定时间可以通过设定一个高于额定值的电流限制来完成。在长时间的过流条件下，电容 C_{DLY} 将被充电，使始能输入端口超过门限转为低状态。然后，从故障输出端口到输出始能端口的正反馈回路形成一个闭锁。一旦由电流检测输入进行设置，它只能通过短路 C_{DLY} 或电源复位进行重设。

（12）驱动输出。三个上部驱动输出（管脚 1、管脚 2、管脚 24）是集电极开路 NPN 晶体管，能够吸收 50 mA 电流，最低击穿电压 30 V。

三个图腾柱下部驱动输出（管脚 19、管脚 20、管脚 21）特别适用于直接驱动 N 沟道 MOSFET 或 NPN 双极晶体管。每个输出的拉电流和灌电流高达 100 mA。下部驱动输出电路由电源 V_C（管脚 18）供电。这个独立的 V_{CC} 电源输入，能够让设计师灵活地调整驱动电压。当用大于 20 V 的 V_{CC} 驱动功率 MOSFET 系统时，这些输入端口要连接齐纳钳位二极管，以防止 MOSFET 栅极击穿。控制电路的地（管脚 16）和电流检测反相输入端的地（管脚 15），必须经由不同的路径返回到总输入源地。

（13）热关断。内部热关断电路在集成电路超过最高结温时提供保护。典型值为 170 ℃，激活时集成电路的输出始能端口转换为低电位。

5.3.3 电机驱动芯片 MC33033DW

如图 5-16 某电动自行车 MC33033DW 芯片的无刷电机控制器线路图，控制器三相输出 A、B、C 给 36 V 无刷电机定子线圈，电机转子采用永磁转子，转子端部有识别电机转子位置的三个霍尔传感器（5 V 供电、搭铁和三个位置 A、B、C 信号）。

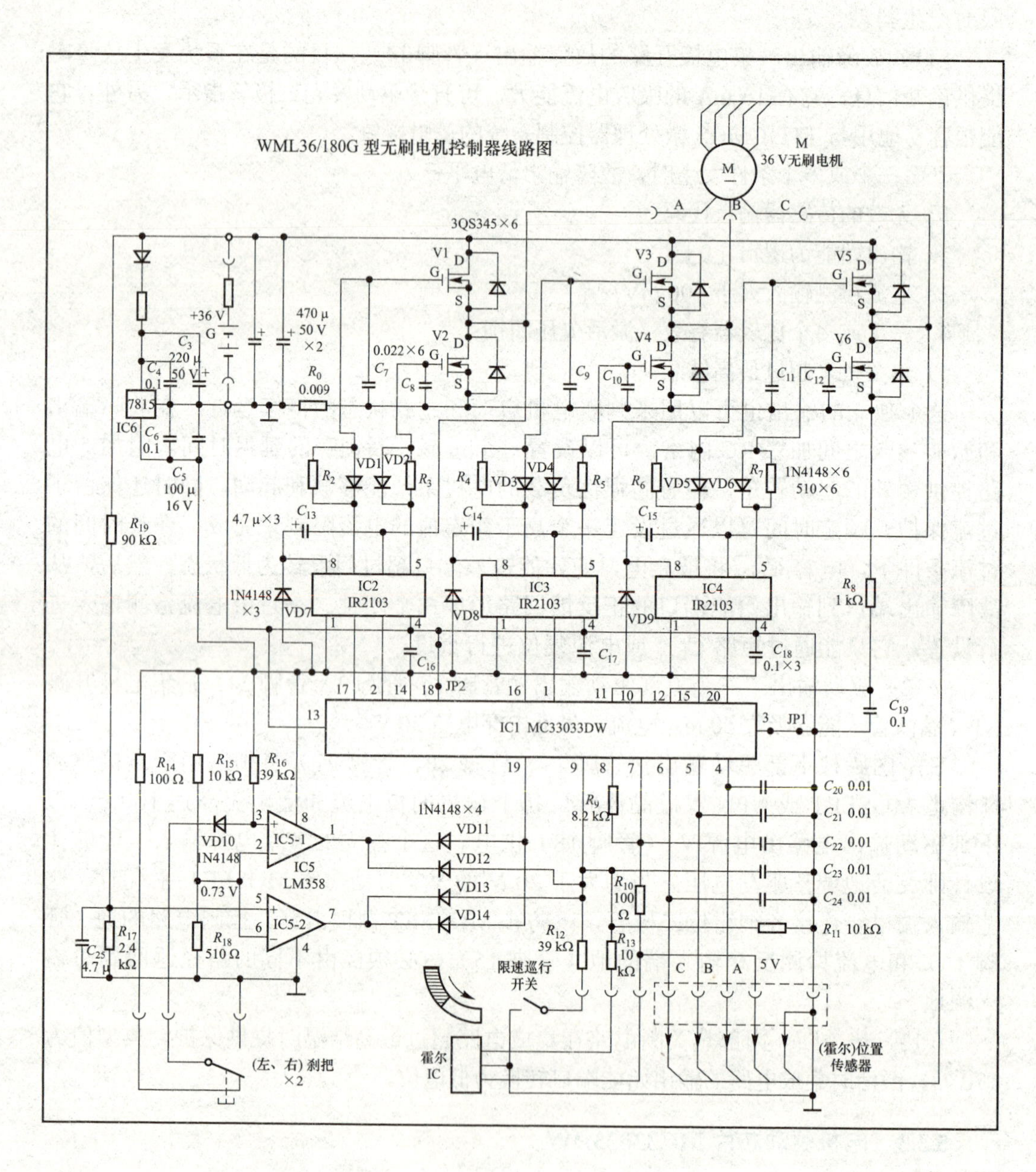

图 5-16 某电动自行车 MC33033DW 芯片的无刷电机控制器线路图

第 6 章

驱动电机单片机控制

6.1　驱动电机单片机控制概述

6.1.1　驱动电机单片机控制

第 4 章的有刷直流电机控制本质是调电压，从而实现控制输出；第 5 章的无刷直流电机控制本质是电子换向 + 调压控制。这两种控制中都没有涉及单片机（微控器）控制和加入控制策略，在第 6 章电机控制中将加入电机控制器（Motor Control Unit，MCU）控制的内容。

工业变频器如图 6-1 所示，而车用变频器如图 6-2 所示，两者有一定的区别。特别是汽车驱动电机，加入的控制策略使驱动电机的控制输出与无策略控制相比，转矩输出特性发生了变化，并不是一条反比例曲线，而是前平直后下降的特性曲线。

图 6-1　工业变频器

图 6-2　车用变频器

在车用变频器（MCU）中输入驾驶员的转矩需求信号，电机正转和反转及停转信号，电机转子位置（包含转速）传感器、电机三相定子电流传感器及变频器逆变桥 IGBT 输出的故障信号等。车用变频器根据上述输入信号进行处理，实现电机电子换向，在电子换向时间内加入了对 IGBT 驱动的算法，从而控制电机转矩。通过车用变频器上的总线可实现与外部控制器的通信，如纯电动汽车电机控制与车辆控制单元（Vehicle Control Unit，VCU）。

【错误纠正】车辆控制单元（Vehicle Control Unit，VCU）在纯电动汽车中被称为整车控制器，这是一种错误的称呼，本书改称为车辆控制单元。因为 VCU 首先与整车控制没有关系，VCU 只是驾驶员与车沟通的一个媒介，驾驶员意图通过对加速踏板位置传感器、换挡杆信号、制动踏板信号输入到 VCU，VCU 将这种意图转化为对车电力驱动系统的控制，VCU 不能控制整车。

6.1.2 电机控制算法比较

目前，主流的无刷直流电机的控制方式有方波控制（也称为梯形波控制、120° 控制、6 步换向控制）、正弦波控制和磁场定向控制（FOC）三种。

1. 方波控制

方波控制使用霍尔传感器或无感估算算法获得电机转子的位置，然后根据转子的位置在 360° 的电气周期内，进行 6 次换向（每 60° 换向 1 次）。每个换向位置电机输出特定方向的力，因此可以说，方波控制的位置精度是电气 60°。由于在这种方式控制下，电机的相电流波形接近方波（图 6-3），所以称为方波控制。

方波控制方式的优点是控制算法简单、硬件成本较低，使用性能普通的控制器便能获得较高的电机转速；其缺点是转矩波动大、存在一定的电流噪声、效率达不到最大值。方波控制适用于对电机转动性能要求不高的场合。

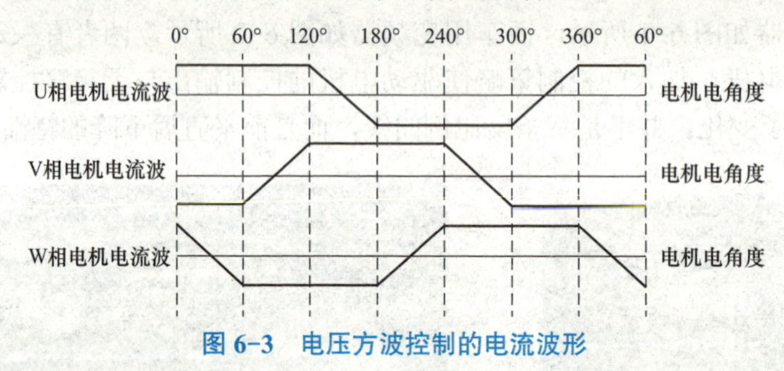

图 6-3 电压方波控制的电流波形

2. 正弦波控制

正弦波控制使用的是空间矢量脉宽调制（Space Vector Pulse Width Modulation，SVPWM）波，输出的是三相正弦波电压，相应的电流也是正弦波电流。这种方式没有方波控制换向的概念，或者认为一个电气周期内进行了无限多次的换向。显然，正弦波控制相比方波控制，其转矩波动较小，电流谐波少，控制起来感觉比较“细腻”，但是，对控制器的性能要求稍高于方波控制，而且电机效率不能发挥到最大值。

3. 磁场定向控制（FOC）

正弦波控制实现了电压矢量的控制，间接实现了电流大小的控制，但是，无法控制电流的方向。

磁场定向控制（Field Oriented Control，FOC）方式可以认为是正弦波控制的升级版本，实现了电流矢量的控制，也即实现了电机定子磁场的矢量控制。

由于控制了电机定子磁场的方向，所以，可以使电机定子磁场与转子磁场时刻保持在 90°（图 6-4），实现一定电流下的最大转矩输出。FOC 控制方式的优点是转矩波动小、效率高、噪声小、动态响应快；其缺点是硬件成本较高、对控制器性能有较高要求，电机参数需匹配。由于 FOC 的优势明显，目前已在很多应用上逐步替代传统的控制方式，在运动控制行业中备受青睐。

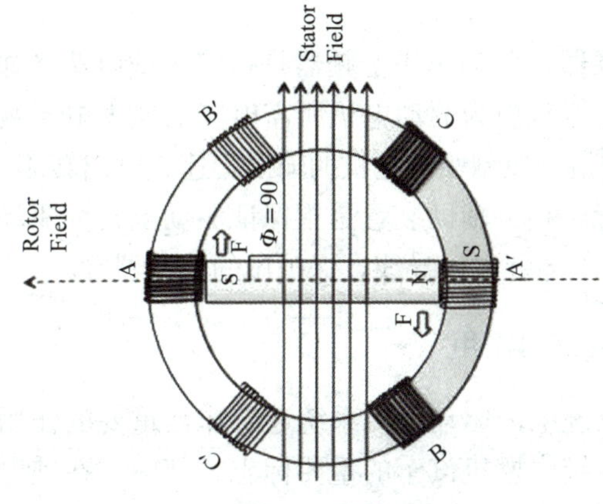

图 6-4　定子磁场矢量控制（FOC）

6.1.3　电机机械角度和电角度

1. 机械角度

电机定子线圈通电形成磁极（Polar），定子上一个完整的电励磁线圈在三相定子内圆上所占的角度为 360° /p，指的是实际的空间几何角度，这个角度被称为机械角度。

2. 电角度

电角度是电机定子的三相线圈经过一个完整通电循环。对于三相半波控制，每个线圈被通电一次，称为一个通电循环。对于三相全波，每个线圈被正、反向通电一次称为一个通电循环。这个通电循环称为 360° 。

电机转子的磁极对数加倍，在绕电机定子线圈时，定子上的线圈个数要加倍，这时电机转动时转矩大，转矩波动小。定子线圈加倍后，电机转子想转一周，需要在定子线圈上通两个通电循环，所以，电角度为 720° ，即电角度 = 机械角度 × 极对数。

常用的三相无刷直流电机一般有 3 个位置传感器，其输出波形有两种：一种是相位差 60° 电角度；另一种是相位差 120° 电角度。例如：1 对磁极相位差 120° 电角度，则 3 个位置传感器的空间间隔为 120° 机械角度；2 对磁极相位差为 120° 电角度，则 3 个位置传感器的空间间隔为 60° 机械角度。

6.2　汽车驱动电机

6.2.1　驱动电机系统的概念

驱动电机系统是指驱动电机、驱动车用变频器及相关辅助装置的组合。

（1）驱动电机。驱动电机是指基于电磁感应原理实现电能与机械能之间转换的，并可为车辆提供驱动力和制动力的电气装置。若电机的不同部分可以实现相对旋转运动，则这种电机称为旋转电机。旋转电机中静止不动的部分称为定子，可以旋转运动的部分称为转子。目前，电动汽车的驱动电机多为旋转电机。多数电动汽车的驱动电机既可以工作在电动状态来驱动车辆，也可以工作在发电状态来回馈制动能量。

（2）驱动车用变频器。驱动车用变频器是指将车载电源（如蓄电池、超级电容、燃料电池等）输出的电能转换为驱动电机所需电能的电力电子装置。驱动车用变频器可以基于上层控制器的指令控制驱动电机的输出转速或输出转矩。

（3）相关辅助装置。相关辅助装置是指保证驱动电机和驱动车用变频器正常工作的附件，如电气开关、冷却装置、导线、保护用的熔断器等。

6.2.2 驱动电机系统的作用

在电动汽车动力系统中，驱动电机系统起着非常重要的作用，驱动电机系统的存在是电动汽车区别于传统内燃机汽车的重要标志。其中，在纯电动汽车、串联混合动力汽车及燃料电池汽车中，驱动电机是唯一的驱动动力来源；在并联混合动力汽车中，驱动电机与发动机通过动力耦合机构共同驱动车辆。

驱动电机系统具有发动机所无法实现的能量回馈功能，即在车辆制动时，驱动电机工作在发电状态，将机械能转换为电能，把能量回馈到车载储能部件中。回馈制动能量是提高整车经济性的重要途径。

6.2.3 驱动电机系统的驱动形式

（1）单电机驱动和多电机驱动。

1）单电机驱动就是车辆驱动力来自同一个电机。单电机驱动的驱动结构和整车布置与传统内燃机汽车十分相似，通过离合器、变速器、减速器等机械传动装置，将电机输出转矩传递到车轮驱动汽车行驶。这种驱动形式在技术上较为成熟、安全可靠，但存在灵活性差、效率不高等缺点。

2）多电机驱动是指车辆驱动力来自多个电机。多电机驱动的具体形式比较多，有双轴或多轴独立驱动、轮边驱动、轮毂驱动等。与单电机驱动相比，整车布置和结构设计更为灵活，机械传动系统可以简化，能量转换效率可以提高，行驶稳定性也可以得到加强。

（2）集中式驱动和分布式驱动。集中式驱动是指车辆所有驱动轮的驱动力来自同一个电机或来自相互之间具有机械耦合机构的多个电机；分布式驱动是指车辆所有驱动轮的驱动力来自不同电机的驱动形式。

6.2.4 电动汽车各种电机的特点

电动汽车各种电机的特点与应用见表 6-1。

恒转矩和恒功率

表 6-1　电动汽车各种电机的特点与应用

电机类型	特点及应用
有刷直流电机	控制性能好，控制器结构简单，成本较低。电机转速不高，维护周期短，耐久性差，过载能力差，功率密度小，工作效率较低，应用较早，但在实际车上应用数量最多，大功率已被其他类型电机取代
无刷直流电机	起动转矩大，过载能力强，功率密度高，控制算法简单。转矩纹波较大，工作噪声高。汽车应用一般
永磁同步电机	工作效率较高，功率密度大。控制算法复杂，控制器成本高，永磁材料性能受温度和振动影响。汽车应用较广泛
交流感应电机	转速高，耐久性好，成本较低，可靠性好。功率密度一般，工作效率一般。汽车应用较广泛
开关磁阻电机	结构简单，控制结构和控制算法简单，成本低。实际噪声大，没见商品化装车

6.2.5　整车对驱动电机系统的技术要求

1. 整车动力性的要求

图 6-5 所示为典型的驱动电机机械特性曲线，即电机的转矩 - 转速关系，也称为电机的外特性。图中 T_m 为电机的最大转矩；T_r 为电机的额定转矩；n_m 为电机的最高转速；n_r 为电机的额定转速；P_m 为电机的最大功率；P_r 为电机的额定功率。电机的机械特性分为恒转矩区和恒功率区两个区域。两个区域的转速边界即电机的基速，通常也是设计的额定转速。

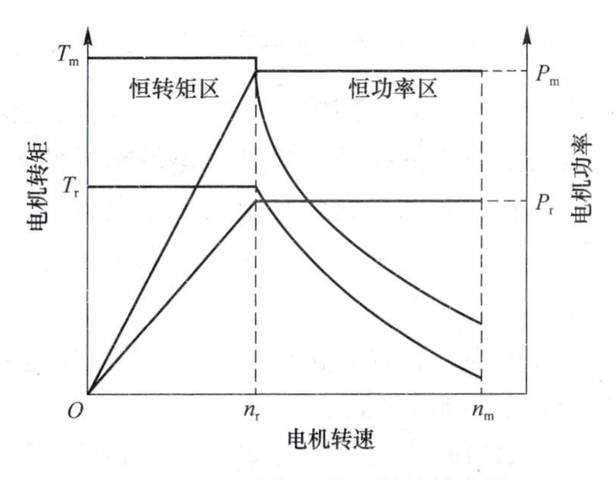

图 6-5　驱动电机的机械特性曲线

驱动电机系统对外体现的机械特性与驱动电机本身的机械特性有所区别，在动力系统直流母线电压较低、车用变频器或驱动电机温度过高等情况下，都可能通过车用变频器的控制，使电机输出功率或输出转矩下降。此时，图 6-5 中的恒转矩区及恒功率区都有可能变小。因此，图 6-5 可视为驱动电机系统的理想机械特性曲线。

在实际运行时，电动汽车的驱动电机系统的机械特性应能同时满足整车的最高车速、最大爬坡度、加速时间等动力性能指标的要求。

2. 整车经济性的要求

电机效率

驱动电机系统的效率对电动汽车整车经济性会产生很大的影响，从而影响车辆的续驶里程。驱动电机既可以工作在电动状态，也可以工作在发电状态，相应地，驱动电机系统的效率包括电动状态效率和发电状态效率。图 6-6 所示为电动汽车异步电机系统在额定直流电压下的工作效率。图中的上半部分（即转矩大于零的部分）为电动状态效率，下半部分（即转矩小于零的部分）为发电状态效率。

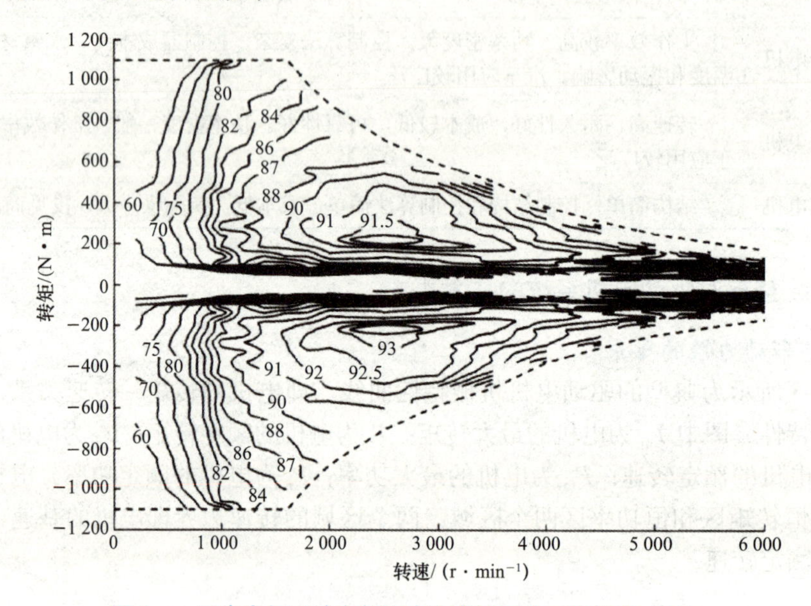

图 6-6 异步电机系统在额定直流电压下的工作效率（%）

驱动电机系统的效率在数值上等于车用变频器效率与驱动电机效率的乘积。

车用变频器的损耗包括主电路的损耗和控制电路的损耗两部分。相比较而言，主电路的损耗占较大的比重。主电路的损耗包括电力电子器件的损耗及电容器的损耗，其中又以电力电子器件的损耗为主。因此，车用变频器的主要损耗是电力电子器件的开关损耗和通态损耗。

驱动电机系统的损耗由铜损、铁损、机械损耗及杂散损耗构成。这些损耗大部分转换成热量，使电机整体或局部温度升高。

在实际道路工况下，驱动电机系统的工作点会分布在图 6-6 中较大的一个范围，因此，整车经济性要求驱动电机系统需要具有较大的高效区。例如，可要求驱动电机系统效率高于 80%的区域大于整个机械特性区域（恒转矩区 + 恒功率区）的 70%。

3. 整车舒适性的要求

驱动电机系统在工作过程中，转矩脉动及由此产生的噪声会对整车舒适性产生影响。驱动电机转矩脉动的产生原因有两大类：一是由于电机自身结构和工作机理而产生的，如永磁同步电机的齿槽转矩，开关磁阻电机换相产生的转矩纹波等；二是对电机转矩进行控制过程中产生的，如车用变频器中电力电子器件的“死区”效应产生的转矩纹波，因电力电子器件开关过程或脉冲宽度调制（PWM）方法使电机定子电流发生畸变而产生的转矩脉动，因PI控制或其他闭环控制器控制参数不合理而导致电机转矩的低频振荡等。

综上所述，应从电机设计、电机加工工艺、车用变频器硬件设计、电机控制算法等多方面采取措施，尽可能降低驱动电机系统的转矩脉动，以满足整车舒适性的要求。

4. 整车安全性的要求

整车安全性对驱动电机系统的要求体现在以下两个方面。

（1）电气安全。驱动电机系统要具有较高的电气绝缘性能。驱动电机系统内部的绝缘材料与环境温度、使用年限密切相关。由于电动汽车可能工作在高温高湿环境下，因此，对驱动电机系统内部的绝缘材料性能及驱动电机系统的热管理提出了较高的要求。

（2）控制系统的安全性。车用变频器应保证在任何情况下，驱动电机系统不会对整车安全性产生不利影响，如在多电机分布式驱动系统中，要求各电机的控制器协同工作。

5. 整车可靠性的要求

整车可靠性对驱动电机系统可靠性的要求体现在以下两个方面。

（1）低的故障率。电动汽车驱动电机系统具有功率密度高、工作环境恶劣、运行工况复杂、器件工作温度高、振动剧烈等特点，容易造成驱动电机系统局部或整体的失效。车用变频器中的母线支撑电容、电力电子器件、控制电路及电机轴承和电机内部的电气绝缘材料都应具有非常高的可靠性；另外，线缆连接器、转速或转子位置传感器、机械式开关、熔断器等附件也要具有极高的可靠性。

（2）电磁兼容性。驱动电机系统是整车的重要的电磁干扰源，它应满足整车对电磁兼容性的要求。

6. 整车耐久性的要求

驱动电机系统的使用寿命应高于整车使用寿命。

6.3 永磁同步电机

6.3.1 永磁同步电机结构

根据永磁体在转子上的位置不同，永磁同步电机可以分为表贴式永磁同步电机和内置式永磁同步电机，二者的横向剖面结构示意如图6-7所示。

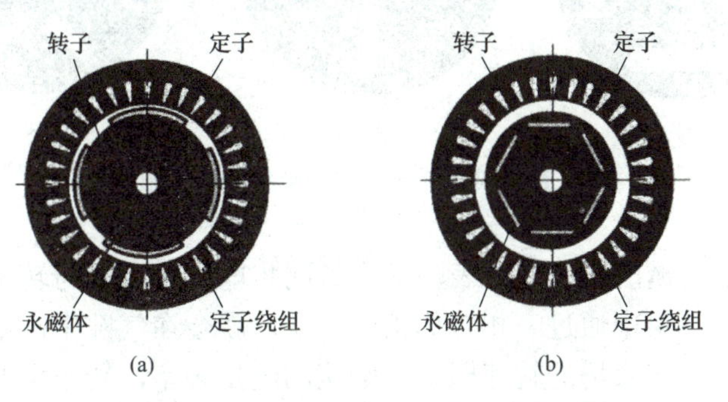

图6-7 永磁同步电机横向剖面结构示意

（a）表贴式永磁同步电机；（b）内置式永磁同步电机

图 6-8 所示为表贴式永磁同步电机的 d 轴和 q 轴磁路，图 6-9 所示为内置式永磁同步电机的 d 轴和 q 轴磁路，可见 d 轴是永磁体轴线，q 轴磁路是 d 轴的垂线。

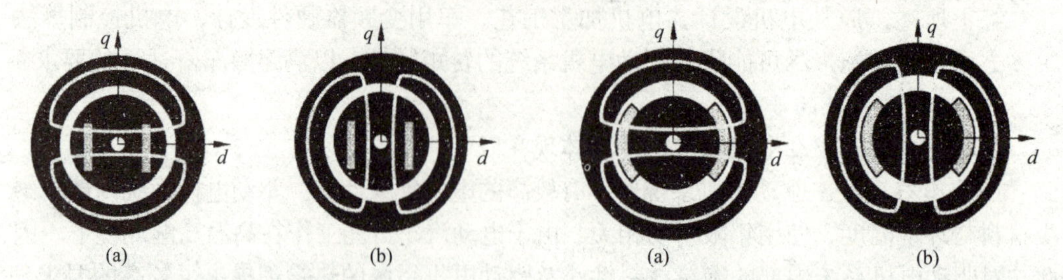

图 6-8　表贴式永磁同步电机的 d 轴和 q 轴磁路　　图 6-9　内置式永磁同步电机的 d 轴和 q 轴磁路

对于内置式永磁同步电机产生的磁阻转矩有助于提高电机的过载能力、转矩密度和功率密度，且易于通过“弱磁”来提高电机的转速。另外，由于内置式永磁同步电机的永磁体埋在转子铁芯内部，转子结构比较牢固，因此，增加了电机高速运行时的安全性。基于以上优点，电动汽车上更多地采用内置式永磁同步电机作为驱动电机。

6.3.2　永磁同步电机工作原理

根据内置式永磁同步电机的永磁体在转子内的布置和充磁方向，永磁同步电机又可以分为径向式内置式永磁同步电机、切向式内置式永磁同步电机及混合式内置式永磁同步电机三种。三种内置式永磁同步电机的转子结构如图 6-10 所示。径向式内置式永磁同步电机［图 6-10（a）］具有永磁体漏磁通较小、转子机械强度高、转轴容易隔磁等优点。切向式内置式永磁同步电机［图 6-10（b）］，由于一个极距下的磁通由两个磁极提供，可以获得较大的磁通，并且容易获得较大的磁阻转矩。但切向式内置式永磁同步电机转子冲片机械强度不高，转轴需要较好的隔磁措施。混合式内置式永磁同步电机［图 6-10（c）］虽然集成了径向式内置式永磁同步电机和切向式内置式永磁同步电机的优点，但结构较复杂，制造成本也较高。

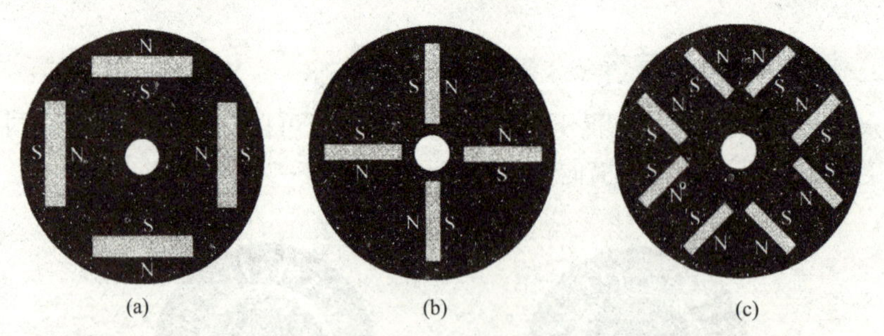

图 6-10　内置式永磁同步电机的转子结构
（a）径向式；（b）切向式；（c）混合式

假设不计定子齿槽的影响，且表贴式永磁同步电机的定子与转子之间的气隙是均匀的。若电机定子绕组中通过三相对称正弦电流，就会在气隙中产生正弦分布且幅值恒定的旋转磁场，旋转磁场的转速即定子电流的电角频率，转子中的永磁体也会在气隙中产生正弦分布且幅值恒定的磁场，该磁场随转子同步旋转。

电磁转矩是定子、转子磁场相互作用的结果，其大小和方向取决于这两个磁场的幅值和磁场轴线的相对位置。若两个磁场幅值不变且相对位置保持不变，就会产生恒定的电磁转矩。电磁转矩的方向倾向于使两个磁场轴线之间夹角减小。

表贴式永磁同步电机只存在电磁转矩，而对于内置式永磁同步电机，由于转子为凸极机构会产生磁阻转矩，总的电机转矩是电磁转矩和磁阻转矩的代数和。

6.4 工业电机通用变频器

工业变频器主电路

6.4.1 通用变频器调速原理

工业电机通常采用鼠笼式交流异步电机。改变异步电机的供电频率，可以改变其同步转速，实现调速运行。对异步电机进行调速控制时，希望电机的主磁通保持额定值不变。磁通太弱，铁心利用不充分，同样的转子电流下，电磁转矩小，电机的带负载能力下降，磁通太强，则处于过励磁状态，使励磁电流过大，这就限制了定子电流的负载分量，为使电机不过热，负载能力也要下降。

异步电机的气隙磁通是定转子合成磁动势产生的，使气隙磁通保持恒定的方法：基频以下的恒磁通变频调速考虑从基频向下的调速情况，为了保持电机的负载能力，应保持气隙主磁通不变，这就要求降低供电频率的同时降低感应电动势，保持压频比为常数，即保持电动势与频率之比为常数进行控制。这种控制又称为恒磁通变频调速，为恒转矩调速方式。

基频以上的弱磁调速是考虑由基频开始向上调速的情况。频率由额定值向上增大，但电压受额定电压的影响不能再升高，只能保持电源端整流输出的直流电压不变。随着电机转子的转速上升必然会使主磁通减小，定子对转子的驱动力矩减弱（在转矩上称为直流电动机弱磁过程或在功率上称为恒功率过程）。由上面的讨论可知，异步电机的变频调速必然按照一定的规律同时改变其定子电压和频率，即必须通过变频装置获得电压、频率均可调节的电源，实现所谓的 VVV F（Variable Voltage Variable Frequency）调速控制。通用变频器可适应这种异步电机变频调速的基本要求。

6.4.2 通用变频器组成

各厂家生产的通用变频器，其主电路结构和控制电路并不完全相同，但基本的构造原理和主电路连接方式及控制电路的基本功能都大同小异，图 6-11 所示为通用变频器结构原理示意。通用变频器主要包括三个部分：一是主电路接线端，包括接工频电网的输入端（R、S、T）、接电动机的频率、电压连续可调的输出端（U、V、W）；二是控制端子，包括外部信号控制端子、变频器工作状态指示端子、变频器与计算机或其他变频器的通信接口；三是操作面板，包括液晶显示屏和键盘。

变频器分为交 – 交和交 – 直 – 交两种形式。交 – 交变频器可将工频电直接变换成频率、电压均可控制的交流电，又称为直接式变频器。而交 – 直 – 交变频器则是先将工频交流电通过整流器变成直流电，然后将直流变换成频率、电压均可控制的交流电，又称为间接式变频器。

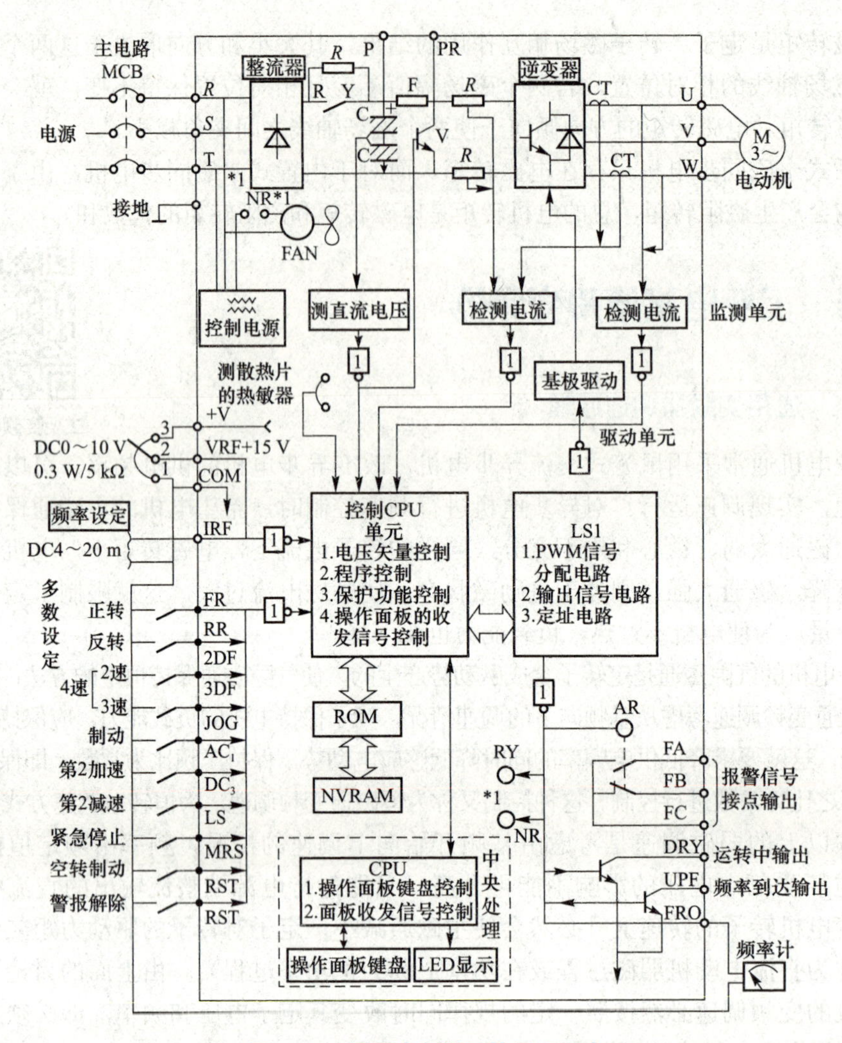

图 6-11　通用变频器结构原理示意

由于逆变器的负载为异步电机，属于感性负载。无论电机处于电动状态或发电制动状态，其功率因数总不会为 1。因此，在中间直流环节和电机之间总会有无功功率的交换。这种无功能量要靠中间直流环节的储能元件来缓冲，所以，又常称中间直流环节为中间直流储能元件。

控制电路由运算电路，检测电路，控制信号的输入电路、输出电路和驱动电路等构成。其主要任务是完成对逆变器的开关控制、对整流器的电压控制，以及完成各种保护功能等。控制方法可以采用模拟控制或数字控制。目前，高性能的变频器已经采用微型计算机进行全数字控制，采用尽可能简单的硬件电路，主要靠软件来完成各种功能。由于软件的灵活性，全数字控制方式常可以完成模拟控制方式难以完成的功能。

6.4.3　工业变频器主电路工作原理

工业变频器主要使用间接变频器。间接变频器的主电路组成如图 6-12 所示。当变频器功率小于 5.5 kW 时，交流电输入可采用单相 220 V；当变频器功率大于 5.5 kW 时，采用三相交流 380 V。

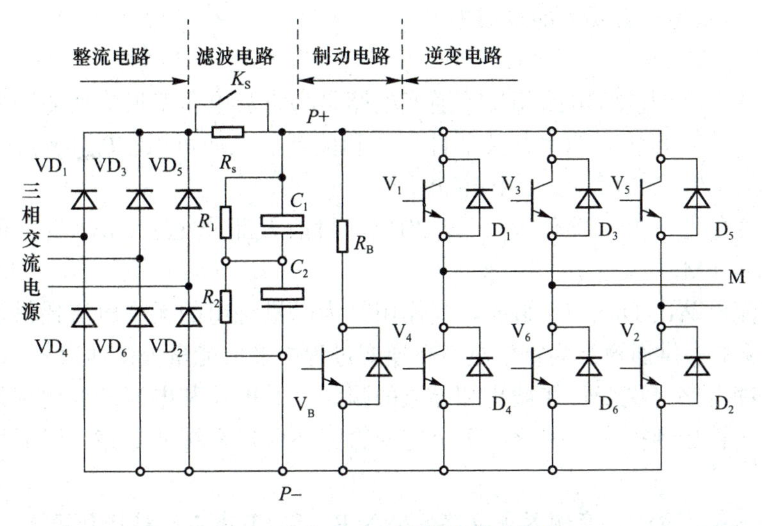

图 6-12　间接变频器的主电路组成

间接变频器的工作原理如下。

1. 整流与滤波

（1）整流电路的功能是将交流电源转换成直流电源。三相线电压为 380 V 时，整流后峰值为电压 537 V，平均电压为 515 V，最高不能超过 760 V，整流器件一般采用整流二极管或模块。

（2）整流桥与滤波电容之间，有 R_s 为充电（限流）电阻，当变频器刚拉入电源的瞬间，将有一个很大的冲击电流经整流桥流向滤波电容，使整流桥可能因此而受到损坏。如果电容量很大，不会使电源电压瞬间下降而形成对电网的干扰；K_s 为短路开关或晶闸管组成的并联电路，充电电阻如长期接在电路内，会影响直流母线电压 U_D 和变频器输出电压的大小。所以，当 U_D（P+ 与 P- 之间的电压）增大到一定程度时，K_s 接通把 R_s 切出电路。K_s 有用晶闸管，也有用继电器触点构成。

（3）C_1 和 C_2 应是并联、串联的电容器组，由于 C_1 和 C_2 的电容量不能完全相等（承受电压较高一侧电容器组容易损坏），因此，并联一个阻值相等的均压电阻 R_1 和 R_2，使得 U_{c1}、U_{c2} 电压相等。

2. 制动电路

（1）在变频调速系统中，电机的降速和停机，是通过逐渐减小频率来实现的。在频率刚减小的瞬间，电机的同步转速随之下降，而由于转子惯性的原因，电机的转速未变，当同步转速低于转子转速时，转子绕组切割磁力线的方向相反，转子电流的相位几乎改变 180°，使电机处于发电状态，也称为再生制动状态。

（2）电机再生的电能经续流二极管（$D_1 \sim D_6$）全波整流后反馈到直流电路中，由于直流电路的电能无法回输给电网，只能由 C_1 和 C_2 吸收，使直流电压升高。过高的直流电压将使变流器件受到损害。因此，直流电压超过一定值时，就要提供一条放电回路。

（3）能耗电路由制动电阻 R_B 和制动单元 V_B 构成。当直流回路电压 U_D 超过规定值时，V_B 导通，使直流电压通过 R_B 释放能量，降低直流电压。而当 U_D 在正常范围内时 V_B 截止，以避免不必要的能量损失。

3．逆变电路

（1）逆变电路同整流电路相反。逆变电路是将直流电压变换为所要频率的交流电压，根据确定的时间相应功率开关器件导通和关断，从而可以在输出端 U、V、W 三相上得到相位互相差 120° 的三相交流电压。

（2）逆变电路由开关器件 $V_1 \sim V_6$ 构成。目前大部分使用 IGBT 管，最新技术是智能功率模块 IPM。

（3）续流电路由 $D_1 \sim D_6$ 组成。其作用是为电机绕组的无功电流提供返回通道；为再生电能反馈提供通道；为寄生电感在逆变过程中释放能量提供通道。

（4）缓冲电路。逆变管在截止和导通的瞬间，其电压和电流的变化率是很大的，有可能使逆变管受到损伤。因此，每个逆变管旁还应接入缓冲电路，以减缓电压和电流的变化率。

【逆变桥输出禁忌】变频器主电路的输入 R、S、T 决不能接错到输出电机端的 U、V、W；电机端的 U、V、W 输出侧不能接电容器。

6.5 工业变频器

6.5.1 变频器选择原则

（1）充分了解控制对象性能要求。一般来讲，如对启动转矩、调速精度、调速范围要求较高的场合则需考虑选用矢量变频器，否则选用通用变频器即可。

（2）了解所用电机主要铭牌参数：额定电压、额定电流。

（3）确定负载可能出现的最大电流，以此电流作为待选变频器的额定电流。如果该电流小于适配电机额定电流，则按适配电机选择对应变频器。

（4）增加使用变频器的容量：在有长期高温大负荷、异常或故障停机、目标负载波动大、现场电网长期偏低而负载接近额定、绕线电机、同步电机或多极电机（6 极以上）之一情况时要考虑容量放大一挡，否则就会出现灾难性后果。

6.5.2 变频器配件选择原则

1．选用电抗器

在电机功率大于 55 kW 以上或电网品质恶劣或容量偏小的场合要选用交流输入电抗器、直流电抗器，如不选用可能会造成干扰，出现三相电流偏差大，变频器频繁跳闸的情况。以下情况要选用交流输出电抗器变频器到电机，一般原则上，线路超过 100 m。

2．选用制动单元

在提升负载、频繁快速加减速、大惯量（自由停车需要 1 min 以上，恒速运行电流小于加速电流的设备）三种情况之一时，一般要选用制动单元和制动电阻。

6.5.3 矢量变频控制电机参数的自动测量

1. 矢量控制需要的参数

（1）电机的铭牌数据——电压、电流、转速、磁极对数、效率等。

（2）电机的绕组数据——定子电阻、定子漏磁电抗、转子等效电阻、转子等效漏磁电抗、空载电流等。

2. 自动测量操作

（1）旋转自测量（相当于空载试验）。电机脱离负载。变频器通电，按下 RUN 键，先让电机停止 1 min，再让电机旋转 1 min（转速约为额定转速的一半）。按下 STOP 键，中止自测量。

（2）停止自测量（相当于堵转试验）。电机不脱离负载。变频器通电，按下 RUN 键，让电机停止 1 min。按下 STOP 键，中止自测量。

6.5.4 变频器操作

关于变频器键盘的操作和意义，网上资源很多，这里不再赘述。

6.5.5 工业变频器电路全图

工业变频器电路全图见附录 1。

6.6 汽车驱动电机变频控制

纯电动汽车主电路

6.6.1 纯电动汽车变频器

图 6-13 所示为纯电动汽车变频器主电路。与工业变频器相比，没有了三相或单相整流环节。动力电池电压 VB，经上电继电器组（图中省略）上电到变频器，进入变频器后的电压为 VL，经电容后电压为 VH，这里 VL=VH，经全桥逆变器变频给电机。

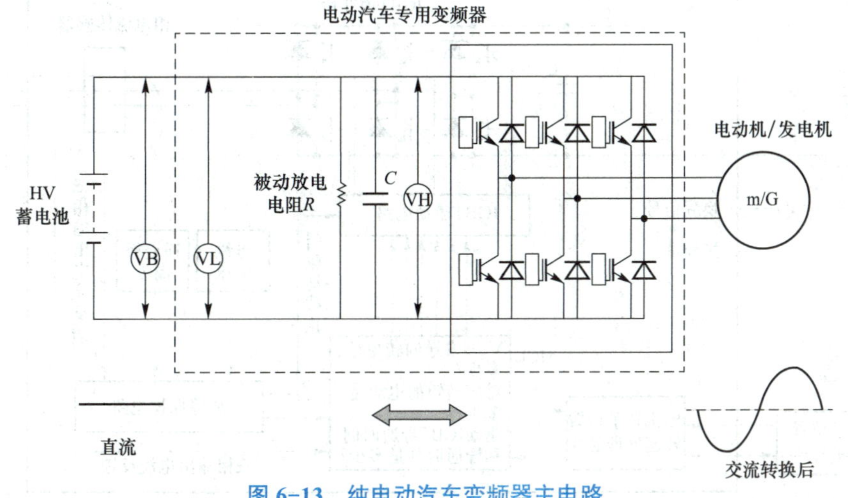

图 6-13　纯电动汽车变频器主电路

6.6.2 混合动力汽车变频器

混合动力汽车变频器主电路，如图 6-14 所示。与工业变频器相比，没有了三相或单相整流环节。动力电池电压 VB 经上电继电器组（图中省略）上电到变频器，进入变频器后的电压为 VL，经升压转换器后，给电容注入电压为 VH，这里 VL 低于 VH，再经全桥逆变器变频，这样蓄电池不用过多，电机仍可获得很高的供电电压。

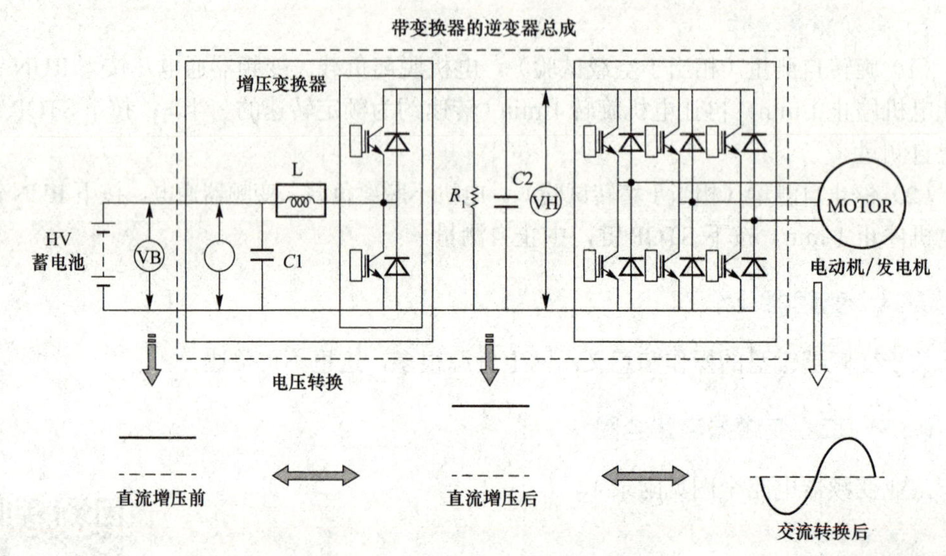

图 6-14 混合动力汽车变频器主电路

6.6.3 纯电动汽车变频器工作原理

混合动力汽车升压电路

图 6-15 所示为纯电动汽车变频器内部电路示意。纯电动汽车变频器工作原理分为驱动控制转矩申请、驱动控制转矩的发送、驱动控制转矩的实现来说明，其余与工业变频器相同。

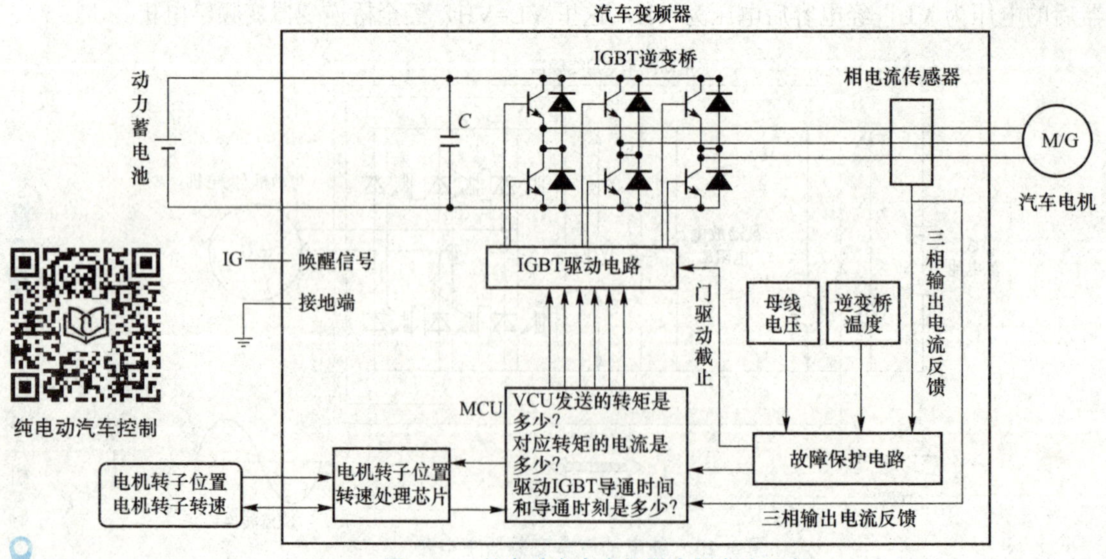

图 6-15 纯电动汽车变频器内部电路示意

1. 驱动控制转矩申请

如图 6–16 所示，反映驾驶员转矩需求的加速踏板位置传感器采用冗余设计，主信号电压输出和副信号电压输出不同，但在车辆控制单元（VCU）内部经微控制器（MCU）处理后反映的是同一个加速踏板的位置。在微控制器（MCU）内部查得在横轴某加速踏板位置百分数（如 50%）时，对应纵轴电机转矩 300 N·m。

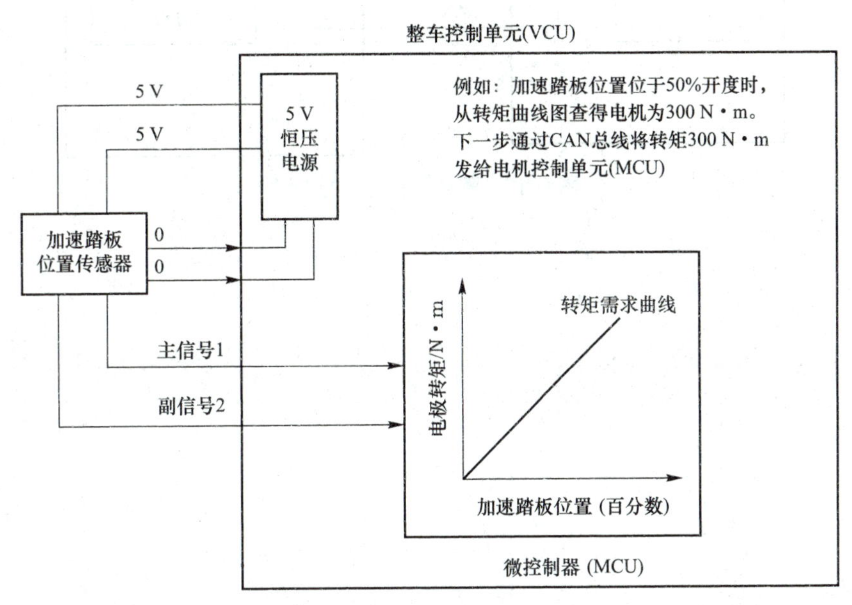

图 6–16　驱动控制转矩申请

【特别指出】

图 6–16 给出的是正常的电动汽车设计，有的汽车将加速踏板位置传感器电路直接接到变频器内部的电机控制器上（MCU），加速踏板位置传感器位置信息再经 CAN 到整车控制单元（VCU）。

2. 驱动控制转矩的发送

如图 6–17 所示，车辆控制单元（VCU）内部经微控制器（MCU）将查得的驾驶员转矩需求的 300 N·m 数据经总线传递给变频器内部的电机控制器（Motor Control Unit=MCU）［不是微控制器的缩写（Micro Control Unit，MCU）］。电机控制器（Motor Control Unit，MCU）收到后决策如何完成这个任务。

3. 驱动控制转矩的实现

如图 6–15 所示，电机控制器收到 300 N·m 这个任务后，开始计算电机对应的电流是多少，而对应电流的 IGBT 导通时间和导通时刻是什么。电机控制器控制 IGBT 驱动电路，IGBT 驱动电路驱动 IGBT 逆变桥的六个 IGBT 实现汽车电机定子电流的控制。电机的相电流传感器将电流反馈给电机控制器（MCU），从而进行微小的 IGBT 导通时间修正，以实现电机精确的电流反馈控制。

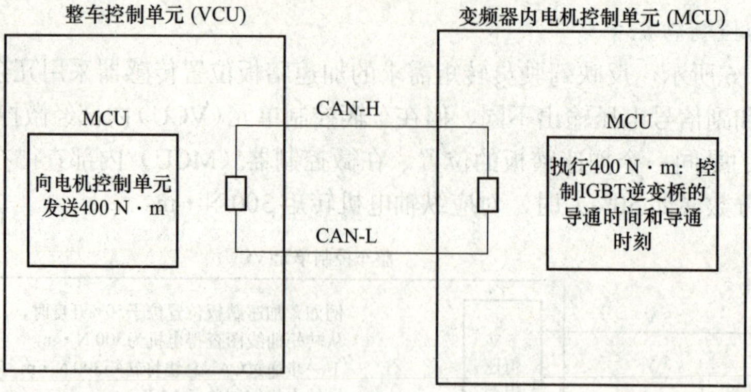

整车控制单元 (VCU)

MCU

向电机控制单元发送400 N · m

CAN-H

CAN-L

变频器内电机控制单元 (MCU)

MCU

执行400 N · m：控制IGBT逆变桥的导通时间和导通时刻

图 6-17　驱动控制转矩的发送

第 7 章
电动汽车充电系统

7.1 电动汽车充电系统概述

交流及直流传导式充电

静态和动态无线充电

7.1.1 充电系统概念

电动汽车的充电是指以受控的方式将电能传输到电动汽车的蓄电池或其他车载储能装置或部件的过程，这一过程主要通过充电装置来完成。充电装置，又称充电系统，可以全部安装和固定于地面上；也可以一部分安装在地面上，其他部分安装在车辆上。

7.1.2 充电系统分类

根据固定于地面的充电装置与车辆之间的连接方式，电动汽车充电系统可以分为传导式充电系统和非传导式充电系统。如果电能的传输必须经过充电设备与车辆之间连接的电缆来实现，这种充电系统称为传导式充电系统；如果充电装置与车辆之间无须直接电气接触就可以实现能量的传输，则称为非传导式充电系统（无线充电系统）。

（1）传导式充电系统。对于传导式充电系统，如果连接充电装置与车辆之间的电缆传输的是交流电能，则这类充电系统称为交流充电系统，其结构与原理如图 7-1（a）所示，图中 *A*、*B*、*C*、*N* 也可写成 *L*1、*L*2、*L*3、*N*，即三相电的 3 根火线，1 根零线。

【车载充电机容量】 目前，车载充电机（也称车载充电设备）有 AC110 V-1.6 kW、AC220 V-3.3 kW（国内最常用）、AC220 V-6.6 kW（国内最常用）、AC220 V-9.9 kW 等，而 AC220 V-11 kW 据说有发展前景。

如果电缆传输的是直流电能，则这类充电系统称为直流充电系统，其结构与原理如图 7-1（b）所示。

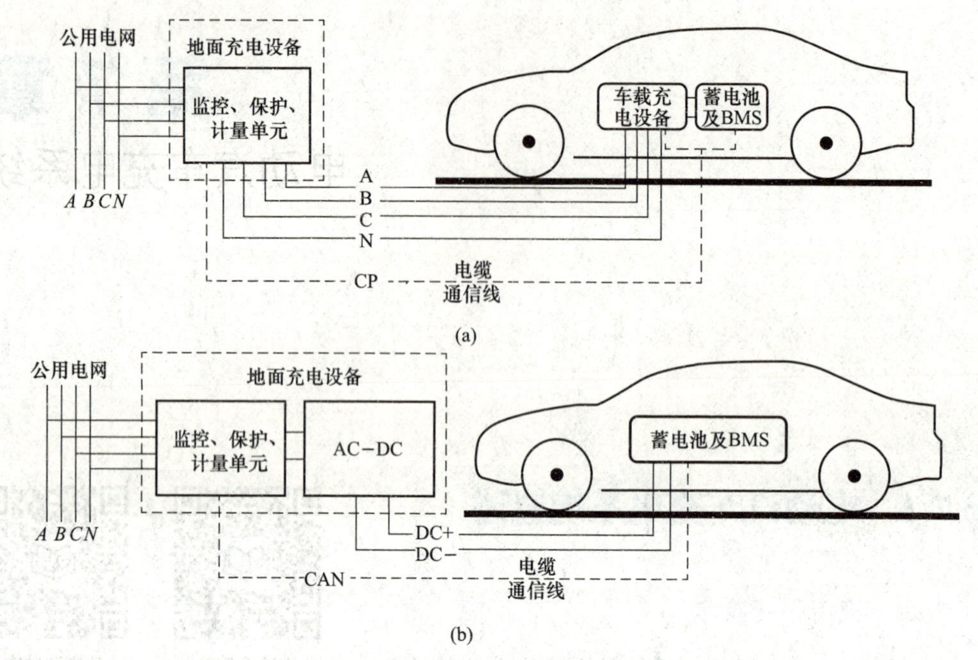

图 7-1　传导式充电系统示意

（a）传导式交流充电系统；（b）传导式直流充电系统

（2）非传导式充电系统。对于无线充电系统，如果在充电过程中电动汽车是静止的，则称为静态无线充电系统，其系统结构与原理如图 7-2（a）所示，静态无线充电系统中耦合线圈之间的位置是固定不变的；若在充电过程中电动汽车仍处于行驶状态，即汽车处于边行驶边充电状态，则这类充电系统称为动态无线充电系统或行驶汽车充电系统，其结构与原理如图 7-2（b）所示。动态无线充电系统中耦合线圈之间的位置随着汽车的运动而动态变化。

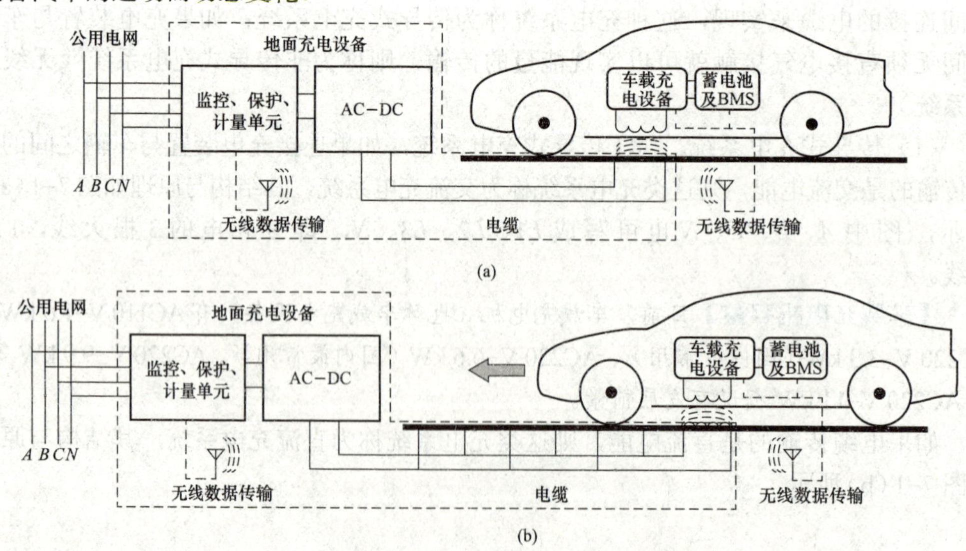

图 7-2　无线充电系统示意

（a）静态无线充电系统；（b）动态无线充电系统

根据充电系统中传输的电能是从电网或车辆外部储能装置传输到电动汽车的蓄电池，还是从车上的蓄电池或其他车载储能部件传输到电网或车外储能装置，分为单向充电系统和双向充电系统。

（1）单向充电系统。如果充电系统中传输的电能只是从电网或车辆外部储能装置传输到电动汽车的蓄电池或其他车载储能部件，那么这类充电系统称为单向充电系统。

（2）双向充电系统。如果电能既可以从电网或车辆外部储能装置传输到车上的蓄电池或其他车载储能部件，也可以从车上的蓄电池或其他车载储能部件传输到电网或车外储能装置，那么这类充电系统称为双向充电系统。双向充电系统是实施车辆到电网（Vehicle To Grid，VTG）技术的重要物质基础。

7.2 电动汽车充电系统环节功能

7.2.1 充电系统的电气环节组成

从能量传输角度看，无论是传导式直流充电系统、传导式交流充电系统，还是无线充电系统，其作用都是完成电网交流电（或地面储能装置直流电）与车载直流电之间的电能变换和传输，因此，电路结构是类似的。例如，将来自电网的单相交流电作为电源，车辆上的蓄电池作为负载，则电动汽车充电系统的电路结构如图 7-3 所示，图中同时给出了电气系统前后七个环节的电压波形。

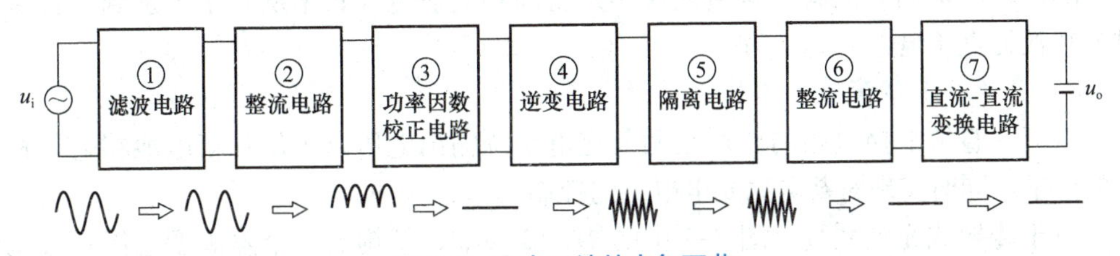

图 7-3 充电系统的电气环节

7.2.2 充电系统的电气环节功能

图 7-3 中各电气环节称为功率传输组件，如整流器（电路）、逆变器（电路）、耦合线圈等，各功率传输组件的作用如下。

1. 滤波电路

滤波电路的作用：一方面降低因电网电压畸变而产生的高频成分；另一方面，减轻充电系统对电网的谐波注入，抑制充电系统产生的共模或差模干扰。

图 7-4 所示为一种单相交流滤波电路典型结构。图中电容 C_1、C_2 与电感 L_3、L_4 对差模噪声具有抑制作用，电容 C_3、C_4 与电感 L_1、L_2 对共模噪声具有抑制作用。由于滤波电路对电磁噪声具有抑制作用，所以，其又称为电磁干扰（Electronic Magnetic Interference，EMI）滤波电路。

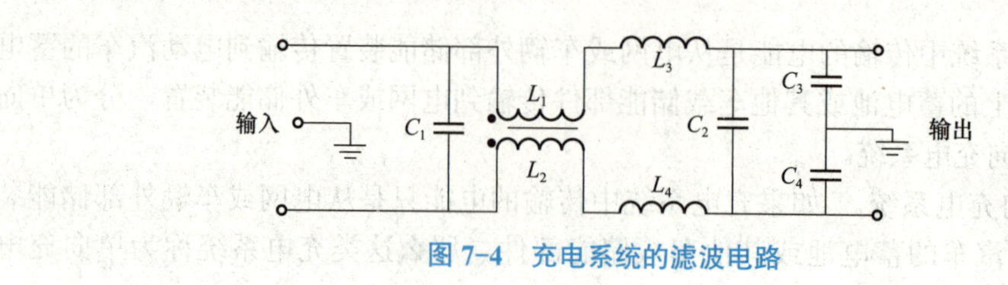

图 7-4　充电系统的滤波电路

2. 滤波电路输出侧的整流电路

滤波电路输出侧的整流电路的作用是将公用电网 50 Hz 交流电整流为直流（或单极性）电。

3. 功率因数校正电路

功率因数校正电路使电源（电网）侧电流尽可能为正弦波形，并尽可能使充电系统的整体功率因数为 1。

4. 逆变电路

逆变电路将直流电逆变为高频交流电。

5. 隔离电路

对于传导式充电系统，隔离电路为高频变压器，用于实现负载（车辆上的蓄电池）与电源（电网）之间的电气隔离，保证充电过程中的人身和设备安全；对于无线充电系统，隔离电路由耦合线圈及补偿电路构成，是无线电能传输中的核心环节，用于实现电能的非接触传输。

6. 隔离电路输出侧的整流电路

隔离电路输出侧的整流电路的作用是将高频交流电（频率从几十千赫到一百多千赫）转换为直流电。

7. 直流 – 直流变换电路

直流 – 直流变换电路的作用是调节充电系统输出电压以满足和蓄电池端电压相匹配的要求，同时实现对蓄电池充电电流的控制。

对于传导式充电系统，图 7-3 中的④、⑤、⑥、⑦构成一个隔离型直流 – 直流变换电路，因此，可以采用第 8 章所讨论的隔离型直流 – 直流变换器电路来代替。对于隔离型直流 – 直流变换器，可以通过对逆变环节的电力电子器件通断的控制实现对变换器输出电压或输出电流的控制，因此，功率传输组件⑦可以省略。

对于能量双向传输的充电系统，图 7-3 中②与⑥整流环节应为整流 / 逆变环节，即除整流作用外，该环节还需要有逆变功能，才能保证能量的双向流动。

7.2.3　电动汽车充电系统的要求

（1）较好的安全性。这里的安全性有两层含义，一是充电系统能安全地工作，不会对车辆、操作或司乘人员安全产生不良影响；二是充电系统不会对公用电网（或其他电源）、蓄电池（或其他车载储能部件）的安全运行产生不良影响。

（2）高可靠性。大多数类型的动力蓄电池无法接受较大的充电电流，这意味着很多情况下充电过程需要较长的时间（如几个小时以上）。而且在车辆充电过程中，通常没有人员值守。这就需要充电系统具有较高的可靠性，才能保证充电过程顺利完成。

（3）高效率。充电过程是电能的传输过程，充电系统的效率对（从电网到车轮的）能量传输效率或利用率具有较大的影响，较高的工作效率是充电系统的必然要求。

（4）绿色环保。充电系统应尽可能降低对电网的谐波电流注入，并尽可能提高功率因数；充电系统工作时，应具有较低的对外电磁干扰，同时具有较好的电磁抗扰性能。

（5）高功率密度。对于车载的充电设备应尽量做到体积小、质量轻。

（6）计费准确。要有准确的计量和计费系统，同时操作界面友好。

7.3 充电系统中的不控整流电路

单相全桥不控整流电路

7.3.1 单相桥式不控整流电路

图 7-5（a）所示为单相桥式不控整流电路，图 7-5（b）为该电路的工作波形。电路中以电阻 R 作为负载。

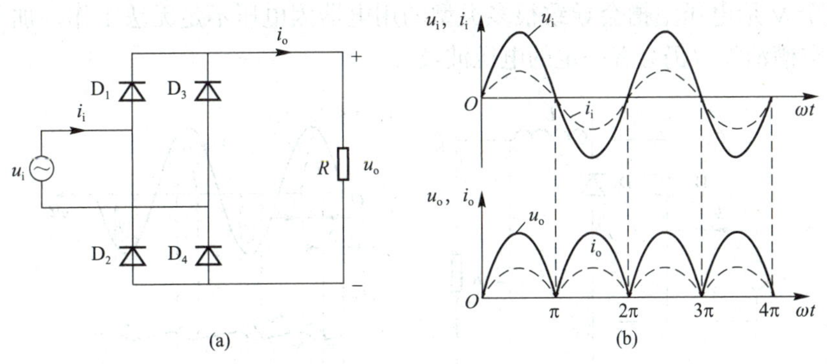

图 7-5　单相桥式不控整流电路及波形

（a）电路；（b）波形

图 7-5（a）所示电路的工作特点是，在输入电压 u_i 正半周期（如 $0 < \omega t < \pi$）时，功率二极管 D_1 和 D_4 导通；在输入电压 u_i 负半周期（如 $\pi < \omega t < 2\pi$）时，功率二极管 D_2 和 D_3 导通。由于负载为电阻，电源电流 i_i 和电源电压 u_i 同相位且呈正弦规律变化。

对于图 7-5（a）所示电路，负载 R 的电压具有较大的纹波，为抑制纹波可以在负载 R 两侧并联滤波电容 C，具体电路如图 7-6（a）所示。该电路的工作波形如图 7-6（b）所示。

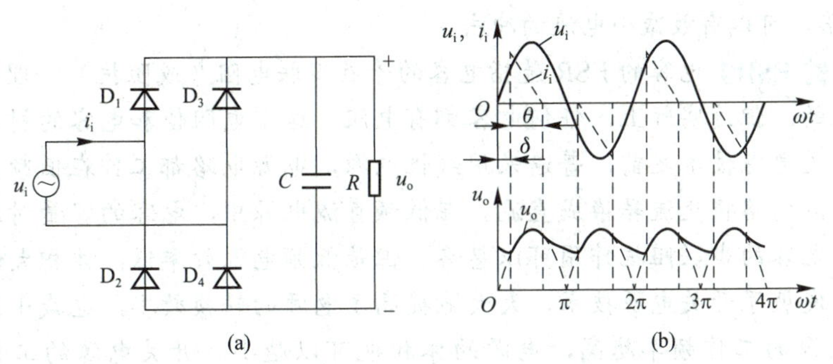

图 7-6　具有滤波电容的单相桥式不控整流电路及波形

（a）电路；（b）波形

图 7-6（a）所示电路的工作过程如下：在输入电压 u_i 正半周期（如 $0 < \omega t < \pi$）时，在图 7-6（b）所示期间，由于 $u_o < u_i$，功率二极管 $D_1 \sim D_4$ 都不导通，此阶段电容 C 为负载 R 提供能量，电容电压 u_o 随着时间的增加而下降；当电容电压 u_o 下降到 $u_o=u_i$ 时，功率二极管 D_1 和 D_4 导通，输入交流电源为负载提供能量并向电容 C 充电，经过一段时间后，u_o 下降到 $u_o < u_i$，功率二极管 D_1 和 D_4 关断，此时，电容 C 开始为负载 R 提供能量。依次类推，不难得到在输入电压 u_i 负半周期（如 $\pi < \omega t < 2\pi$）时的电路工作过程。

对比图 7-5（b）和图 7-6（b）不难发现，添加滤波电容 C 后，输出电压 u_o 的纹波下降明显。而且可以发现，在负载不变条件下，滤波电容 C 越大，输出电压 u_o 的纹波越小。另外，从图 7-6（b）可以看出，添加滤波电容 C 后，电源电流 u_i 具有高次谐波成分。

如图 7-7（a）所示，在桥式整流电路输出侧串联一个电感 L，其和电容 C 一起构成滤波电路，可以使输出电压 u_o 的纹波进一步降低，电路波形如图 7-7（b）所示。图中电源电流 u_i 仍具有高次谐波成分。整流后不加电容 C 时两正弦波之间有 V 形电压空槽，这个 V 形电压空槽会导致很多类型的用电器因电压不足无法工作，加上电容后 V 形电压空槽消失，仍会有一定的电压波纹。

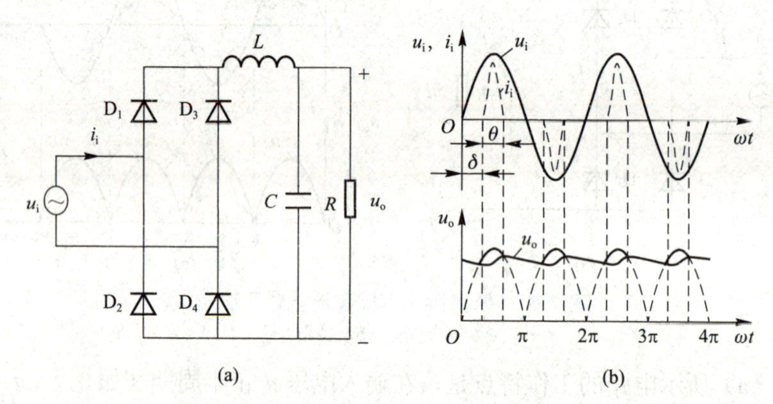

图 7-7　具有滤波电感和电容的单相桥式不控整流电路及波形

（a）电路；（b）波形

【单相不可控型整流电路】单相不可控型整流电路结构简单，但其直流侧输出电压、电流纹波较高，功率因数低。实际工程应用中，常在直流侧接较小的电感，组成 LC 滤波电路，可以有效减小电流的冲击。

【电容的 ESR】电容的 ESR 是指电容的等效串联电阻（或阻抗）。理想的电容，是没有电阻的。但是实际上，任何电容都有电阻，这个电阻值和电容的材料、结构有关系。在开关电源技术之前，普遍采用线性电源，电源电路都工作在低频直流状态，通过滤波整流电路将交流转换成直流。在低频直流电源中，电容的容量对滤波效果起决定作用，电容的串联阻抗作用可以忽略。但是低频电源效率低，体积大的缺点非常明显。后来发展了开关电源技术，大大地提高了电源的转换效率，也减小了电源的体积。开关电源的工作频率越高，电源的体积也可以越小。开关电源的工作频率从几十千赫兹到几兆赫不等。在开关电源中，电容的 ESR 直接影响电容的效果，它比电容的容量还重要（事实上，所说的电容容量一般都是在120 Hz下测量的值，当工作频率提高时，电容容量会急剧下降，甚至根本不能起到启动电容的作用）。一般而言，应该选择ESR小的电容。在不同的电容类别中，通常电解电容的ESR最大，钽电容次之，陶瓷电容最佳。当然，即使是电解电容中，也分为普通电解电容和低ESR的电解电容。用在开关电源输出滤波的应该采用低ESR的电解电容。在维修中，如果用普通电解电容替换低ESR的电解电容，开关电源可能短时间能工作，但是寿命肯定不长。弄不好，电容很快因为损耗太大而爆裂甚至爆炸，所以更换电容应该小心。同样容量同样耐压的电解电容，体积大的往往ESR小。同样容量不同耐压的电解电容，耐压度高往往ESR小。同样耐压同样容量的电容，105 ℃比85 ℃的ESR要小。当然，这也不是绝对的，对于同一厂家同一系列的电解电容，基本上成立。

7.3.2 三相桥式不可控整流电路

如图7-8所示，三相桥式不可控整流电路是不可控整流电路中最常用的电路，当电路中不同桥臂上的一对二极管同时导通时，整流电路直流侧输出电压为交流侧线电压最大的一个，电压为直流侧电容充电，也为后级负载提供了功率。

三相桥式不可控整流电路其整流工作原理已在三相发电机整流中讲过，这里不再赘述。

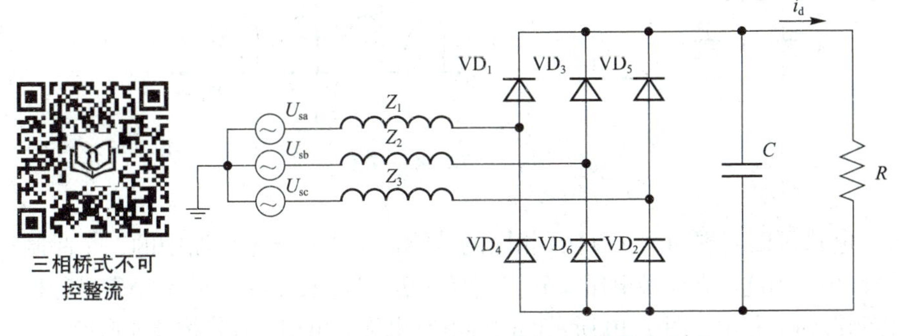

图7-8 三相桥式不可控整流电路

【三相桥式不可控型整流电路】三相桥式不可控型整流电路结构简单，但其直流侧输出电压、电流纹波较高，实际工程应用中常在直流侧接较小的电感，组成LC滤波电路，可以有效减小电流的冲击。本电路电容C充到一定电压后，左侧的整流桥就会因右侧的电容电压的存在而出现导通角小于180°的情况，因此，功率因数很低。

【同步整流】传统的电力电子转换电路，一般采用二极管方式进行整流转换，由于二极管本身的压降特性，导致转换效率低，发热量大。例如：硅整流二极管的导通压降为0.7 V，当充电电流100 A时电压降为0.7 V热功率将达到70 W，这是极大的电损耗，二极管也会因高温损坏。

特别是在高频三相交流输入时，低压大电流的场合下，传统的转换电路更是无法控制。一般的解决方法是采用晶闸管、电力场效应晶体管（P-MOSFET）来替代二极管进行整流，也成为同步整流。晶闸管、电力场效应晶体管的导通电阻非常小，可以较低的损耗工作。

7.4 全控整流电路

7.4.1 单相桥式全控整流电路

用晶闸管代替图 7-5（a）中功率二极管就可以得到图 7-9（a）所示的单相桥式全控整流电路。在输入电压 u_i 正半周期（如 $0 < \omega t < \pi$）时，若晶闸管 $T_1 \sim T_4$ 都不导通，则负载电压 u_o 与负载电流 u_i 都为零；若在触发角处对晶闸管 T_1、T_4 施加触发信号，则 T_1 和 T_4 触发导通，电源电压 u_i 经 T_1、T_4 加在负载上，当 u_o 过零时，晶闸管 T_1、T_4 关断。输入电压 u_i 负半周期（如 $\pi < \omega t < 2\pi$）时，若晶闸管 $T_1 \sim T_4$ 都不导通，则负载电压 u_o 与负载电流 u_i 都为零；若在触发 α 角处对晶闸管 T_2、T_3 施加触发信号，则 T_2 和 T_3 触发导通，电源电压 u_i 经 T_2、T_3 加在负载上，当 u_i 过零时，晶闸管 T_2、T_3 关断。如此循环工作，就可以得到图 7-9（b）所示的电路工作波形，实线为电压波，虚线为电流波形。

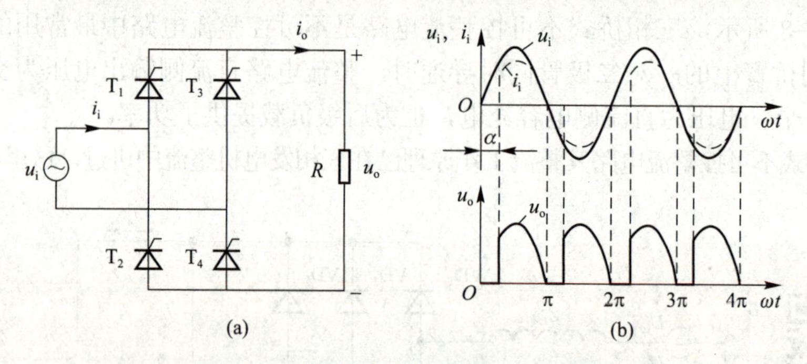

图 7-9　单相桥式全控整流电路及波形

（a）电路；（b）波形

图 7-10 所示电路可以实现与图 7-9（a）相同的功能，由于将导电回路中的一个晶闸管用功率二极管代替，因此，在电源电压 u_i 正半周期或负半周期只需对一个晶闸管进行控制，使电路的控制得到了简化。图 7-10 所示的两种电路也称为单相桥式半控整流电路。

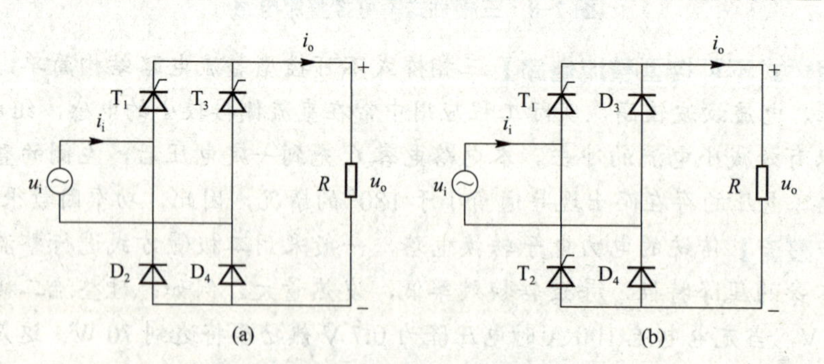

图 7-10　两种单相桥式半控整流电路

（a）第一种电路；（b）第二种电路

在单相桥式全控或半控整流电路中，晶闸管的通断、触发时刻和流经器件的电流密切相关，不同组器件［如图 7-10（a）中 T_1 和 D_4 为一组，D_2 和 T_3 为另一组］之间的换流不会像单相桥式不控整流电路一样在一些换流点自然地完成。

与单相桥式不控整流电路类似，对于图 7–7、图 7–9 和图 7–10 所示电路，可以通过在负载支路串联滤波电感或并联滤波电容来抑制负载电压或负载电流的纹波。

7.4.2 三相桥式全控整流电路

三相桥式全控整流电路如图 7–11 所示。当图中的晶闸管被功率二极管代替时，电路就变为图 7–8 所示的三相桥式不可控整流电路。

三相桥式全控整流电路在触发角为 0°、30°、60° 和 90° 时的工作波形分别如图 7–12 所示。

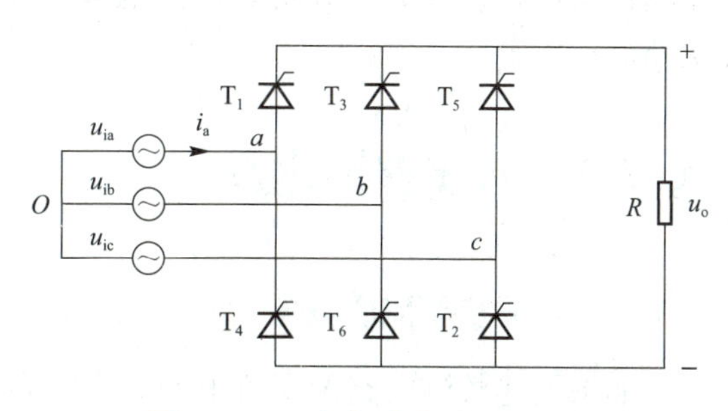

图 7–11 三相桥式全控整流电路

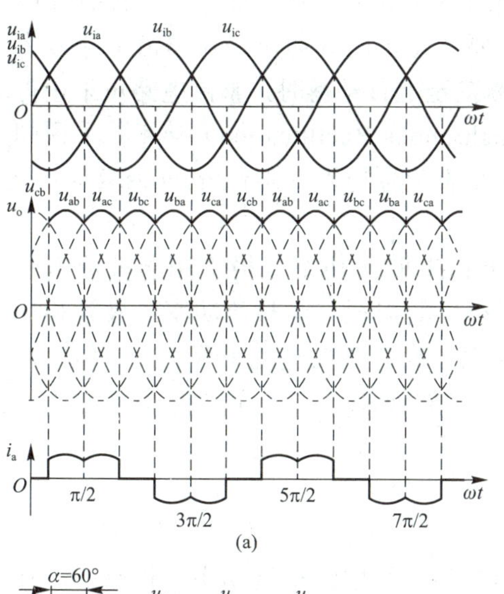

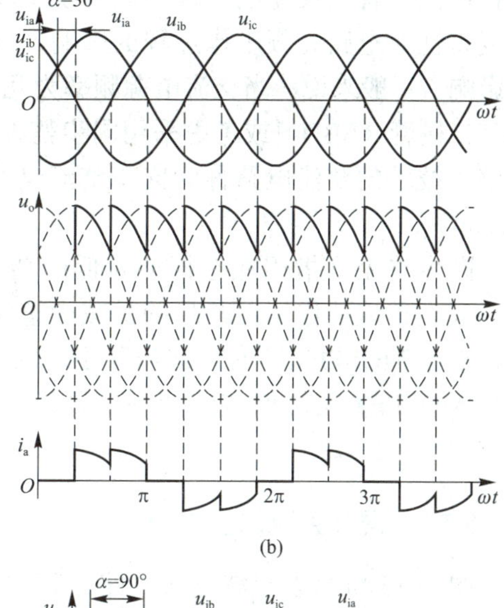

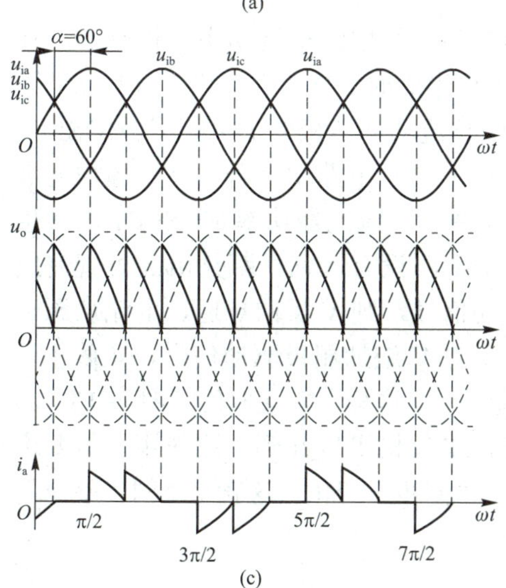

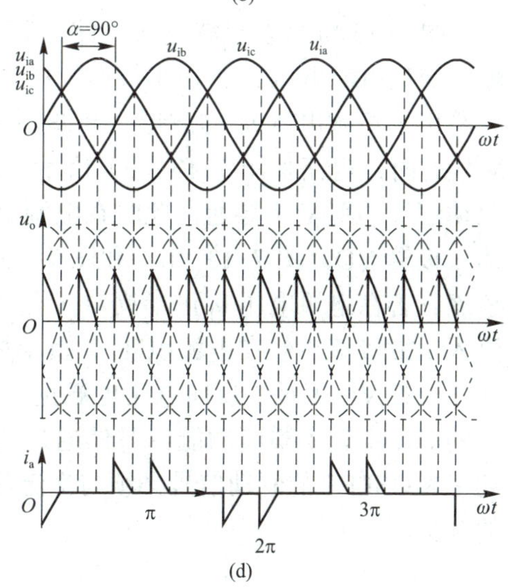

图 7–12 三相桥式全控整流电路工作波形

（a）$\alpha=0°$；（b）$\alpha=30°$；（c）$\alpha=60°$；（d）$\alpha=90°$

由图 7-12 可知，通过改变触发角 α 可以对负载电压 u_o 的平均值进行调节。

在相电压相等的条件下，与单相整流电路相比，三相整流电路可以得到更高的整流输出电压，因此，较大功率的充电系统（如充电功率大于 5 kW）宜采用三相整流电路。

7.5 同步整流电路

7.5.1 同步整流的概念

如果上述整流电路的交流电源频率不高，如公用电网频率（即 50 Hz），那么一般采用普通整流功率二极管就可以满足要求。但对于传导式充电系统中的高频变压器输出侧或者无线充电系统中耦合线圈输出侧的整流电路，则需要考虑二极管反向恢复特性对电路高频工作过程的影响，同时还要考虑正向导通压降对整流电路效率的影响。一般来说，当交流电源频率为几十千赫甚至上百千赫时，整流电路可采用肖特基二极管（SBD）或考虑采用同步整流（Synchronous Rectification）技术。采用同步整流技术的整流电路称为同步整流电路或同步整流器电路（Synchronous Rectifier Circuit）。

同步整流是指用通态损耗较低的功率 MOSFET 取代功率二极管用于整流电路中，起到整流的作用，其目的是减少整流过程产生的损耗。与整流功率二极管相比较，功率 MOSFET 具有正向压降小、反向阻断电压高、反向电流小等优点；但是，功率 MOSFET 无法像整流功率二极管一样进行自然换流，需要驱动电路才能正常工作。

7.5.2 同步整流的基本原理

图 7-13 所示为半波整流电路，其中图 7-13（a）使用的整流功率二极管 D，在输入交流电源电压 u_i 为正半周时，D 导通；u_i 为负半周时，D 截止。图 7-13（a）同时给出了负载电压 u_o 的波形。当图 7-13（a）中整流功率二极管 D 用功率 MOSFET V 代替时，电路如图 7-13（b）所示。图 7-13（b）所示电路中，若始终不施加栅极驱动信号，则 V 不导通，此时在电源电压 u_i 正半周，电流流经功率 MOSFET 的寄生体二极管 VD。图 7-13（b）和图 7-13（a）所示电路没有区别，都是由二极管完成整流。若在电源电压 u_i 正半周对 V 施加栅极驱动信号，则 V 反向导通，电流从源极流入，漏极流出；在电源电压 u_o 负半周期间，不对 V 施加栅极驱动信号，V 截止，其二极管 VD 因承受反向电压也截止，无电流流过 V。这样，V 就取代了图 7-13（a）中的 D，实现了整流功能。虽然通过功率 MOSFET 反接可以起到整流作用，但要求功率 MOSFET 的驱动信号必须与交流输入电压 u_i“同步”变化，这就是“同步整流”的含义。

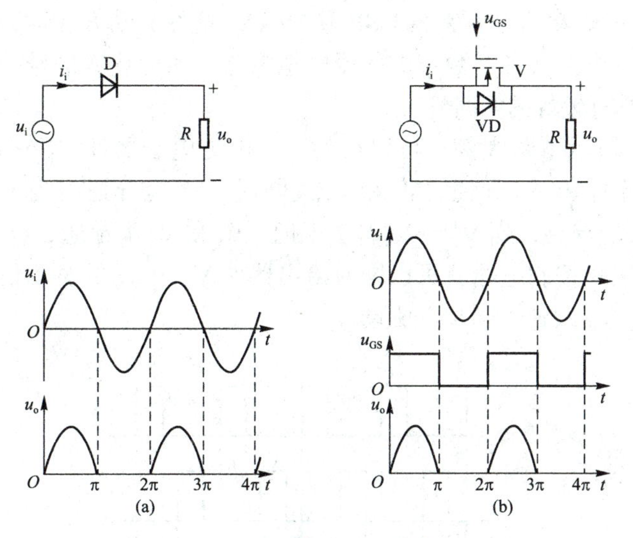

图 7-13　二极管整流与同步整流

（a）二极管整流；（b）同步整流

需要指出的是：在通常情况下，功率 MOSFET 的寄生体二极管 VD 的正向导通压降会比一些整流功率二极管（如肖特基二极管）大，反向恢复时间也长，因此，一旦电流流过功率 MOSFET 的寄生体二极管 VD 而不是功率 MOSFET 的导电沟道，整流损耗将明显增加。

7.5.3　同步整流的驱动方式

由于同步整流对功率 MOSFET 的栅极驱动信号提出了严格的时序要求，因此，驱动电路的设计是同步整流电路正常工作和具有良好性能的关键。

图 7-14 所示为传导式充电系统中全桥逆变经高频变压器后的同步整流电路。由两个功率 MOSFET 通过检测变压器二次侧电压实现驱动，这种驱动方式称为自驱动方式。自驱动方式具有时序准确、可靠性高的特点。

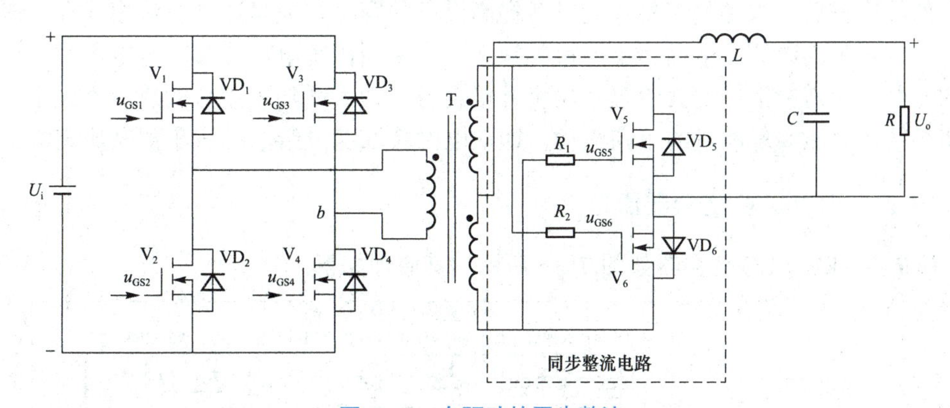

图 7-14　自驱动的同步整流

在充电系统中，构成整个系统的环节，以及使用的电力电子器件较多，为保证各电能转换环节中各器件可靠、准确地工作，通常对整个系统采用以数字信号处理器（DSP）或微控制器（MCU）为核心的数字化控制。在这种情况下，同步整流电路中的功率 MOSFET 的驱动信号就来自 DSP 或 MCU，这种驱动方式称为外驱动。外驱动要求驱动信号产生电路（各类数字电路或模拟电路）的运算或信号处理快速、准确，以保证驱动信号具有较好的实时性。

仍以图 7-14 所示电路为例，可以得到六个电力电子器件 V_1 ～ V_6 的控制时序如图 7-15 所示。当 V_1 和 V_4 导通、V_2 和 V_3 关断时，V_6 应导通；当 V_2 和 V_3 导通、V_1 和 V_4 关断时，V_5 应导通；当 V_1 ～ V_4 都关断时，V_5 和 V_6 都导通、续流。根据图 7-15 中控制时序，数字化控制电路就可以同时给出器件 V_1 ～ V_6 的驱动信号，从而使同步整流电路中 V_5 和 V_6 做到“同步”驱动。

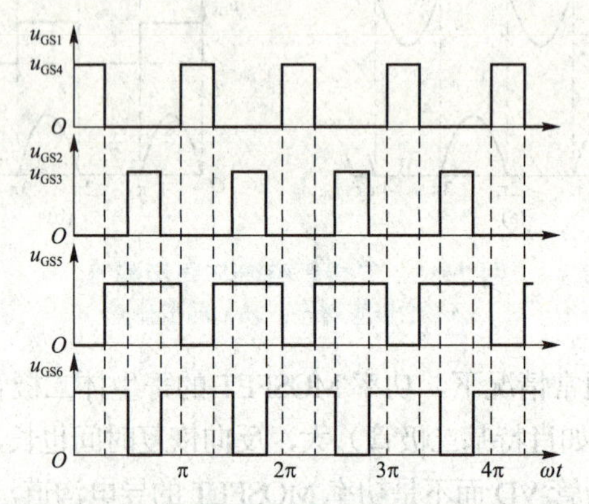

图 7-15　全桥逆变同步整流电路的控制时序

7.6　大功率双向电动汽车充电器

7.6.1　双向变换器

传统电动汽车充电电源一般采用二极管或晶闸管器件的整流模式，二极管和晶闸管器件价格较低，这种整流模式能显著提高设备的容量，但是这种整流模式存在谐波含量大，功率因数低，电网污染严重等缺点。当采用传统电动汽车充电电源时，容量大的充电站还需要增加谐波治理和功率补偿设备，大大增加了用户的总投资成本。这种拓扑结构只能实现能量的单向流动，即从电网获取能量给电动汽车蓄电池充电。

7.6.2　双向 LLC 变换器原理

双向 3.3 kW LLC 变换器如图 7-16 所示，其原理如下：

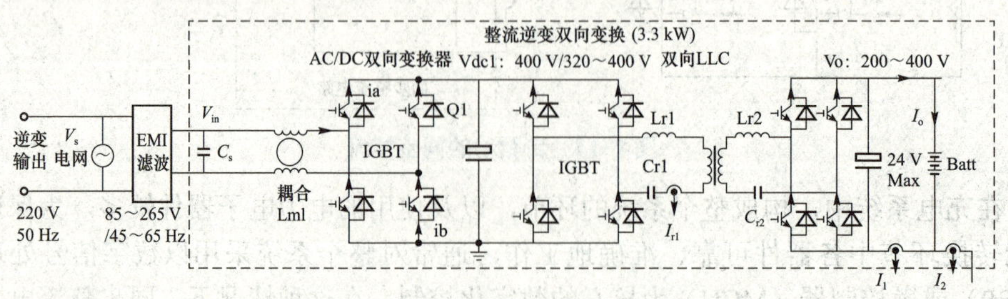

图 7-16　双向 3.3 kW LLC 变换器

（1）为防止车载充电机开关电源在开关过程中造成上游电源的污染，在输入侧采用了 EMI 滤波。

（2）采用四个 IGBT 实现同步整流及调压，比二极管整流桥效率高。

（3）双向 DC-DC 原理。

1）DC-DC 中变压器初级串联 Lr1 和 Cr1 实现左侧四个 IGBT 进行换流时零电流导通和零电流截止。

2）DC-DC 中变压器次级串联 Lr2 和 Cr2 实现右侧四个 IGBT 进行换流时零电流导通和零电流截止。

3）双向 LLC 变换器实现双向 LLC 变换器、双向变换电压范围更宽、双向变换皆具有高效率，且输出侧不用电感。

4）充电电压调节是通过监测输出电压与电池管理系统（BMS）从 CAN 总线传过来的目标充电电压进行比较后确定零电压导通的延时时间。延时时间长，通过 LLC 电路传递的能量就少，电压就低。反之，延时时间短，通过 LLC 电路传递的能量就多，电压就高。

7.6.3　正向充电 6.6 kW、反向逆变 3.3 kW 双向充电机

正向充电 6.6 kW、反向逆变 3.3 kW 双向充电机如图 7-17 所示。

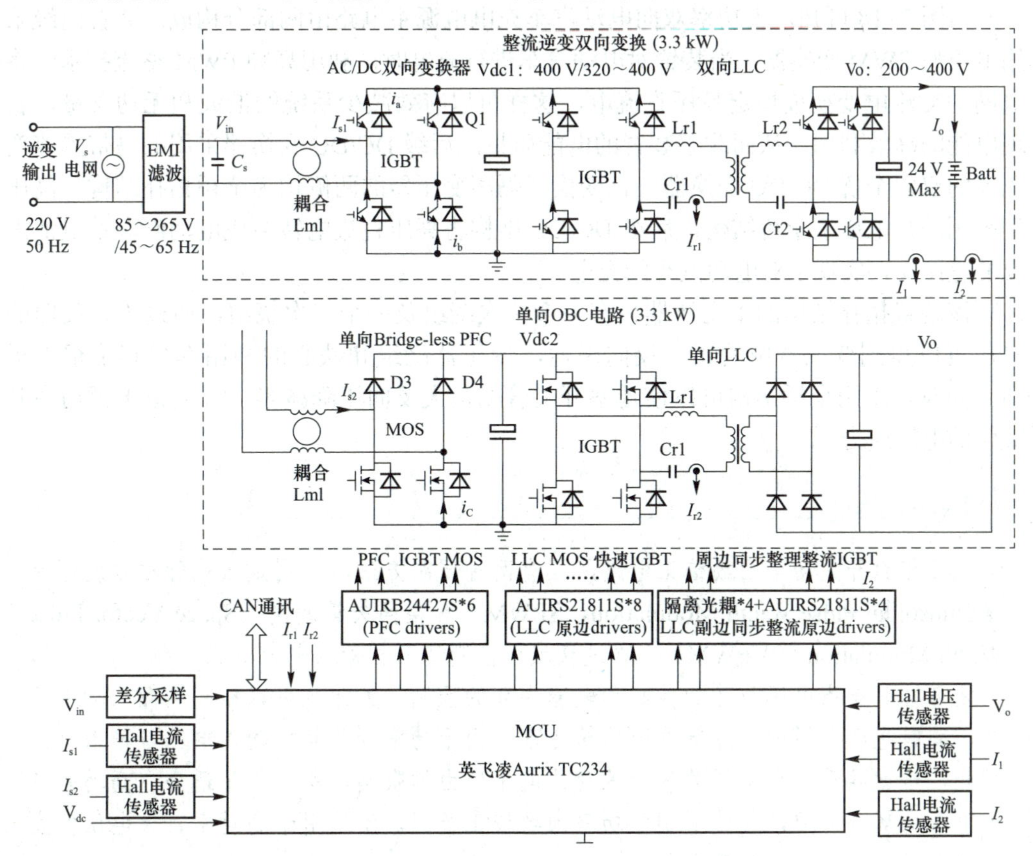

图 7-17　正向充电 6.6 kW、反向逆变 3.3 kW 双向充电机

正向充电 6.6 kW、反向逆变 3.3 kW 双向充电机的特点：一个 3.3 kW 双向变换器模块和一个 3.3 kW 单向变换器模块并联实现正向（电路图从左至右）6.6 kW 充电功率。其中，3.3 kW 双向变换器模块还可实现反向（从右至左）逆变，产生 220 V、50 Hz 正弦交流电，原理与图 7-16 相同。

7.6.4 大功率双向电动汽车充电机

大功率双向电动汽车充电机采用三相供电，前级三相 PWM 变换电路和后级 DC/DC 变换电路，如图 7-18 所示，与传统电动汽车充电电源相比，该装置显著提高了系统的效率。

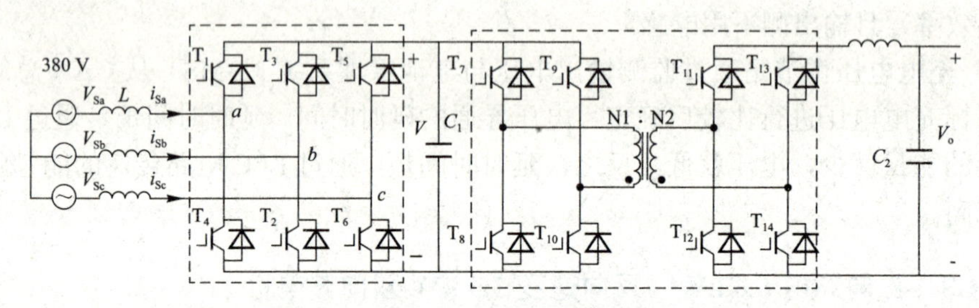

图 7-18　大功率双向电动汽车充电电源电路

由图 7-18 可知，大功率双向电动汽车充电电源主电路由两部分构成。装置前级采用电压型 PWM 变换器，当装置对电动汽车进行充电时，利用高频 PWM 整流技术，将电网的交流电变换成恒定高压直流电，这样可以有效减少系统的谐波和无功含量，实现电能的高效利用，从而改善装置的电能质量。后级 DC/DC 变换器采用的是带隔离变压器的双向全桥 DC/DC 变换器，且变换器隔离变压器的两侧均为全桥拓扑结构，高压侧采用的是电压型全桥结构，后级 DC/DC 结构将高压直流电转换成电动汽车蓄电池需要的直流电，实现了对电动汽车的充电。

该装置拓扑结构的主变压器只有一个一次绕组及一个二次绕组，通过正、反向的电压可以得到变压器中的正、反向磁通，变压器绕组和铁心的利用率得到了很大提高。同时，采用全桥结构可以使功率开关管的最大反向压降减半，大大减小了功率开关管的电压应力。

【技师指导】

三相六开关功率因数校正电路，其有两种调制方法，分别是正弦脉冲宽度调制（Sinusoidal Pulse Width Modulation，SPWM）和空间矢量调制（Space Vector Pulse Width Modulation，SVPWM）。通过双闭环控制使三相输入电流的正弦化得到实现，双闭环控制是指电压外环的控制和电流内环的控制。如此就可以提高网侧的功率因数，同时也会大幅度的降低电流的畸变率。由于功率开关管的输入电压与输入电流同相，这就导致了功率开关管所承受的电压应力的限制，所以，不适合在高功率、大电压的场合应用，这就限制了功率因数校正范围，不适用于高功率、大电压的直流充电桩，但适用于车载充电机。

7.7 充电系统的控制

7.7.1 蓄电池的充电模式

1. 恒流限压模式

恒流限压模式是以恒定不变的电流对蓄电池进行充电，当蓄电池电压达到其最大允许充电电压后，转入恒压充电方式。转入恒压充电方式后，随着充电时间的延长，充电电流越来越小，直到小于规定的最小充电电流时，充电结束。

恒流限压模式是应用较多的一种充电模式，也被称为恒流－恒压（Constant Current-Constant Voltage，CC-CV）充电模式。

在恒流阶段，可以根据蓄电池充电需求和状态采用不同充电电流的组合，但要求任何一个阶段的充电电流均不能超过蓄电池最大允许充电电流。

在恒压阶段，充电系统的输出电压不能超过蓄电池最大允许充电电压。

图 7-19 给出了典型的恒流限压模式下充电电压、充电电流及荷电状态（充电容量）随充电时间的变化曲线。可以看出，整个充电过程分为三个阶段。

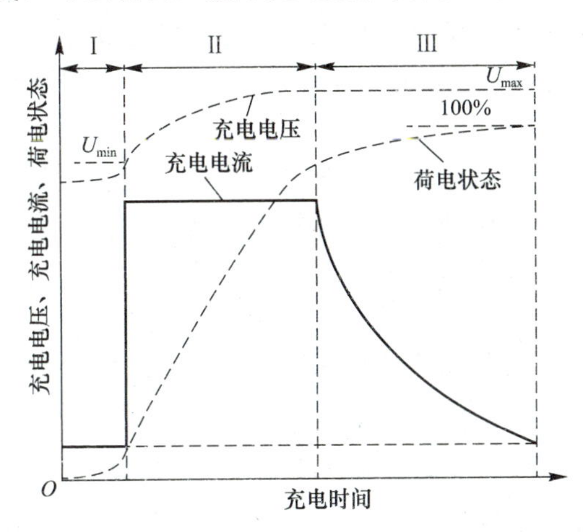

图 7-19　恒流限压模式下充电电压、充电电流和充电容量曲线

阶段Ⅰ：由于蓄电池静置时间过长或过放电等原因，导致其 SOC 过低，蓄电池电压低于最低允许电压 U_{min} 时，采用较小充电电流（如 0.1C，这里 C 表示放电倍率）对蓄电池进行恒流充电。这个阶段也称为预充电（Pre-Charge）阶段、涓流充电（Trickle Charge）阶段或预调节（Pre-Conditioning）阶段。此阶段的目的主要是避免蓄电池容量过低状态下，较大充电电流对蓄电池内部产生损害。同时，通过较小充电电流也可以对蓄电池状态进行检测和评估，如果发现蓄电池处于非正常工作状态，则停止充电。若在充电前，蓄电池开路电压已经高于最低允许电压 U_{min}，则可以不经过阶段Ⅰ，直接进入阶段Ⅱ。

阶段Ⅱ：以不高于蓄电池最大允许充电电流的电流值对蓄电池进行恒流充电，随着充电时间的增加，蓄电池端电压（即充电系统输出电压）不断升高，蓄电池 SOC 不断升高。当蓄电池端电压达到蓄电池最高允许充电电压 U_{max} 时，阶段Ⅱ结束。

阶段Ⅲ：充电系统输出电压为蓄电池最高允许充电电压 U_{max}；并保持恒定，随着充电时间的增加，蓄电池充电电流会逐渐下降，当充电电流等于规定的蓄电池最小充电电流时（如 0.1C），充电结束。在这个阶段，规定的蓄电池最小充电电流越小，则需要的充电时间越长，蓄电池 SOC 也越接近 100%。

2. 恒压限流模式

恒压限流模式要求充电系统输出电压保持恒定，若充电电压远高于蓄电池开路电压，则充电电流会非常大，很可能高于蓄电池最大允许充电电流，这时可能会损坏蓄电池。因此，必须限制充电电流不能超过蓄电池最大允许充电电流。在这种充电模式下，有以下两种情况。

（1）充电系统输出电压保持恒定，充电电流没有超过蓄电池最大允许充电电流。这时，随着充电时间的增长，充电电流越来越小，直至达到规定的蓄电池最小充电电流，充电过程结束。

（2）充电系统输出电压保持恒定，充电电流超过蓄电池最大允许充电电流。这时，以最大允许充电电流对蓄电池进行恒流充电，直到蓄电池端电压达到期望的恒压设定值，转入恒压充电。随着充电时间的增长，充电电流越来越小，直至达到规定的蓄电池最小充电电流，充电过程结束。这种情况和恒流限压模式比较类似。

3. 恒流定时模式

充电系统以恒定电流对蓄电池进行充电，当充电时间达到设定值时，充电过程结束。如果在充电过程中，蓄电池端电压达到蓄电池最大允许充电电压，则进入恒压充电模式。

4. 恒压定时模式

充电系统以恒定电压对蓄电池进行充电，当充电时间达到设定值时，充电过程结束。如果在充电过程中，蓄电池充电电流超过蓄电池最大允许充电电流，则进入恒流充电模式，以蓄电池最大允许充电电流对蓄电池进行充电。

7.7.2 充电系统的工作区域

前面介绍的四种充电模式，要求充电系统既可以对其输出电压进行调节，也可以对输出电流进行调节。在充电过程中，蓄电池端电压和充电电流都有限制，否则可能会损坏蓄电池。对于放电过程也是如此，因此，可以得到充电系统蓄电池一侧的工作区域，如图 7-20 所示。图中，U_{max} 为蓄电池最高允许电压；U_{min} 为蓄电池最低允许电压；I_{c_max} 为蓄电池最大允许充电电流；I_{c_st} 为恒压充电的最小充电电流；I_{rc_max} 为蓄电池最大允许放电电流；I_{rc_st} 为恒压放电的最小放电电流。以上各限值将图 7-20 所示坐标平面划分为八个区域，其中Ⅲ、Ⅳ、Ⅶ、Ⅷ是蓄电池应尽量避免进入的区域，充电系统和蓄电池相连接时严禁进入Ⅶ、Ⅷ区域；如果因其他原因导致蓄电池过放或 SOC 过低，则可以采用涓流充电方式使蓄电池端电压恢复到 U_{min}，这时充电系统工作在Ⅲ区域。

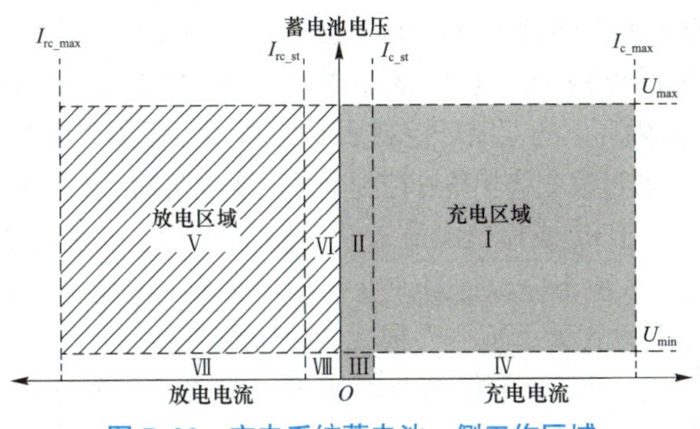

图 7-20　充电系统蓄电池一侧工作区域

作为电动汽车储能部件的蓄电池是由许多单体构成的，也就是说蓄电池的对外体现形式是蓄电池组。蓄电池单体同样具有与图 7-20 类似的电流和电压限值。在蓄电池长时间工作过程中，蓄电池单体之间可能存在性能的差异。因此，充放电过程可能满足蓄电池组对端电压、充放电电流的限值，却不一定满足每个蓄电池单体端电压、充放电电流的限值。另外，蓄电池 SOC、SOH（State Of Health）、蓄电池温度等运行参数对图 7-20 所示区域会产生很重要的影响，也就是说，图 7-20 中的各个区域不是一成不变的，而是随着蓄电池各单体、蓄电池组的运行状态而不断进行变化。因此，充电系统需要从蓄电池管理系统（Battery Management System，BMS）获取相关数据才能正常为蓄电池组充放电，充电系统与 BMS 之间通常通过 CAN 总线实现数据交互。基于 BMS 在充放电过程中起到的作用，充电系统控制方法有两种：一种是 BMS 提供蓄电池目标端电压或目标电流，充电系统根据目标参数对充电系统输出电压或输出电流进行控制；另一种是 BMS 提供蓄电池组及各单体的重要物理量数据，充电系统根据这些数据，按一定控制策略得到目标输出电压或目标输出电流，并按一定的充放电模式对蓄电池进行充放电。这两种控制方法的区别在于，前者以 BMS 为主，充电系统为辅；后者以充电系统为主，BMS 为辅。

7.8　充电系统的控制

7.8.1　小功率单向传导式充电系统

小功率单向传导式充电系统如图 7-21 所示。图中不仅给出了充电系统的主电路，还给出了控制部分的组成。需要注意的是，图中主电路没有加入 EMI 滤波环节，但在实际应用中，应根据充电系统所处电磁环境、电网接入要求及系统工作情况对 EMI 滤波环节进行合理设计。充电系统采用数字化控制电路实现对其主电路的控制，并通过 CAN 总线与 BMS 进行通信。

7.8.2　传导式充电系统的控制

图 7-21 所示的电路中，需要基于蓄电池状态对功率因数校正环节、全桥逆变环节

进行控制，从而实现对蓄电池的充电。在电路结构上，需要控制的两个环节以级联方式连接在一起，具有电气耦合结构；从电能的传输看，这两个环节具有能量耦合关系。其中，可采用“电压外环、电流内环”的双闭环控制系统控制功率因数校正电路输出电压 u_{DC}；可采用“移相控制方式”，通过改变移相角 θ 控制全桥逆变电路输出电压 u_i，或输出电流 i_i。

对充电系统输出电压 u_B 或输出电流 i_B 进行控制有以下三种方法：

（1）u_{DC} 保持某个数值不变，通过改变移相角实现对充电系统输出电压或输出电流的控制，相应地，充电方式为“恒压”模式或“恒流”模式；

（2）移相角 $\theta=0°$，对 u_{DC} 进行调节，实现对充电系统输出电压 u_B 或输出电流 i_B 进行控制；

（3）u_{DC} 与移相角 θ 同时进行调节，实现对充电系统输出电压 u_B 或输出电流 i_B 进行控制。

上述三种控制方法中，方法（3）更为灵活，在实现正常蓄电池充电及功率因数校正的同时，更容易实现整个充电系统的效率优化。

在图 7-21 所示电路中，如果在滤波电路与蓄电池之间加入 Boost 或 Buck 电路，则 u_{DC} 可在保持不变的同时，保持移相角 $\theta=0°$。通过控制 Boost 或 Buck 电路中电力电子器件的占空比来对蓄电池充电电压或充电电流进行调节，但缺点是充电系统的主电路结构将会变得更加复杂。

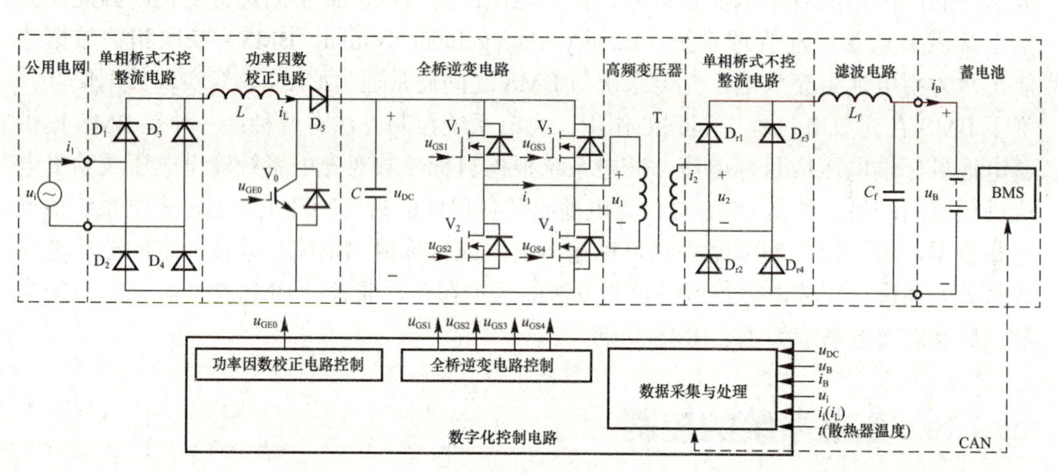

图 7-21　单向传导式充电系统

7.9　直流充电桩

7.9.1　直流充电模块

直流充电桩和车载充电机的区别可以简单理解为多个车载充电机并联，每一个车载充电机的主电路称为一个充电模块，如图 7-22 所示。一个充电模块的主电路，功率为几十千瓦到几百千瓦的直流电机桩需要采用多个充电模块并联输出。

在图 7-22 中，直流充电模块由一个三相维也纳整流（PFC）加两套 LLC 形式的 DC-DC 并联输出。两套 LLC 形式的 DC-DC 并联输出原理前面已经讲过，这里仅介绍

三相维也纳整流器的工作原理。

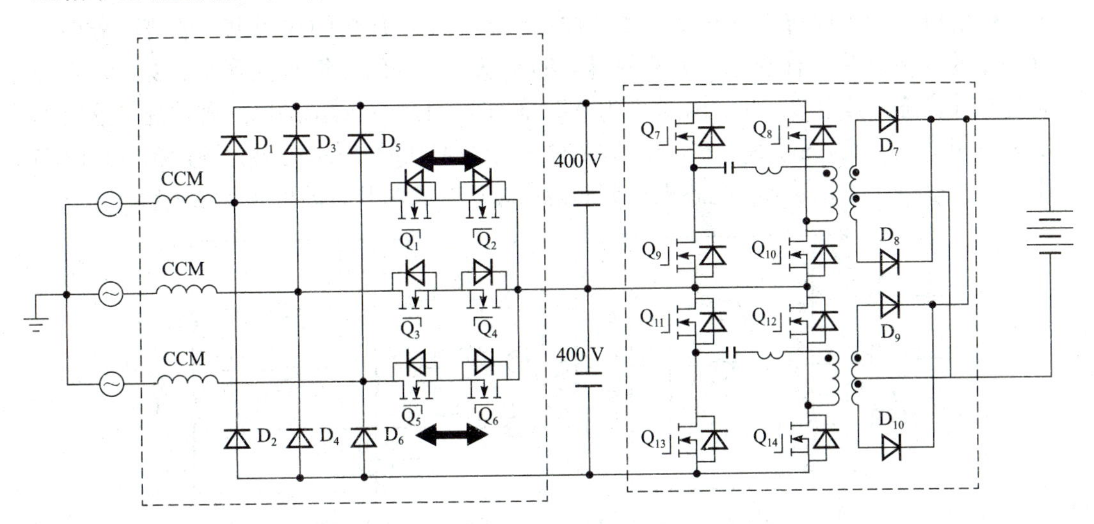

图 7-22　一个直流充电模块的主电路的组成（左侧虚线框为三相 VIENNA PFC 整流器）

二极管 D_1 ～ D_6 组成三相整流桥，采用超快恢复二极管或 SiC 二极管。

双向电力 MOS 管，如图 7-22 所示。每相由两个背向组合 MOS 管（如 A 相电力 MOS 管 Q_1 和 Q_2）组成的双向开关，可实现双向导通。两管共用驱动信号，由于电流只能由漏极（D）向源极（S）导通，所以，每次只能导通一个电力 MOS 管（如 Q_1）和另一个电力 MOS 管（如 Q_2）的续流二极管。另一个电力 MOS 管（Q_2）想导通需等工作电路的电流方向反向，Q_1 和 Q_2 两个电力 MOS 管共用驱动信号降低了控制和驱动的难度。三相维也纳整流具有效率高、器件数量少的优点，电流流过的半导体数量最少。

电路的工作方式靠 Q_1、Q_2、Q_3、Q_4、Q_5、Q_6 的通断，来控制 PFC 电感 CCM 的充放电，由于 PFC 的 PF 值很接近 1，在分析其工作原理时可以认为电感电流和输入电压同相，三相平衡，并且各相差 120°。

7.9.2　三相维也纳（VIENNA）整流原理

图 7-23 所示为三相 VIENNA 整流器简化拓扑结构。图中 S_1、S_2、S_3 为双向开关管（由两个电力 MOS 管反向串联组成）。

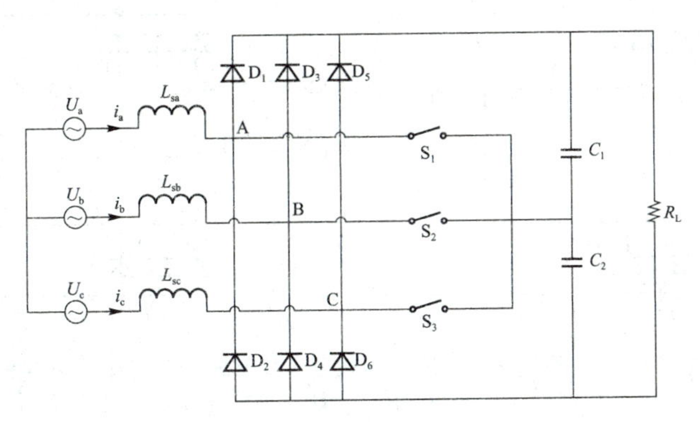

图 7-23　三相 VIENNA 整流器简化拓扑结构

图 7-24 所示为说明三相 VIENNA 整流器工作原理图。在 60° 电角度内 A 相为输出，B 相和 C 相为回流，有八种可能的控制状态，图中加粗的线为电流的流经方向。每一相的双向开关管有着开、关两种不同的状态，三相的三组开关管 S_1、S_2、S_3 组合共有八种状态，其中 S_1、S_2、S_3 分别为 0 时是图 7-24（a）所示的第一种情况，这时本质是三相全桥整流；S_1、S_2、S_3 分别为 1 时是图 7-24（g）所示的第七种情况，这时本质是三相短路。开关导通在电感内形成储能回路，开关断开时即可实现给电容充电。

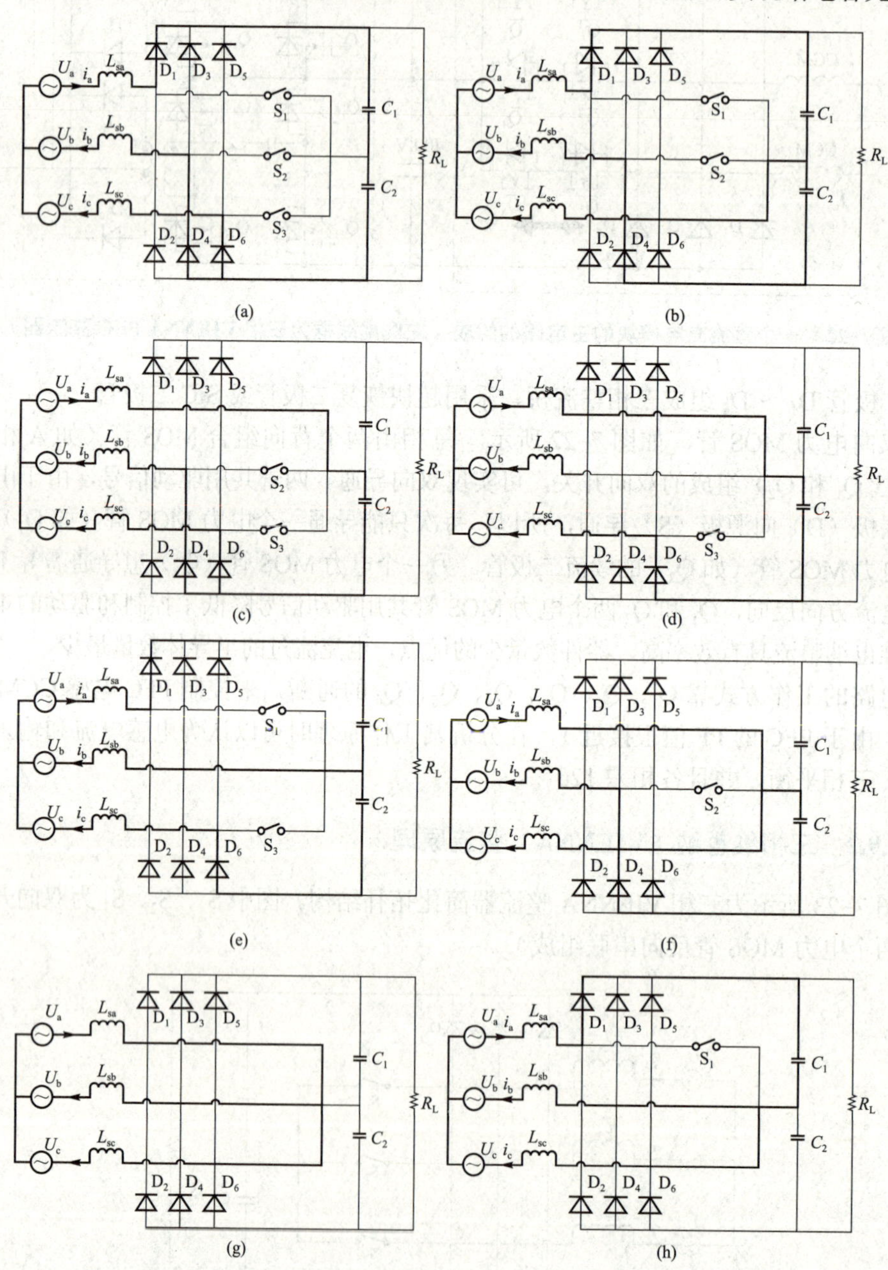

图 7-24　开关的各种组合的工作状态（加粗线为电流导通的导线）

（a）第一种情况；（b）第二种情况；（c）第三种情况；（d）第四种情况；（e）第五种情况；（f）第六种情况；（g）第七种情况；（h）第八种情况

电路的工作方式靠控制双向开关管的通断来控制功率因数（PFC）电感的充放电，由于功率因数（PFC）的 PF 值很接近 1，在分析其工作原理时可以认为电感电流和输入电压同相，三相点平衡，并且各相差 120°。

【技师指导】

VIENNA 的三相整流器拓扑结构与其他的功率因素校正方面的电路拓扑结构相比较，用于开通和关断的器件数量更少，这样的优势在于减少了开关损耗的同时，也使得控制的复杂程度得到了简化，可以使系统的可靠性得到增加。这种拓扑结构能实现三电平调制，作用于开关管上的电压只有直流侧输出的电压的 1/2，因此，直流侧输出电压的等级与一般整流器拓扑结构相比就会比较高。当输出的电压条件相同时，采用三电平调制的三相 VIENNA 电路拓扑结构相比于两电平调制在开关频率相同的条件下可以让输入侧的电流畸变减小，电压突变率也会较低，有助于改善 EMI 的特性，非常适合做直流充电桩的直流充电模块。

7.10 无线充电系统的控制

7.10.1 大功率双向无线充电系统

大功率双向无线充电系统如图 7-25 所示。图中给出了充电系统的主电路，同时给出了控制部分的组成。具体应用时，可以根据实际情况在三相交流电源出口加入 EMI 滤波环节或在蓄电池入口加入双向直流 - 直流变换环节。与传导式充电系统相同，充电系统需采用数字化控制。

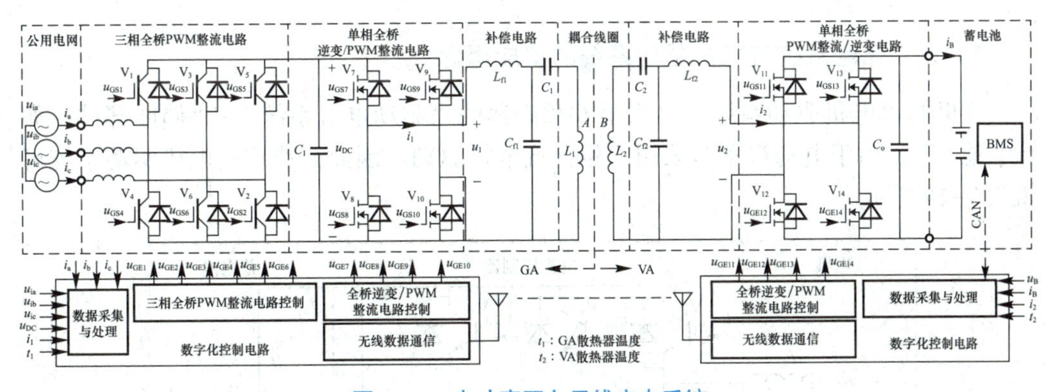

图 7-25　大功率双向无线充电系统

按耦合线圈 A、B 中间分界，可以将无线充电系统划分为地面部分（Ground Assembly，GA）和车载部分（Vehicle Assembly，VA），这两部分没有电气上的物理连接。

GA 和 VA 具有分别独立的数字控制器。这两个数字控制器都集成无线数据通信单元，分别称为地面通信单元（Supply Equipment Communication Controller，SECC）和车载通信单元（Electric Vehicle Communication Controller，EVCC）。SECC 和 EVCC 通过 Wi-Fi、Bluetooth 等无线通信技术进行数据通信。无线数据通信协议应符合或参考相关标准（如 SAE J2848—6 等）或法规的要求。

GA 和 VA 都包含单相全桥逆变（PWM 整流）电路。当蓄电池充电时，GA 的单相全桥逆变（PWM 整流）电路可以采用“移相控制”工作在逆变状态，而 VA 的单相全桥逆变（PWM 整流）电路工作在整流状态；而当蓄电池放电时，GA 的单相全桥逆变（PWM 整流）电路工作在整流状态，而 VA 的单相全桥逆变（PWM 整流）电路可以采用“移相控制”工作在逆变状态。

无论是在充电状态还是在放电状态，都可以采用“电压外环、电流内环”的双闭环控制系统对 GA 的三相全桥 PWM 整流电路进行控制，使其直流侧电压 u_{DC} 跟踪目标值 u^*_{DC} 的变化。

7.10.2 控制注意事项

由于在整个能量传输过程中，图 7-25 中有三个电力电子单元（一个三相全桥电路、两个单相全桥电路）可以控制电能的转换和传输，因此，需要对这三个电力电子单元进行协调控制。在控制过程中应注意以下事项：

（1）保证蓄电池充电过程或放电过程始终处于图 7-20 的安全区域；

（2）尽可能提高系统的工作效率；

（3）GA、VA 协调控制系统需要具有快速的动态响应特性，因此，对 SECC 和 EVCC 的通信可靠性和实时性提出了非常高的要求。

7.11 充电系统与电机驱动系统的集成

7.11.1 充电系统与电机驱动系统的集成概念

这里的“电机驱动系统”是指第 6 章论述的“驱动电机系统”+“储能部件（如蓄电池）”。由于电动汽车多采用三相交流电机驱动，因此，典型的电机驱动系统可如图 7-26 所示。

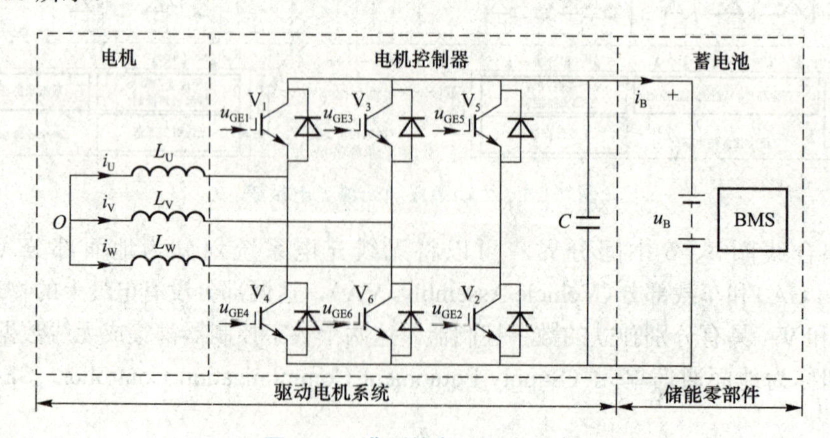

图 7-26 典型的电机驱动系统

基于下面的思路，可以将充电系统与电机驱动系统进行集成。

（1）电机驱动系统中的电机控制器电路是全桥逆变电路，全桥逆变电路或全桥PWM整流电路是充电系统的重要组成部分。另外，电机控制器直流侧与储能部件相连，可以利用电机控制器实现PWM整流电路的功能。

（2）电机的定子绕组可以看作Y形或△形连接的电感，电感也常常被充电系统采用。

（3）除动态无线充电系统外，充电系统工作时车辆在静止状态，驱动电机系统不工作。

（4）将充电系统与电机驱动系统集成，有利于减小部件体积和质量，提高功率密度，降低成本，提高部件利用率。

在将充电系统与电机驱动系统集成时，需要注意以下问题：

（1）充电系统构成较复杂，不同类型的充电系统结构上也具有差异，很难将充电系统整体与电机驱动系统集成并安装在车辆上。这里的集成往往是指充电系统的一部分与电机驱动系统集成。相比较而言，传导式充电系统更容易与电机驱动系统集成。

（2）电机的定子绕组之间存在电磁耦合，不能简单等效为相互独立的电感。

（3）充电过程中，当定子绕组流过电流时，转子不能产生电磁转矩。

（4）除一些小功率的电机控制器外，多数电机控制器采用IGBT作为开关器件，工作频率普遍为10～30 kHz。在实现充电功能时，器件的开关频率应在允许范围内。

（5）集成后，不应使充放电效率明显下降。

7.11.2 单相充电系统与电机驱动系统的集成

单相充电系统与电机驱动系统的集成如图7-27所示。图中，u_i为单相交流电源；EMI滤波电路可根据实际需要安装在地面或安装在车辆上；S_1、S_2和S_3为机械式开关；如果将EMI滤波电路安装在地面，且充电系统的地面部分和车载部分通过专用充电连接器连接，那么S_1、S_2可为充电连接器的触点。

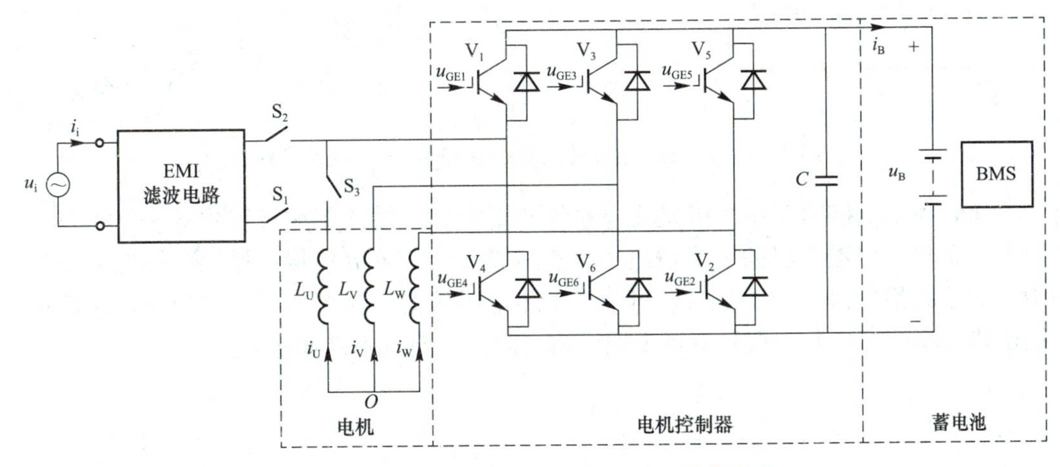

图7-27 单相充电系统与电机驱动系统的集成

当车辆行驶时，S_1、S_2 断开，S_3 闭合。图 7-27 中的三相全桥逆变电路执行控制电机，进而驱动车辆的功能。

当车辆静止，充电系统工作时，S_1、S_2 闭合，S_3 打开。三相全桥逆变电路中 V_2 和 V_5 关断，V_1、V_3、V_4、V_6 和 C 构成单相全桥 PWM 整流电路。

三相异步电机的电磁转矩为零。通过 V_1、V_3、V_4 和 V_6 的高频通断控制，可以使电流按正弦规律变化，且可与电源电压同相位或反相位，蓄电池随之充电或放电。因此，图 7-27 所示系统可以实现能量在电源与车载蓄电池之间的双向流动，可以用于 V2G 等领域中。

图 7-27 所示系统在实际应用中，有两个需要注意的问题：一是蓄电池端电压应不低于交流电源 u_i 的峰值电压，只有如此充电系统才能正常工作；二是由于充电系统没有电气隔离环节（如高频变压器、耦合线圈等），因而在系统工作过程中，要保证整车电气部件具有较好的绝缘性能及完善的电气安全措施。

另外，也可以将电机定子绕组与电机控制器中的桥式电路构成直流 - 直流电路，作为充电系统的输出部分，对充电电压或电流进行控制，具体如图 7-28 所示。当充电系统工作时，S_1、S_2 闭合；当车辆行驶时，S_1、S_2 断开。图 7-28 中，电感 L_U 与 V_1 和 V_4 及其反并联二极管、电感 L_V 与 V_3 和 V_6 及其反并联二极管、电感 L_W 与 V_5 和 V_2 及其反并联二极管构成三个并联的双向直流 - 直流变换器电路。可以根据充放电功率的大小，让其中一个、两个或者三个变换器电路工作。当三个变换器工作时，除让各路均流外，还要使电力电子器件同步驱动而不是产生驱动电机的旋转磁场，以保证电机的转子不会因 i_U、i_V 和 i_W 中的交流成分产生电磁转矩。

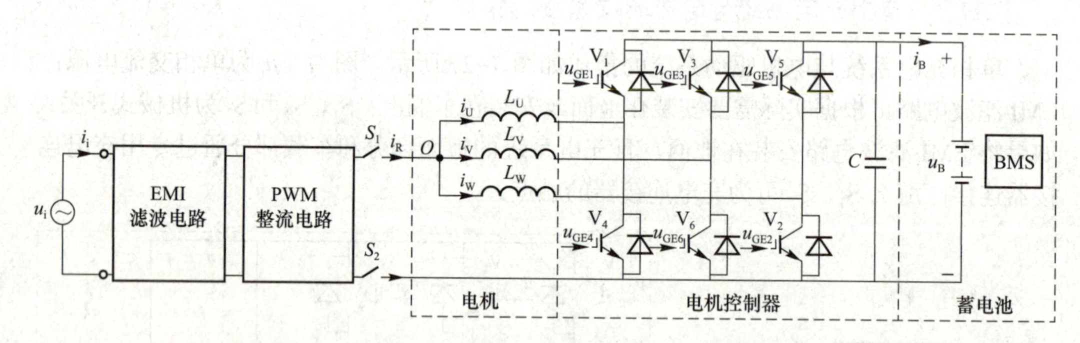

图 7-28　电机及其控制器等效为双向直流 - 直流变换器

如何利用电机的定子绕组是充电系统与电机驱动系统集成过程中的一个难点，原因一是绝大多数电机的定子绕组中只有一端易于与外界连接；原因二是充电过程中，定子绕组电流控制不当时，可能会产生电磁转矩。因此，在实际应用中，应根据电机类型、结构及电机控制器电路结构合理地与充电系统集成。

7.12 电动车充电器原理图与常见故障维修

7.12.1 电路组成

如图 7–29 所示，电动车 48V–3A 充电器由下列电路组成：

（1）交流过载保护：F_1 保险和热敏电阻 R_{T1}。

（2）交流滤波电路：C_1、共模电感 L_{F1}、C_2。

【共模电感的原理和抑制干扰】

在电路中串入共模电感，当有共模干扰电流流经线圈时，由于共模干扰电流的同向性，会在线圈内产生同向的磁场而增大线圈的感抗，使线圈表现为高阻抗，产生较强的阻尼效果，以此衰减共模干扰电流，达到滤波的目的；当电路中的正常差模电流流经共模电感时，电流在同相绕制的共模电感线圈中产生反向的磁场而相互抵消，因而对正常的差模电流基本没有衰减作用。

（3）整流电路：整流二极管 IN5408×4。

（4）直流滤波：C_3 滤波电容器。

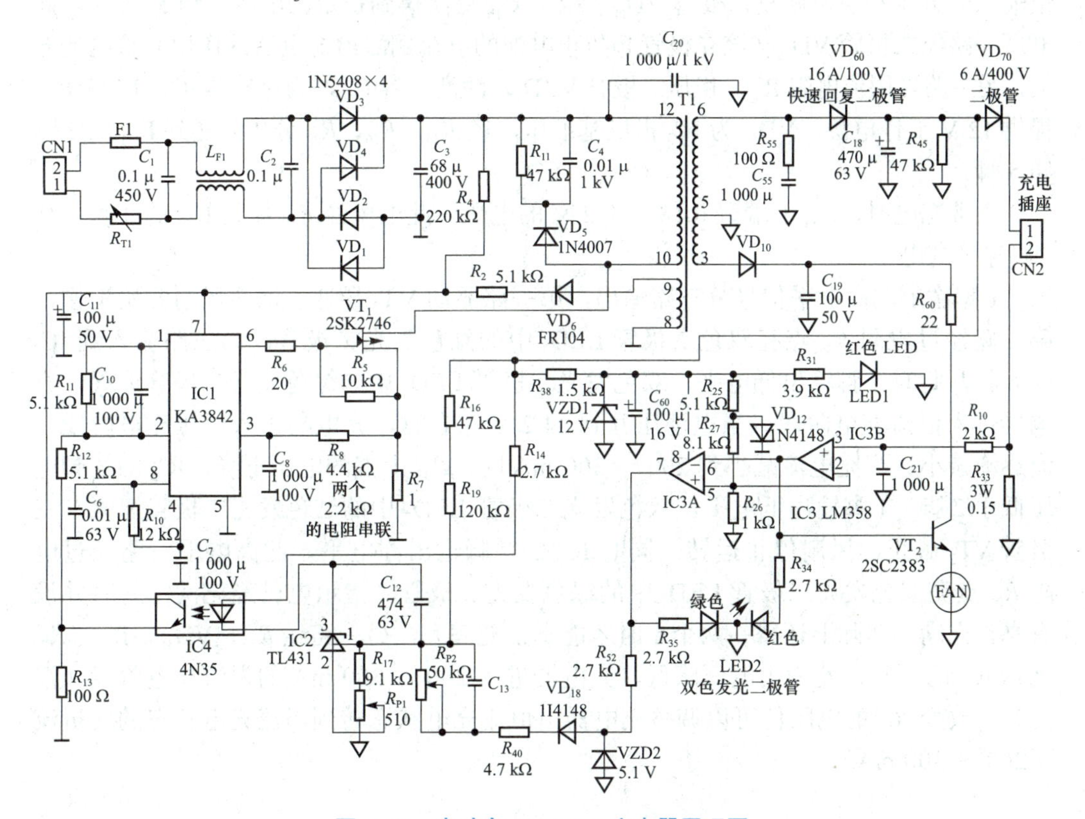

图 7–29 电动车 48 V–3 A 充电器原理图

（5）T1 变压器：包括初级线圈、给集成电路 IC1 KAKA3842 提供稳定电源的线圈、次级电源线圈、风扇供电线圈。

（6）控制电路：集成电路 IC1 KAKA3842 根据 IC4 4N35 光耦放大电路来控制，光耦的放大电路根据输出的电压来次定。

（7）指示灯控制电路：IC3A 比较器通过 R_{10} 检查 R_{33} 电阻上的压降对指示灯进行控制，同时，这个电压降也是控制电路的输入。

7.12.2 工作原理

220 V 交流电经 LF_1 双向滤波，VD_1 ～ VD_4 整流为脉动直流电压，再经 C_3 滤波后形成约 300 V 的直流电压，300 V 直流电压经过启动电阻 R_4 为脉宽调制集成电路 IC_1 的 7 脚提供启动电压，IC_1 的 7 脚得到启动电压后，（7 脚电压高于 14 V 时，集成电路开始工作），6 脚输出 PWM 脉冲，驱动电源开关管（场效应管）VT_1 工作在开关状态，流通过 VT_1 的 S 极—D 极—R7—接地端。此时，开关变压器 T_1 的 8-9 绕产生感应电压，经 VD_6、R_2 为 IC_1 的 7 脚提供稳定的工作电压，4 脚外接振荡阻 R_{10} 和振荡电容 C_7 决定 IC_1 的振荡频率，IC_2（TL431）为精密基准压源，IC_4（光耦合器 4N35）配合用来稳定充电压，调整 R_{P1}（510 Ω 半可调电位器）可以细调充电器的电压，LED_1 是电源指示灯，接通电源后该指示灯就会发出红色的光。VT_1 开始工作后，变压器的次级 6-5 绕组输出的电压经快速恢复二极管 VD_{60} 整流，C_{18} 滤波得到稳定的电压（约 53 V），此电压一路经二极管 VD_{70}（该二极管起防止电池的电流倒灌给充电器的作用）给电池充电，另一路经限流电阻 R_{38}，稳压二极管 VZD_1，滤波电容 C_{60}，为比较器 IC_3（LM358）提供 12 V 工作电源，VD_{12} 为 IC_3 提供基准压，经 R_{25}、R_{26}、R_{27} 分压后送到 IC_3 的 2 脚和 5 脚。

正常充电时，R_{33} 上端有 0.18 ～ 0.2 V 的电压，此电压经 R_{10} 加到 IC_3 的 3 脚，从 1 脚输出高电平。

1 脚输出的高电平信号分三路输出，第一路驱动 VT_2 导通，散热风扇开始工作，第二路经过电阻 R_{34} 点亮双色二极管 LED_2 中的红色发光二极管，第三路输入到 IC_3 的 6 脚，此时 7 脚输出低电平，双色发光二极管 LED_2 中的绿色发光二极管熄灭，充电器进入恒流充电阶段。当电池压升到 44.2 V 左右时，充电器进入恒压充电阶段，流逐渐减小。当充电流减小到 200 ～ 300 mA 时，R_{33} 上端的电压下降，IC_3 的 3 脚电压低于 2 脚，1 脚输出低电平，双色发光二极管 LED_2 中的红色发光二极管熄灭，三极管 VT_2 截止，风扇停止运转，同时 IC_3 的 7 脚输出高电平，此高电平一路经过电阻 R_{35} 点亮双色发光二极管 LED_2 中的绿色发光二极管（指示电已经充满，此时并没有真正充满，实际上还得一两个小时才能真正充满），另一路经 R_{52}、VD_{18}、R_{40}、R_{P2} 到达 IC_2 的 1 脚，使输出电压降低，充电器进入 200 ～ 300 mA 的涓流充电阶段（浮充），改变 R_{P2} 的电阻值可以调整充电器由恒流充电状态转到涓流充电状态的转折流（200 ～ 300 mA）。

7.12.3 常见故障

这种类型充电器的常见故障有以下几种情况：

（1）高压电路故障：该部分电路出现问题的主要现象是指示灯不亮。通常还伴有保险丝烧断，此时应检查整流二极管 VD_1 ～ VD_4 是否击穿，电容 C_3 是否炸裂或鼓包，VT_2 是否击穿，R_7、R_4 是否开路，此时更换损坏的元件即可排除故障，若经常烧 VT_1，且 VT_1 不烫手，则应重点检查 R_1、C_4、VD_5 等元器件，若 VT_1 烫手，则重点检查开关变压器次级电路中的元器件有无短路或者漏电。若红色指示灯闪烁，则故障多数是由 R_2 或者 VD_6 开路、变压器 T_1 线脚虚焊引起。

（2）低压电路故障：低压电路中最常见的故障就是电流检测电阻 R_{33} 烧断，此时的故障现象是红灯一直亮，绿灯不亮， 输出电压低，电瓶始终充不进电，另外，若 R_{P2} 接触不良或因振动导致阻值变化（充电器注明不可随车携带就是怕 R_{P2} 因振动而改变阻值），就会导致输出电压偏高或偏低。若输出电压偏高，电瓶会过充，严重时会发烫，最终导致充爆，若输出电压偏低，会导致电瓶欠充，缩短其寿命。

（3）电源不启动：一种情况插电源，大电容有 300 V 电压、拔掉电源再次测量大电容 2 端还是 300 V 电压不下降。给电容放电后，将启动电阻换掉即可。启动电阻在电源输入部分，阻值 150 K，功率 2 W。

另一种情况插电源，大电容两端有 300 V 电压，拔掉电源，大电容电压慢慢下降，将电路板全部检查是否有脱焊的现象，补焊完成后，将 KA3842 换成新的，通电试机即可。

（4）闪灯：先将电路板补焊一遍，再次试机，如果还是闪灯，检查输出端取样电阻 0.1 Ω、3 W 功率。接在输出线的负极端，将此电阻换新即可。

（5）输出电压高，通电，电压高于 70 V，充电不转灯：先将电路板补焊一遍；然后进行试机，如果还是电压高，更换光电耦合器；再次试机，若还是电压高，更换 431 基准稳压器，再次试机。

（6）吱吱叫，发热，充电不足：通电测量大电容电压，只要低于 300 V，一般电容失效，更换即可。

（7）严重发热：将风扇换新即可。

（8）输出电压不稳定：先将电路板补焊一遍后试机，然后将输出端电容 63V470UF 电容换新试机即可。

（9）充电不转灯：用检测仪测试各项数据，再将 358 或 324 换新试机。

（10）充电不稳定，有时候能充电，有时候不能充电：用测试仪检测各项数据，再然后将输入输出电源线全部换新，补焊线路板试机。

（11）通电烧保险：先检测功率管是否击穿，没有的话将四个整流二极管全部换新，再次试机。

（12）通电无输出：通电试机，大电容两端有 300 V 电压，且慢慢下降，首先检测输出端大二极管击穿没有，补焊，再次试机。

（13）通电亮 2 个红灯：通电试机，空载电压是否正常，再将 358 或 324 换新试机。

（14）通电无输出，能正常启动，指示灯正常：先将输出线换新，对于有继电器的充电器直接短路继电器试机。

（15）通电闪灯：补焊变压器各引脚，然后试机，如果依旧通电闪灯，检查431、光电耦合器、输出部分各二极管是否短路，变压器磁芯是否松动，电源输入部分10 Ω小电阻是否开路，或代换KA3842再次试机。

（16）充电不转灯：先用测试仪检测各项数据，一般充新电池电压不高于59.5 V，充半年左右电池不高于57.8 V为正常，高于此电压可能不转灯。

（17）输出电压低：补焊线路板，试机，然后将输入输出大电容换新再次试机。

（18）输出低，发烫：如果输出电压低于40 V，且功率管、变压器发烫，一般为变压器有问题。

（19）启动困难、有时候能启动有时候不能启动：补焊线路板后试机，如果依旧不能启动，将输入部分小电容换新再次试机。

（20）烧KA3842：KA3842换新后试机插电听到喀的一声响，这时测量大电容两端电压300 V慢慢下降说明KA3842又击穿了，先补焊线路板，检查变压器引脚是否松动或者引线是否断开，输出部分大二极管是否开路，线路板是否断裂。

【技师指导】

书后的附录2中记录了几种类型的充电器电路图，车用充电机与其原理类似，希望给予大家启发。

第 8 章
电动汽车直流 - 直流变换器

8.1 直流 - 直流变换器的作用与分类

8.1.1 直流 - 直流变换器的作用

直流 - 直流变换器（DC–DC Converter），又称 DC–DC 变换器，是一种将直流电能变换为负载所需的电压或电流可控的直流电能的电力电子装置。在电动汽车中，直流 - 直流变换器可以独立作为一个部件（图 8–1 和图 8–2），也可以作为其他部件的组成部分（图 8–3）。

图 8–1 独立水冷电动汽车 DC–DC 转换器实物

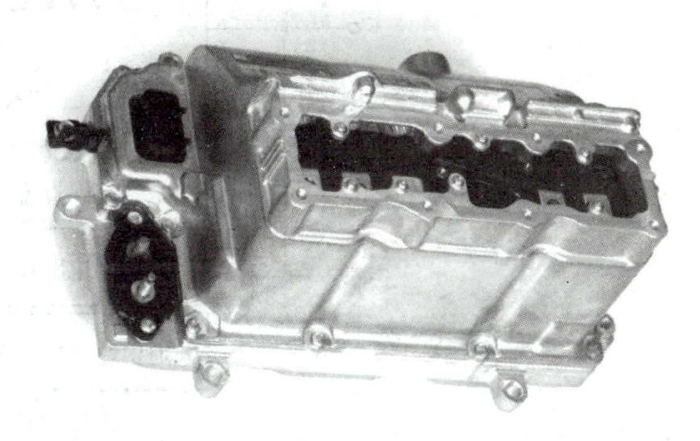

图 8–2 水冷直流 DC–DC 转换器（内置到变频器底部）

图 8–4 所示为直流 - 直流变换器的基本结构。由于 12 V 车载电气系统与高压车载电气系统之间会交换蓄电池能量，因此，在点火接通的情况下，可通过 12 V 跨接电缆对车辆进行跨接起动。换言之，如果蓄电池已经放电，则不需要单独的高电压充电器来起动车辆。直流 - 直流变换器可以看作由两大部分组成：直流 - 直流变换电路和控制电路。变换器中完成电能变换的核心部分为两端口的电力电子主电路，即直流 - 直流变换电路（DC to DC Circuit）或直流 - 直流变换器电路；以 MCU 为主体的控制电路用于根据上层控制器发出的目标指令，给出控制信号。驱动电路基于控制信号驱动

直流－直流变换电路中的电力电子器件工作，从而实现对电压或电流的控制或调节。驱动电路也可以看作是控制电路的组成部分。另外，与其他的车载电气部件类似，直流－直流变换器还需具有满足车载要求的防护壳体、电气通信接口、机械接口及散热系统。

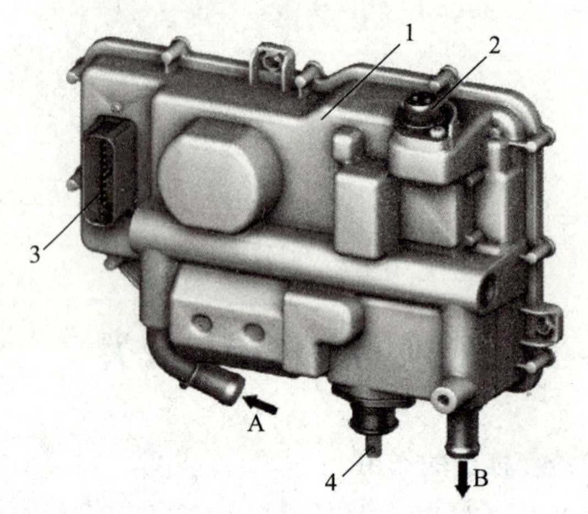

图 8-3　奔驰混合动力汽车动力电池与 12 V 铅酸蓄电池之间的双向 DC-DC 转换器

1—DC/DC 转换器模块；2—高电压插头连接（高压蓄电池）；3—DC/DC 转换器控制单元的 12 V 插头连接；4—电路 30 的螺纹连接；A—冷却液进口；B—冷却液出口

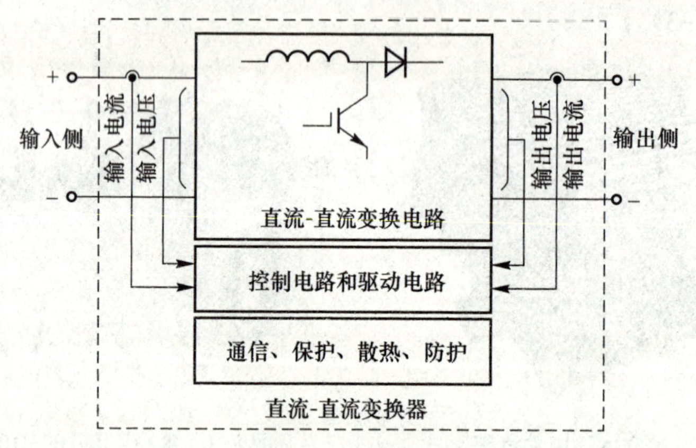

图 8-4　直流－直流变换器结构示意

在电动汽车中，直流－直流变换器的作用体现在以下三个方面。

（1）电压匹配。电动汽车上的电化学动力源部件，如燃料电池、蓄电池、超级电容等，在工作中，受负荷及自身性能的影响，输出电压通常会在一定的范围内变动。而负载部件，如驱动电机系统、电动空调、电动转向系统、电动制动系统等，在工作中，对输入电压的波动有严格的限制，若超过允许波动范围，部件将不能正常工作甚至失效或损坏。这种情况下就需要使用直流－直流变换器将二者连接起来，如图 8-5（a）所示。也就是说，直流－直流变换器实现了电源与负载之间的电压解耦。

另外还有一种情况，电动汽车动力系统直流母线电压和负载部件之间电压不匹配，如直流母线电压一般是几百伏，而车辆的低压电气部件的输入直流电压可能为几十伏，那么就需要通过一个起降压作用的直流－直流变换器，低压负载才能连到直流母线上，如图 8-5（b）所示。这种情况下，直流－直流变换器实现了直流母线与负载之间的电压解耦。

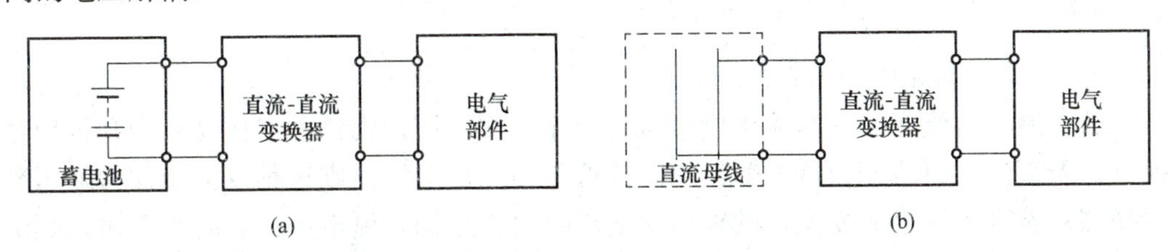

图 8-5　直流－直流变换器实现的电压解耦

（a）电源与负载之间的电压解耦；（b）直流母线与负载之间的电压解耦

（2）功率控制。在具有两个或两个以上电化学动力源的电－电混合动力系统中，与电化学动力源相串联的直流－直流变换器除具有前面的电压匹配功能外，还具有控制电化学动力源功率的作用。

如图 8-6（a）所示，燃料电池通过直流－直流变换器和蓄电池并联。通过对直流－直流变换器中电力电子器件的控制，可以控制燃料电池输出功率的大小，实现整车需求功率在两个动力源（燃料电池和蓄电池）之间的合理分配。

如图 8-6（b）所示，超级电容通过直流－直流变换器和蓄电池并联。如果超级电容直接和蓄电池并联，那么二者的输出电压是相同的，超级电容存储的能量将受蓄电池端电压的影响。由于与超级电容相比，蓄电池端电压变化范围较小，因此，超级电容存储的能量变化量也较小，不能很好地发挥超级电容高功率密度的优点。超级电容通过直流－直流变换器和蓄电池并联后，通过对超级电容端电压或电流的控制，可以控制超级电容的输出功率或输入功率，使超级电容充分地释放或吸收能量，最大程度发挥超级电容的作用。

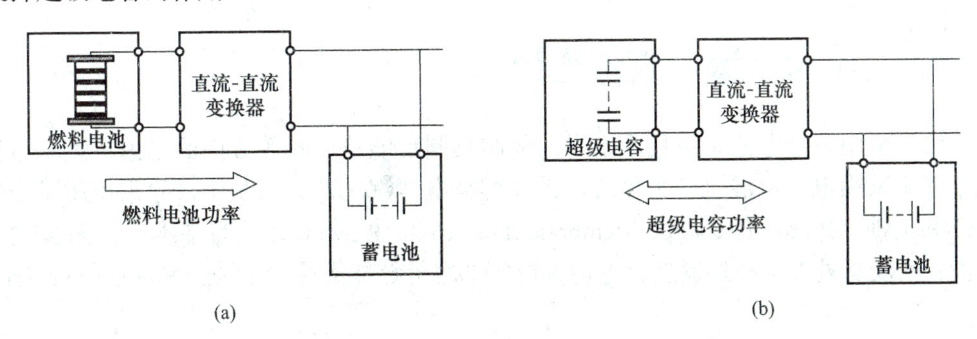

图 8-6　电－电混合动力系统中的动力源连接

（a）燃料电池与蓄电池的连接；（b）超级电容与蓄电池的连接

（3）对电化学动力源的保护。在图 8-5（a）和图 8-6 中，连接在电化学动力源之间的直流－直流变换器可以根据动力系统及动力源的工作状态对动力源端电压或电流进行限制或控制，使动力源始终在其运行能力范围之内，以保证动力源的运行安全。例如，连在蓄电池出口的直流－直流变换器可以控制蓄电池的充放电电流，使其不超出最大允许充放电能力范围；连在燃料电池出口的直流－直流变换器可以对燃料电池输出电压进行控制，使其不低于燃料电池允许的最低电压等。

8.1.2 直流－直流变换器的分类

1. 按变换器端口电压分类

若直流－直流变换器的输出侧电压高于输入侧电压，则这种变换器称为升压型变换器；若直流－直流变换器的输出侧电压低于输入侧电压，则这种变换器称为降压型变换器；若直流－直流变换器的输出侧电压有时大于输入侧电压，有时小于输入侧电压，则这种变换器称为升降压型变换器。

2. 按变换器能量流动方向分类

若电能只能从直流－直流变换器端口 A 流入，从端口 B 流出，则这种变换器称为单向直流－直流变换器。电能流入的一侧称为变换器的输入侧，而电能流出的一侧称为变换器的输出侧。

若电能可以从直流－直流变换器端口 A 流入，从端口 B 流出，也可以反方向从端口 B 流入，从端口 A 流出，则这种变换器称为双向直流－直流变换器。

3. 按变换器两端口电气耦合分类

若直流－直流变换器两端口之间没有任何的电气连接，或者说变换器输入侧与输出侧之间是电气隔离的，则这种变换器称为隔离型直流－直流变换器；反之，若变换器输入侧与输出侧之间不是电气隔离的，则这种变换器称为非隔离型直流－直流变换器。

另外，在电力电子技术发展过程中陆续出现了多种直流－直流变换器。有些是根据功能来命名的，如升压变换器、降压变换器等；有些是基于拓扑结构来命名的，如反激式变换器、正激式变换器、推挽式变换器等。

8.2 单向直流－直流变换器

由于车用燃料电池系统技术水平的限制及制动能量回收等方面的考虑，燃料电池汽车普遍采用电－电混合动力系统，即在燃料电池汽车动力系统中，除采用质子交换膜燃料电池（Proton Exchange Membrane Fuel Cell，PEMFC）作为基本动力源提供整车消耗的能量外，同时还需要蓄电池、超级电容等储能部件（Energy Storage System，ESS）作为动力源。

燃料电池汽车动力系统的典型构型有两种。

1. 构型 I

如图 8-7 所示，直流－直流变换器位于燃料电池一侧，即燃料电池和直流－直流变换器串联后再与蓄电池并联，共同为整车提供所需能量。在车辆制动过程中，驱动电机工作在发电状态，蓄电池可以吸收制动回馈的能量。另外，在蓄电池荷电状态

（SOC）比较低、整车驱动功率需求较小时，可以控制燃料电池的功率输出为蓄电池充电。在非插电式燃料电池汽车中，燃料电池提供整车消耗的能量，蓄电池在更多情况下起到能量缓冲作用，也就是说，整车需求的能量全部经由直流－直流变换器。这种情况下，要求直流－直流变换器效率要尽可能高，才可能保证整车具有较好的经济性。在这种构型中，直流－直流变换器中能量流动是单向的。

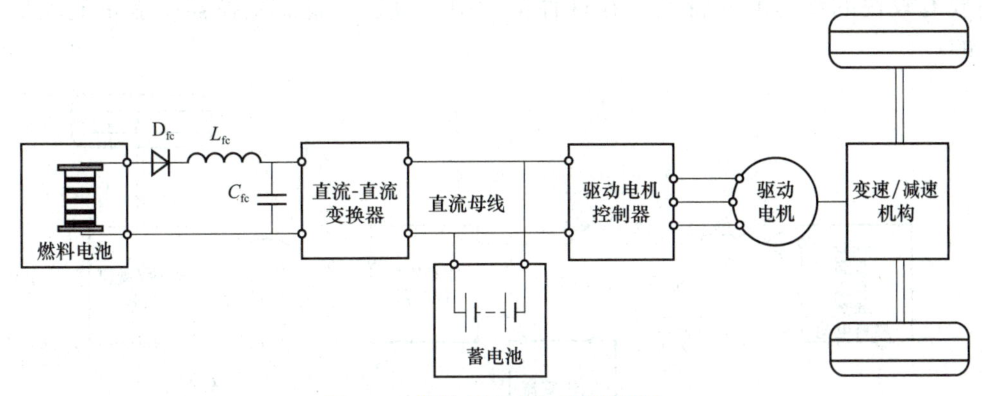

图 8-7　燃料电池动力系统构型Ⅰ

对于构型Ⅰ中单向非隔离型直流－直流变换器类型选择的主要依据是燃料电池输出电压范围和直流母线电压范围之间的关系。图 8-8 给出了燃料电池特性曲线及直流母线电压范围，当燃料电池输出电压范围在直流母线电压范围之下时，应选择升压型直流－直流变换器；当燃料电池输出电压范围在直流母线电压范围之上时，应选择降压型直流－直流变换器；不属于以上两种情况时，应选择升降压型直流－直流变换器。应该指出的是，由于燃料电池在小功率负荷下输出的电压随功率增加下降得很快，所以，即使燃料电池特性曲线与直流母线电压在高电压区域有部分重合，仍可选择升压型直流－直流变换器。而在大功率负荷下，燃料电池输出电压较低，但此时，往往整车需求功率也较大，直流母线电压也较低。因此，即使燃料电池特性曲线与直流母线电压在低电压区域有部分重合，仍可选择降压型直流－直流变换器。

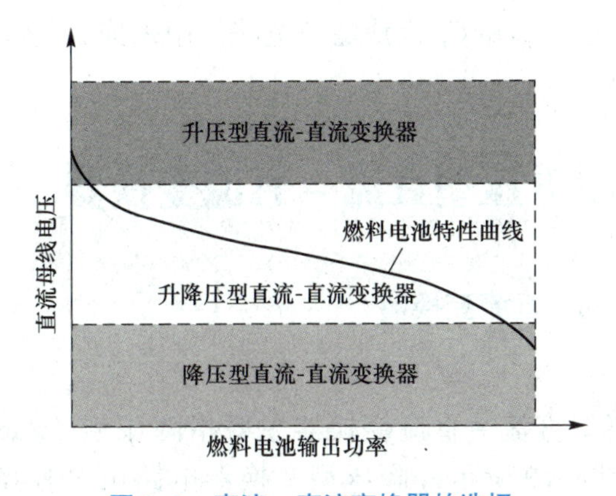

图 8-8　直流－直流变换器的选择

2．构型Ⅱ

如图 8-9 所示，直流－直流变换器位于蓄电池一侧，即蓄电池和直流－直流变换器串联后再与燃料电池并联，共同为整车提供所需能量。在这种构型中，蓄电池的充放电能量都要经过直流－直流变换器，蓄电池动态缓冲能力、功率响应时间受到直流－直流变换器的制约。这就要求直流－直流变换器除具有较高工作效率外，还要有较快的动态响应特性。在这种构型中，直流－直流变换器中能量流动是双向的。

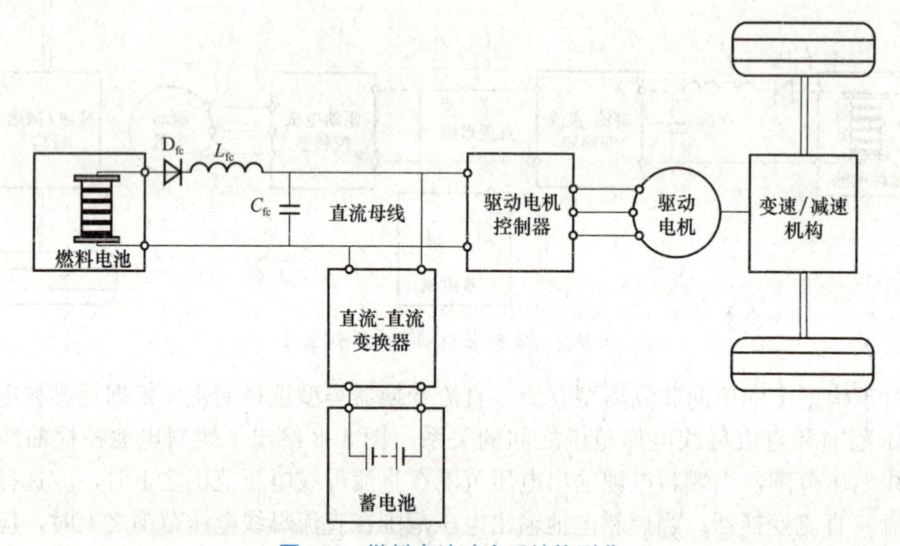

图 8-9 燃料电池动力系统构型Ⅱ

构型Ⅱ的双向直流－直流变换器同样可以应用于混合动力汽车和纯电动汽车动力系统。

无论是构型Ⅰ还是构型Ⅱ，直流－直流变换器在工作过程中都会有较大的电功率通过，考虑到较高工作效率的要求，一般采用非隔离型。

图 8-7 和图 8-9 中的 D_{fc} 是保护燃料电池的功率二极管，可以防止外部的过高电压反加在燃料电池电堆上；L_{fc} 和 C_{fc} 组成滤波电路，用来抑制负载剧烈波动对燃料电池耐久性产生的不利影响。

8.3 降压型 / 升压型直流－直流变换器

8.3.1 降压型直流－直流变换器

1．电路组成

单向降压非隔离型直流－直流变换器主要指降压型（Buck）变换器，其内部变换器电路结构如图 8-10 所示。降压型变换器电路由全控型器件（IGBT 或功率 MOSFET）V、功率二极管 D、储能电感 L 和滤波电容 C 构成。

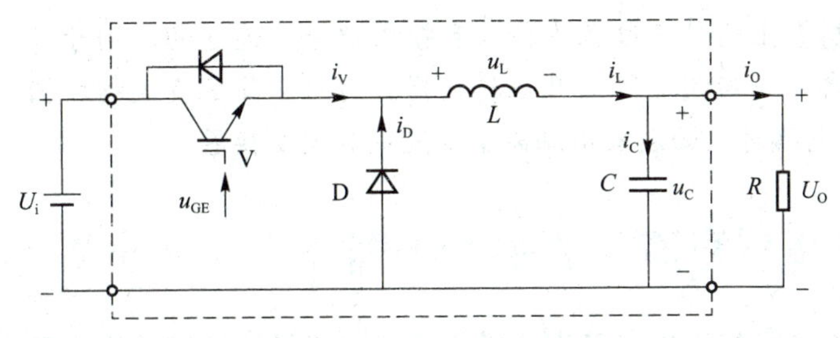

图 8-10　降压型变换器电路结构

2. 电路的工作过程

电力电子开关 V 导通，储能电感 L 的电流 i_L 增加，正电荷由左端流向右端，电感 L 外部的磁场增加，限制自身电流 i_L 线性增加，但仍是增加的趋势，这时电感线圈储能，储能电感 L 的电流 i_L 停止向电容 C 注入电流。当电力电子开关 V 开关几次后，电容 C 的电压 u_C 被积累到直流电源 u_i 减去电感 L 自感电压 u_L 的电压水平，期间 u_L 比例减小，电容 C 的电压 u_C 比例增加，但输出端 U_o 电压一直小于直流电源电压。

U_o 的数值与电感 L 每次的通电时间和断电时间有关。电感 L 每次的通电时间短和断电时间长则产生的电感分压 u_L 就高，U_o 就低。

8.3.2　升压型直流 - 直流变换器（Boost 变换器）

1. 电路组成

升压型变换器电路结构如图 8-11 所示。升压型变换器电路由全控型器件（IGBT 或功率 MOSFET）V、功率二极管 D、储能电感 L 和滤波电容 C 构成，但电力电子器件 V 和 D 及储能电感 L 的位置与降压型变换器不同。

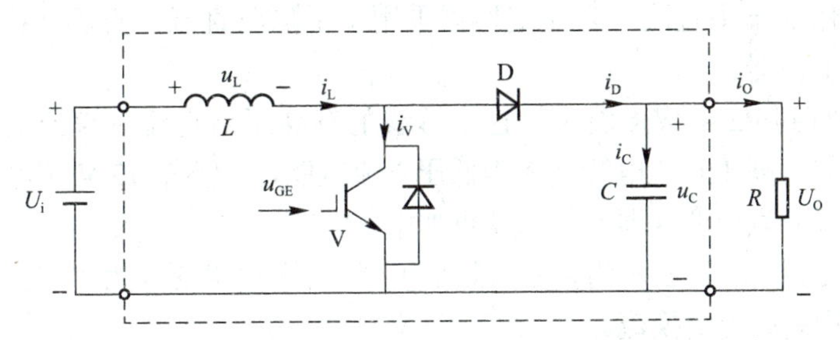

图 8-11　升压型变换器电路结构

2. 电路的工作过程

电力电子开关 V 导通，储能电感 L 的电流增加，正电荷由左端流向右端，电感 L 外部的磁场增加，限制自身电流 i_L 线性增加，但仍是增加的趋势，这时电感线圈储能。当电力电子开关 V 断开时，储能电感 L 的电流 i_L 由于 V 这个通路，电流经二极管 D 注入电容 C。几个工作循环后，电容 C 的电压被积累到直流电源 u_i 加上电感 L 自感电压 u_L，输出端 U_o 电压升高。

U_o 的数值与电感 L 每次的通电时间和断电时间有关。电感 L 每次的通电时间长和断电迅速则产生的电压就高。

【技师指导】上述升压过程中输入和输出部分是连通的，由于升压转换器一般安装在变频器内部，一般用非隔离升压转换器。但对于降压直流转换器，动力电池电压降为低压 12 V 电路时，必须采用隔离型直流－直流变换器

8.4 隔离型直流－直流变换器

少部分混合度在轻混以下的混合动力汽车，仍像传统燃油汽车那样，由发电机提供整车 12 V 低压直流电能。

除少部分轻混以下的混合动力汽车，轻混以上的混合动力汽车、纯电动汽车、燃料电池汽车用一个小功率（乘用车在 1.5 ～ 2.5 kW）的直流－直流变换器将高压直流母线的电能转换为低压直流电能，为全车的控制系统、照明系统、冷却系统等供电。这种直流－直流变换器在整车动力系统的典型电气连接方式如图 8-12 所示。

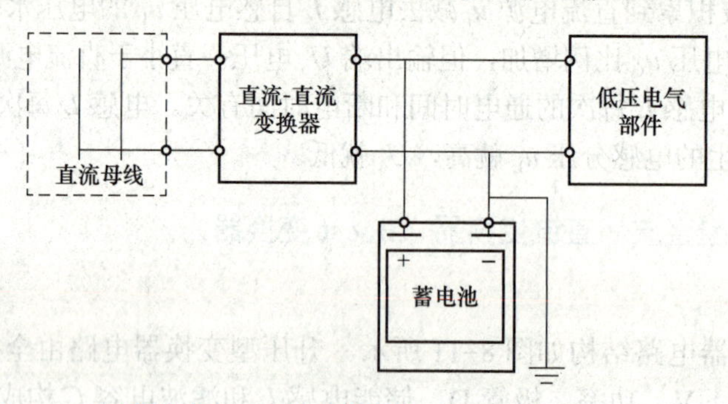

图 8-12 隔离型直流－直流变换器在动力系统中的电气连接方式

目前，常用的车用直流－直流变换器采用全桥隔离直流－直流变换器、双半桥隔离直流－直流变换器。

点火开关打到 READYR 挡时，直流母线上有高压给直流－直流变换器供电，直流－直流变换器将高压直流电能变换为低压直流电能，为整车 12 V 用电器提供电能。

隔离型直流－直流变换器的技术特点如下：

（1）隔离变换方法。输入侧和输出侧采用变压器隔离即隔离型直流－直流变换器，变换变压器采用高频电流换流。

（2）控制方法。多选用输出电压作为控制目标，这时可以将车用 12/24 V 铅酸蓄电池厂家给出的推荐浮充电压作为目标参考值进行控制。如果从蓄电池性能、寿命等方面综合考虑，也可以将输出电流作为控制量，此时要考虑变换器输出电压的过压保护。实际多选用输出电压作为控制目标。

（3）效率问题。与非隔离型变换器相比，隔离型直流－直流变换器的工作效率较低，可以通过软开关、同步整流等技术降低变换器损耗。

（4）散热问题。在实际应用中为了散热方便，直流－直流变换器通常与车用变频器共用液冷系统。

如果不共用散热器，采用独立安装，由于体积和功率偏小，可以根据实际发热情

况，确定使用自然冷却方式或液冷方式。实车独立安装的直流－直流变换器更多采用液冷方式，自然冷却方式一定要安装在车辆散热条件较好的区域。

8.5 全桥式直流－直流变换器

8.5.1 全桥式直流－直流变换器电路组成

全桥式直流－直流变换器电路如图 8-13 所示，由全桥式逆变电路、高频变压器、双半波整流电路和滤波电路四部分组成。

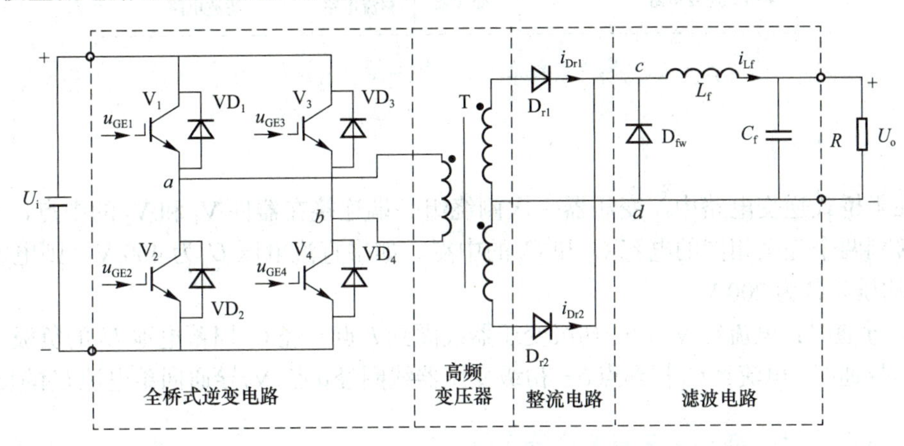

图 8-13 全桥式直流－直流变换器电路（隔离型）

8.5.2 工作原理

在全桥式逆变电路中，若高频变压器的变压比 K 为 1 ∶ 1，当 V_1 和 V_4 导通时，在变压器初级线圈存在 a 至 b 电流，而当 V_3 和 V_2 导通时，在变压器初级线圈存在 b 至 a 电流。

在输出侧，两个半波整流交替工作将电流输出到 c 点，经电感 L_f 和 C_f 滤波后输出电压 U_o。

控制上通常将输出电压反馈到全桥逆变器的控制部分，控制部分根据输出电压确定是增大还是减小 PWM 驱动波的控制。

8.6 半桥式直流－直流变换器

8.6.1 半桥式直流－直流变换器电路组成

半桥式直流－直流变换器电路如图 8-14 所示。与全桥式直流－直流变换器相比，半桥式直流－直流变换器中逆变器电路为半桥式逆变电路，其他部分的电路结构是相同的。

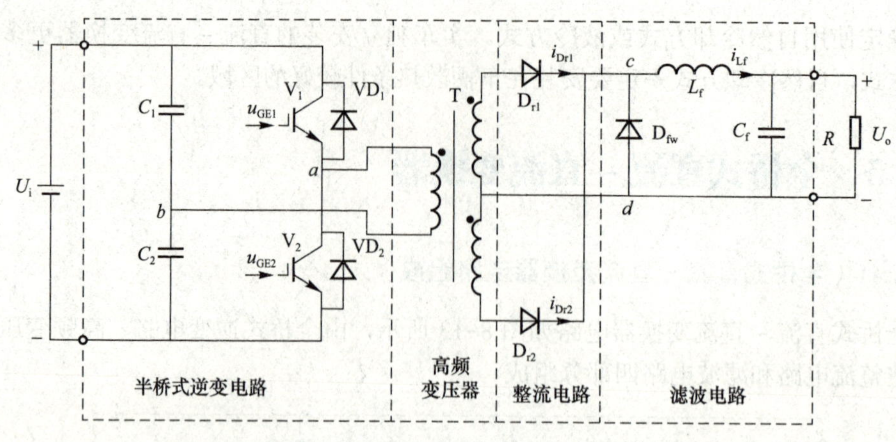

图 8-14　半桥式直流 - 直流变换器电路（隔离型）

8.6.2　工作原理

在半桥式逆变电路中，变压器一次侧绕组一端连接在器件 V_1 和 V_2 的中点，另一端连接到两个完全相同的电容 C_1 和 C_2 的中点。如果直流电压 U_i 为 400 V，则电容 C_1 和 C_2 均压后各为 200 V。

V_1 导通时：电流经 V_1 管—初级变压器线圈到 b 点，经 C_2 回蓄电池 U_i 的负极。

V_2 导通时：电流经 C_1 管到点 b—初级变压器线圈经 a 点，V_2 导通回蓄电池 U_i 的负极。

8.6.3　半桥式直流 - 直流变换器实例

半桥式直流 - 直流变换器的电路如图 8-15 所示。其中，变压器 T_1 起隔离和传递能量的作用。开关管 Q_1 导通时 N_p 绕组上承受一半的输入电压 V_{in}，电阻 R_1、R_2 在电容上起到均压作用，防止电容损坏导致分压不稳。副边双绕组 N_S 交替输出正向和反向电流，交替使 VD_1、VD_2 导通。在输出回路中滤波电感 L_o 和滤波电容 C_o 共同组成 L_C 滤波电路。相比在初级线圈增加了一个电容 C_3 可实现 Q_1 和 Q_2 零电压和零电流开关（零电压和零电流开关控制将在下节中进行讲解）。

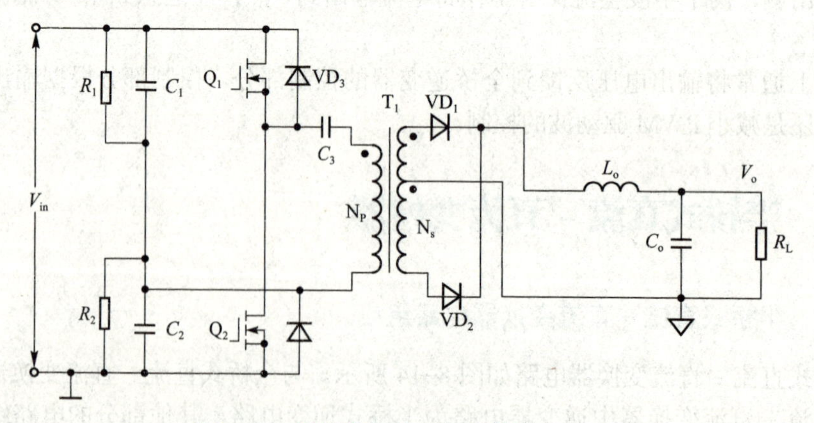

图 8-15　半桥式直流 - 直流变换器的电路

8.7 直流－直流变换器软开关技术

电动汽车用直流－直流变换器的发展趋势是高功率、高密度、高效率和高可靠性，同时对电磁兼容性和成本也提出了更高的要求。

提高电力电子器件开关频率，可以减小变换器所使用的电感和电容，进而降低变换器的体积和质量，同时对降低变换器电压和电流纹波也有很大益处；但较高的开关频率会使电力电子器件的开关损耗增加，系统的效率下降，同时也会产生严重的电磁兼容问题。

在本书第 2 章曾提到过，电力电子器件的导通和关断需要一定的时间和过程，在这种开关过程中，存在着器件两端电压及器件电流均不为零的情况，如图 8-16（a）所示，即电压和电流的波形出现了重叠，从而导致出现了开通和关断损耗，而且电流或电压波形可能会出现过冲，即过高的 di/dt 或 du/dt，由此对器件施加较高的电气应力并可能产生较强的电磁噪声，这样的开关过程称为硬开关（Hard Switching）过程。

如果电力电子器件在导通前电压先降为零，关断前电流先降为零，如图 8-16（b）所示，就可以消除器件开关过程中的电压和电流波形的重叠，降低电压和电流的变化率，从而减小甚至消除开关损耗，进而提高电路的工作效率，并限制开关过程的电磁噪声，这样的开关过程称为软开关（Soft Switching）过程。

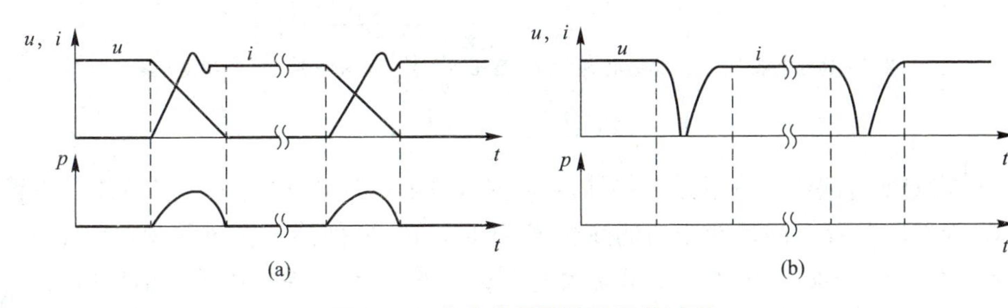

图 8-16 电力电子器件的开关过程

（a）硬开关过程；（b）软开关过程

电力电子器件两端电压为零的开通称为零电压开通（Zero Voltage Switching，ZVS），电力电子器件关断前电流为零的关断称为零电流关断（Zero Current Switching，ZCS）。零电压开通和零电流关断通常依靠电路中的电感、电容产生谐振来实现。

虽然软开关相关技术具有降低损耗、提高效率、降低电磁噪声、降低系统热管理难度等优点，但由于需要在电路中增加电感、电容等辅助元件，甚至需要增加辅助开关器件，因此使电路变得复杂。另外，电路中零电压、零电流产生的条件往往与电路器件寄生参数、电源及负载参数相关，因此，控制难度上一般大于硬开关电路。

【技师指导】

软开关技术在汽车电力电子电路中应用较多的是直流－直流变换器电路，尤其在小功率隔离型直流－直流变换器上的应用已经较为普遍。

8.8 LLC 谐振直流 – 直流变换器

8.8.1 半桥式 LLC 谐振直流 – 直流变换器电路组成

半桥式 LLC 谐振直流 – 直流变换器电路结构如图 8–17 所示，包括半桥式逆变电路、谐振电路、高频变压器、整流电路和滤波电路等。

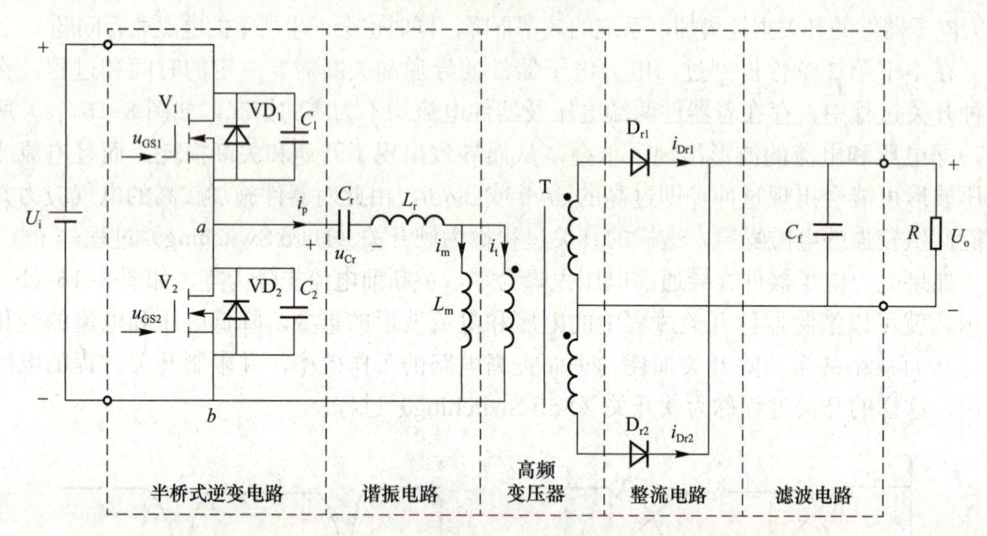

图 8–17 半桥式 LLC 谐振直流 – 直流变换器电路结构

半桥式逆变电路由功率场效应晶体管 V_1 和 V_2 构成，VD_1 和 VD_2 为其续流二极管，C_1 和 C_2 为并联电容。高频变压器的变化 K 为 1 ∶ 1。变换器工作过程中，V_1 和 V_2 的占空比皆为 0.5。实际应用中，二者驱动信号之间应考虑必要的死区。谐振电容 C_r 和谐振电感 L_r 与高频变压器 T 的励磁电感 L_m 构成串联谐振电路，谐振电感 L_r 可以通过高频变压器 T 的漏感来实现，因此在图 8–17 中，也可以将 L_r 和 L_m 看作是高频变压器 T 的组成部分。在高频变压器 T 的二次侧连接由功率二极管 D_{r1} 和 D_{r2} 组成全波整流电路，滤波电路由输出电容 C_f 构成。

8.8.2 半桥式 LLC 谐振直流 – 直流变换器工作原理

本电路中电子开关 V 如何实现零电压（ZVS）导通及整流如何实现零电流关断（ZCS）较复杂。

简单来讲，谐振频率由电容 C_r 和电感 L_r、L_m 共同决定。电力电子开关 V_1 导通时，电流经 C_r、L_r、L_m 回到电源 U_i 的负极。电力电子开关 V_1 截止时，C_r、L_r 形成谐振电路，电流反向经电子开关 V_2、点 b、L_m、C_r、L_r 反向形成回路。然后，电流再次反向形成振荡。高频变压器的原线圈电感与串联谐振电感 L_m 并联，电流也来回振荡，次级线圈双半波整波二极管 D_{r1}、D_{r2} 输出。当振荡能量降低时，电子开关 V_1 再次打开向振荡电路注入能量，循环往复。

8.8.3　全桥式 LLC 谐振直流 - 直流变换器工作原理

在图 8-17 所示电路中，也可以将半桥式逆变电路换成全桥式逆变电路，或者在高频变压器没有中间抽头时，将整流电路改为全桥不控整流电路，改后的直流 - 直流电路仍然属于 LLC 谐振变换器，具体如图 8-18 所示，前面的分析过程和结论仍然适用，这里不再赘述。

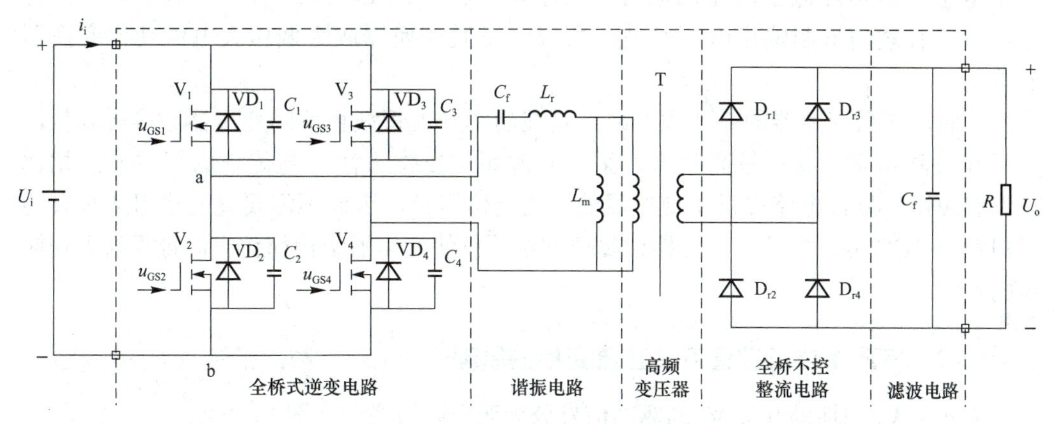

图 8-18　全桥式 LLC 变换器等效电路

8.8.4　LLC 谐振直流 - 直流变换器优点

从上面分析可以看出，LLC 谐振直流 - 直流变换器具有如下优点：

（1）具有 ZVS 功能。其使功率 MOSFET 开关损耗可以忽略，且器件关断电流低，关断损耗小。因此，变换器具有较高的效率。

（2）整流二极管耐压低。高频变压器二次侧整流电路输出没有滤波电感，整流二极管的电压应力较低。

（3）电感集成。LLC 谐振电路中的谐振电感 L_r 和变压器励磁电感 L_m 比较容易通过集成在高频变压器上得到，可以简化变换器物理结构，提高变换器功率密度。

（4）电压调节特性。变换器可以在输入电压或负载变化范围都很大的情况下工作，其具有良好的电压调节特性，比较适合用于电动汽车从较高电压到较低电压的变换。

8.9　有源钳位正激直流 - 直流变换器

8.9.1　有源钳位正激直流 - 直流变换器优势

在高功率密度、低压 / 大电流 DC-DC 模块电源中，若采用基本的 BUCK 或同步整流 BUCK 结构，会由于 BUCK 变换器的占空比调节范围很小，如果要求输出电压低于 1 V，而一般的分布式电源系统（DPS）的母线电压为 12 V 或 48 V，这样占空比将小于 10%，表明有效的功率转换只发生在整个工作周期的 10% 时间内，其余 90% 时间里负载靠输出大电容提供能量，使得变换器的效率降低。

采用反激变换器或正激变换器拓扑，可以增大占空比，提高效率。但反激变换器，在其反馈环路分析中，带有气隙的变压器电感会在右半平面有个零点，这就使得连续模式（CCM）下的闭环补偿十分困难。另外，由于二次侧没有输出低通滤波器，所以需要一个较大的电容。与反激变换器相比较，正激变换器输出侧虽然多出一个电感，但是降低了对输出电容的要求，其构成的 LC 滤波器非常适合输出大电流，可以有效地抑制输出电压纹波。所以，正激变换器成为低压大电流功率变换器的首选。

然而，正激变换器的一个固有缺点是在功率开关管截止期间变压器必须磁复位。为了在较高频率下获得较高效率，采用有源钳位复位方法。与传统的复位方法相比较，有源钳位复位电路提供了变压器的磁通复位路径，因而不需要复位绕组或是有能量损耗的 RCD 复位电路。有源钳位复位方法不仅使变压器结构简化，而且提高了变换器的效率。

8.9.2 有源钳位正激直流 - 直流变换器原理

主开关 V_1 和辅助开关 V_2 的驱动信号分为四个阶段说明（图 8-19）：

第一个阶段：在图 8-19（a）中，V_1 被控导通，钳位开关 VD_2 自然截止，变压器初级线圈受到输入电压 U_i 作用，励磁电流线性增加，初级侧流过电流 i_m 和 i_t。二次侧 D_{r1} 导通，D_{r2} 截止，电感电流经滤电感 L_f、C_f 滤波给负载。

第二个阶段：在图 8-19（b）中，V_1 被控截止，电流经 VD_2 二极管，给电容 C 反向充电。加在变压器一次绕组的电压变为负，D_{r1} 关断，续流二极管 D_{r2} 导通形成电动势，但不构成回路，变压器不再向负载传输能量（直到下一个开关周期 V_1 再次开通）。

第三个阶段：在图 8-19（c）中，辅助开关 V_2 被控导通，V_2 实现了零压开通，钳位二极管 VD_2 自然截止，励磁电流开始经过 V_2 反向流动。

第四个阶段：在图 8-19（d）中，辅助开关 V_2 被控关断，电流电源、VD_1 构成回路。

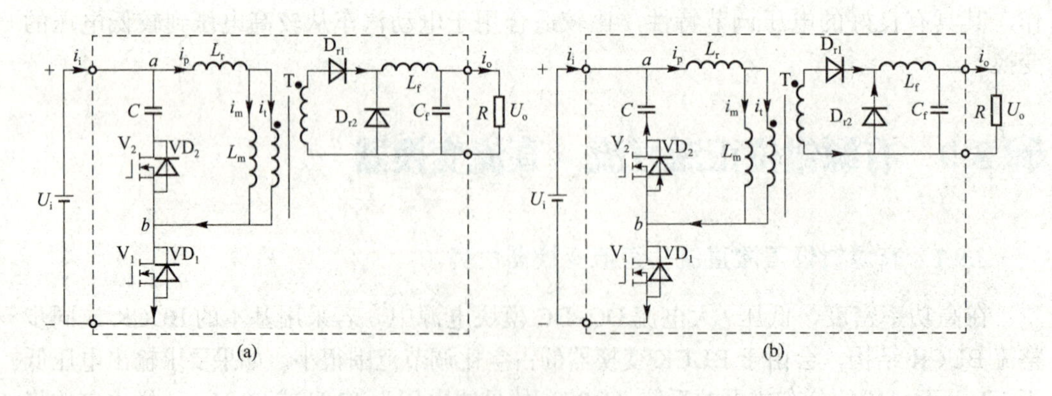

图 8-19 主开关 V_1 和辅助开关 V_2 的驱动信号

（a）V_1 开关管导通时的初级和次级电流方向；（b）V_1 开关管截止时的初级和次级电动势方向；

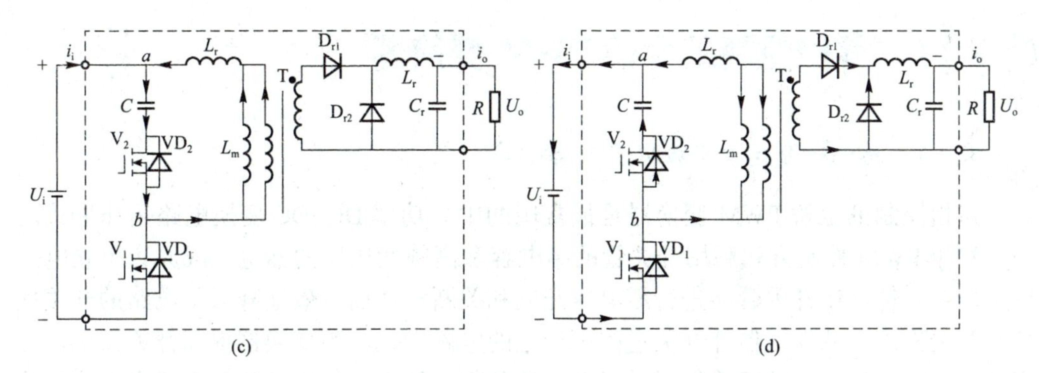

图 8-19　主开关 V_1 和辅助开关 V_2 的驱动信号（续）

（c）V_2 开关管导通时的初级电流方向；（d）V_2 开关管截止时的初级电流方向

8.10　有源钳位正、反激直流 - 直流变换器

8.10.1　有源钳位正、反激直流 - 直流变换器结构

有源钳位正、反激直流 - 直流变换器，又称具有变压器二次侧绕组带抽头整流电路的有源钳位正激直流 - 直流变换器，具体电路如图 8-20 所示。图 8-20 中，V_1 为主开关器件，V_2 为钳位开关器件，C_a 为谐振电容，C_r 为钳位电容，L_r 为谐振电感，L_m 为高频变压器 T 的励磁电感，L_f 和 C_f 构成变换器输出侧的滤波电路。

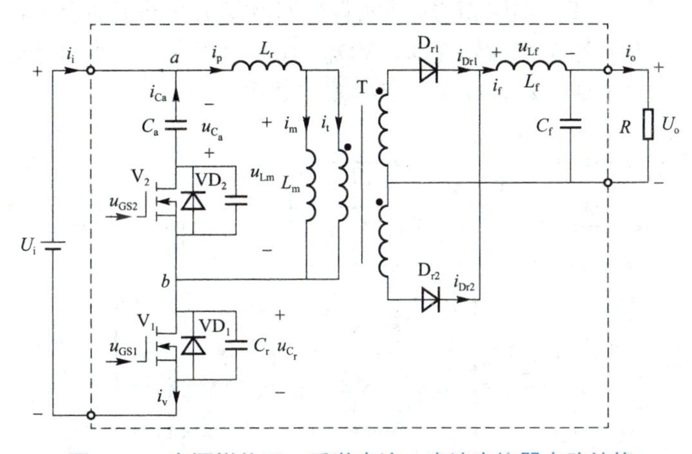

图 8-20　有源钳位正、反激直流 - 直流变换器电路结构

8.10.2　有源钳位正、反激直流 - 直流变换器工作原理

在有源钳位正激的基础上，将次级电路改为两个半波整流，V_1 无论是导通还是截止，初级线圈电流都向下流动，次级 D_{r1} 整流出电流。V_2 无论是导通还是截止，初级线圈电流都向上流动，次级 D_{r2} 整流出电流，即在无论哪种换流方式中，次级都有电流整流出来。

8.11 移相控制的全桥 PWM 变换器

8.11.1 移相控制全桥 PWM 变换器概念

移相控制的全桥 PWM 变换器是最常用的中大功率 DC-DC 变换电路拓扑形式之一。移相 PWM 控制方式利用开关管的结电容和高频变压器的漏电感或原边串联电感作为谐振元件，使开关管能进行零电压开通和关断，从而有效地降低了电路的开关损耗和开关噪声，减少了器件开关过程中产生的电磁干扰，为变换器提高开关频率、提高效率、减小尺寸及减轻质量提供了良好的条件。然而，传统的移相全桥变换器的输出整流二极管存在反向恢复过程，会引起寄生振荡，二极管上存在很高的尖峰电压，需要增加阻容吸收回路进行抑制。

8.11.2 移相控制的全桥 PWM 变换器工作原理

移相控制的全桥PWM变换器电路如图8-21所示。其中，VQ_1 ~ VQ_4 为4个开关管，VD_1 ~ VD_4 分别是4个开关管的寄生二极管，C_1 ~ C_4 分别为4个开关管的结电容和外接电容，VD_5 和 VD_6 是2个钳位二极管，L_r 是谐振电感，VD_{R1} 和 VD_{R2} 为输出整流二极管，C_{DR1} 和 C_{DR2} 为输出整流二极管的等效并联电容。VQ_1 和 VQ_3 组成超前桥臂，VQ_2 和 VQ_4 组成滞后桥臂，每个桥臂的2个开关管互补180°导通，2个桥臂的导通角相差1个相位，即移相角，通过调节该相位就可以调节输出电压。这种拓扑通过增加2个钳位二极管 VD_5、VD_6 来消除次级整流管反向恢复引起的电压振荡，减小了次级整流管的电压应力，并且钳位二极管 VD_5、VD_6，在一个周期里分别只导通一次，减小了二极管 VQ_5、VQ_6 的电流损耗，提高了变换器的效率。

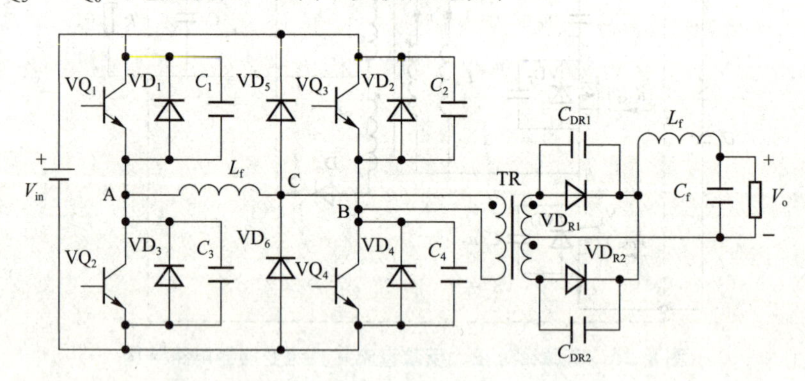

图 8-21 移相控制的全桥 PWM 变换器电路

第 9 章
汽车电力电子系统的电磁兼容

9.1 电磁兼容基本概念与术语

9.1.1 电磁场

电磁场的电场是指由于不同电位差之间产生的电场 E，单位是 V/m。

电磁场的磁场是指由于通电产生的磁场，常用 H 表示，单位是 A/m，即一个是空间电压产生的，一个是空间电流产生的。

为了描述磁场源（通常是通电线圈本身）的特性，也为了方便数学推导，引入一个与介质无关的物理量 H，这个物理量就是磁场强度，磁场强度的单位是安 / 米（A/m）。磁场传播需经过介质（包括真空），介质因磁化也会产生磁场，这部分磁场与源磁场叠加后产生另一磁场。或者说，一个磁场源在产生的磁场经过介质后，其磁场强弱和方向变化了，这时的磁场强度称为磁感应强度 B。磁感应强度 B 是一个基本物理量，较容易理解，就是垂直穿过单位面积的磁力线的数量。磁感应强度 B 可通过仪器直接测量，磁感应强度也称为磁通密度，或简称磁密，其单位是韦伯 / 平方米（Wb/m^2）或特斯拉（T）。磁场强度 H 和磁感应强度 B 均为表征磁场强弱和方向的物理量。

9.1.2 电磁兼容

电磁兼容（Electro Magnetic Compatibility，EMC），也称为 EMI，是指设备或系统在其自身电磁环境中能正常工作，且不对该环境中的任何事物构成不能承受的电磁骚扰的能力。

汽车的电磁兼容具有以下两层含义：

（1）整车或部件或控制单元在所处的电磁环境中能按设计要求正常运行；

（2）整车或部件或控制单元产生的电磁噪声应受到限制，不能对与其处于同一电磁环境中的其他任何事物造成不应有的电磁干扰。

换句话说，汽车的电磁兼容是指在同一电磁环境中，整车、周围及车载设备可以共存而不会引起降级，从而达到一种相容的状态。

9.1.3 电磁兼容问题

1. 外部电磁环境对车载设备的影响

例如，电动汽车在充电时，地面充电设备（如传导式充电系统的地面整流和逆变设备、无线充电系统的地面电磁发射装置等）可能对整车或车内电气电子设备（尤其是电池管理系统及其他各类 ECU）产生电磁干扰。另外，雷电、静电、车辆附近的高压输电线路、各类无线电发射装置等也会对整车及车载设备的运行产生影响。

2. 车辆内部各车载设备之间的影响

例如，传统汽车的发动机点火瞬间，因初级线圈产生的感应电压可以通过传导方式对车载电气电子设备中的电子元器件产生威胁；而火花塞在放电时，会在空间产生电磁辐射，影响车载电气设备的运行。电动汽车的直流－直流变换器、电机控制器在工作时，可能对车载设备的低压控制部分（如整车控制器、各部件的电控系统及部分传感器等）的运行产生影响。

3. 车辆设备对车辆外部设备产生的影响

例如，发动机点火时产生的电磁辐射会影响汽车周围电气设备，尤其是通信设备的正常运行；电动汽车在充电过程中注入公用电网的谐波可能会导致继电保护和自动装置的误动作，以及使连接到电网的其他用电设备产生附加的谐波损耗，并会使电气测量仪表计量不准确等。

9.1.4 高频电磁干扰的产生

高频开通和关断是电力电子器件的典型工作特点，在器件开关过程中产生非常高的 di/dt（产生磁场干扰）和 dv/dt（产生电场干扰），会引起传导型的电磁干扰。一些大功率汽车电力电子系统或部件，如无线充电系统等在工作中会产生强电磁场（通常为近场）的辐射，从而使周围电磁环境恶化。可以说，电力电子部件是车辆产生电磁噪声的重要来源。

图 9-1 所示为电动汽车电机控制器内部结构及其外围部件示意。电机控制器包含大量电力电子器件，对其他车载部件来说是一个电磁噪声源。其产生的电磁噪声会通过低压供电电源导线、CAN 通信导线、高压直流导线、高压交流导线传导到其他系统或部件，对这些系统或部件产生影响；同时，其他系统或部件产生的电磁噪声也会通过导线传导给电机控制器。除通过导线传导外，电磁噪声还可以通过电磁辐射的方式使电机控制器与这些系统或部件之间互相影响。电机控制器电路可以分成高压主电路和低压控制驱动电路两部分。这两部分虽然在电气上是隔离的，但仍然可以通过对壳体的电容耦合或辐射来形成相互的电磁骚扰。

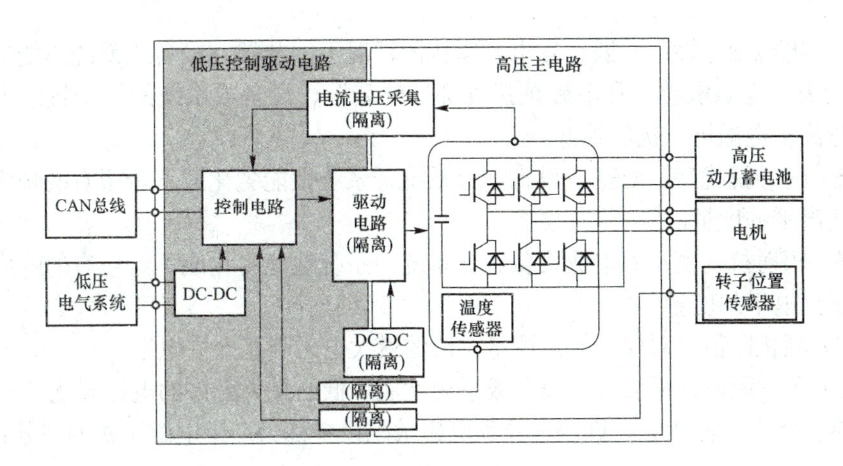

图 9-1　电动汽车电机控制器内部结构及其外围部件示意（注意阴影和非阴影部分）

随着传统汽车电子电气设备数量、种类的不断增加，以及电动汽车的迅速发展，电磁兼容相关技术已经成为整车的关键技术。

目前，电磁兼容已经发展成为一个学科，研究内容包括：电磁干扰特性及其传播理论、电磁危害及电磁频谱利用和管理、电磁兼容性设计理论和设计方法、电磁兼容性测量和试验技术等。

9.1.5　主要的电磁兼容术语

主要的电磁兼容术语如下：

（1）电磁环境：存在于给定场所的所有电磁现象的总和。

（2）电磁骚扰：任何可能引起装置、设备或系统性能降级或者对有生命或无生命物质产生损害作用的电磁现象。电磁骚扰是指客观存在的电磁现象，它可能引起降级或损害，但不一定已经形成后果。

（3）电磁干扰：电磁骚扰引起的设备、传输通道或系统性能的下降。

（4）电磁干扰源：产生电磁干扰的任何元件、器件、设备、系统或自然现象。

（5）敏感设备：受到电磁干扰影响或对电磁干扰产生响应的设备。

（6）电磁噪声：一种明显不传送信息的时变电磁现象，它可能与有用信号叠加或组合。

（7）电磁发射：由源向外发射电磁能的电磁现象。

（8）电磁辐射：电磁能量以电磁波的形式由源发射到空间和 / 或在空间传播的电磁现象。

（9）传导干扰：沿着导体传播的电磁干扰。

（10）辐射干扰：以电磁波形式，通过空间传播的电磁干扰。

（11）传导发射：沿导体传播的电磁发射。

（12）辐射发射：以电磁波形式，通过空间传播的电磁发射。

（13）电磁抗扰度：装置、设备或系统面临电磁骚扰，不降低运行性能的能力。

（14）电磁敏感性：一般存在电磁骚扰的情况下，装置、设备或系统不能避免性能降低的能力。电磁敏感性和电磁抗扰度都反映装置、设备或系统的抗干扰能力，电磁敏感度越高，电磁抗干扰度越低。

（15）传导抗扰度：对造成设备、分系统、系统性能劣化或不希望有的响应所需的传导干扰电平的度量。

（16）辐射抗扰度：对造成设备、分系统、系统性能劣化或不希望有的响应所需要的辐射干扰电平的度量。

（17）骚扰限值：对应于规定测量方法的最大电磁骚扰允许电平。

（18）干扰限值：使装置、设备或系统性能降低的最大允许的电磁骚扰。

通常，将电磁骚扰源、耦合途径和电磁敏感设备称为产生电磁干扰的三要素。

【用思维导图理解电磁术语】

如图 9-2 所示，电磁骚扰源可以通过耦合途径和空间电磁波（噪声）的形式干扰电磁敏感设备，为此，在耦合途径、空间电磁噪声、电磁敏感设备三个途径上规定了概念或术语，一是要测耦合途径的对外干扰上限，超标时可改变耦合路径，以改善耦合带来的干扰；二是增加设备本身在这个环境工作时的抗干扰能力；三是作为开发干扰源的设备工作人员，增加有益的干扰（如让敌方雷达失灵等）和避免无益的干扰。

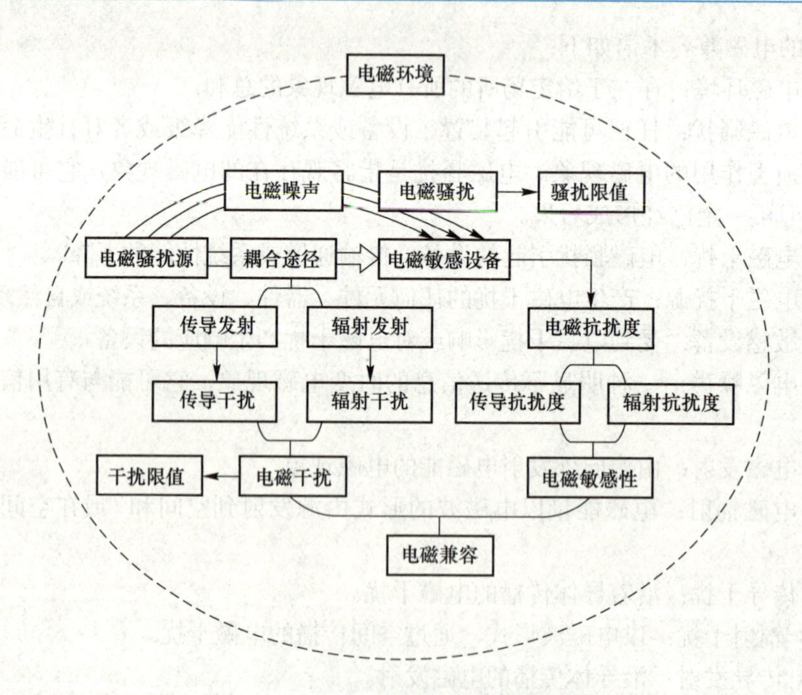

图 9-2 主要电磁兼容术语之间的关系

9.2 汽车电力电子电磁噪声

9.2.1 电磁噪声造成的振动

由电场源的方向和强度交替变化或磁场源的方向和强度交替变化而引进某些机械的部件振动或空间容积振动（放电等）而产生的噪声，称为电磁噪声。机械的部件振动或空间容积振动频率若在人耳听觉范围内是可听见的，高频超过人耳听觉范围内就听不见。

电磁噪声的主要特性与交变电磁场特性、被迫振动部件和空间的大小形状等因素有关。常见的电磁噪声产生原因有线圈和铁心空隙大、线圈松动、载波频率设置不当、线圈磁饱和等。变压器和镇流器等发出的噪声是典型的电磁噪声；电动机和发电机的噪声中除机械噪声外，其余的就是电磁噪声。日常生活中，民用大小型变压器、开关电源、电感、电机、电焊机等均可能产生电磁噪声。工业中变频器、大型电动机和变压器是主要的电磁噪声来源。汽车中变频器、汽车电机和直流 - 直流转换器中的变压器是主要的电磁噪声来源。

9.2.2 汽车电磁噪声的类型

1. 按电磁骚扰源分类

（1）自然骚扰源。自然骚扰源主要指与人类活动无关的、自然界固有的电磁噪声，如雷电、宇宙辐射、静电等产生的电磁噪声。这种电磁噪声有些具有一定的统计规律，有些是偶发的。

（2）车外骚扰源。车外骚扰源主要指车辆所处周边环境中人工装置或设备产生的电磁噪声，如雷达、无线电通信、高压输电线、大功率电弧焊接设备、其他车辆点火、充放电设备、电气化火车等产生的电磁噪声。

（3）车载骚扰源。车载骚扰源主要指车辆自身车载系统或部件产生的电磁噪声，如点火线圈、起动机、驱动电机系统、直流 - 直流变换器、车载充电系统等产生的电磁噪声。

2. 按电磁噪声产生的原因分类

（1）放电噪声。放电噪声主要指因为雷电、静电、火花塞跳火对外放电、大功率机械触点开关断开产生的电弧、直流电机的电刷与滑环之间的环火等放电产生的电磁噪声。

（2）高频振荡噪声。高频振荡噪声主要指因电力电子电路中存在的电感、电容而产生高频振荡时形成的电磁噪声。

（3）浪涌噪声。浪涌噪声主要指车载电气系统中较大的负载突变而引起的浪涌电压或电流形成的电磁噪声。

3. 按电磁噪声传播方式分类

（1）传导噪声。传导噪声主要指沿着电线、电缆、部件金属壳体、金属车身或底盘等导体或电感、电容、变压器等实际或寄生元件传播的电磁噪声。

（2）辐射噪声。辐射噪声主要指以电磁波形式，通过空间传播的电磁噪声。

4．按电磁噪声传导模式分类

（1）差模噪声。差模噪声主要指在信号线之间回路中传播的电磁噪声，又称为串模噪声、对称噪声、线间感应噪声、横向噪声等，如图 9-3（a）所示。图中 I_S 为需要传递的有用信号，I_N 为电磁噪声。

（2）共模噪声。共模噪声主要指在信号线与地之间回路中传播的电磁噪声，又称为不对称噪声、地感应噪声、纵向噪声等。产生共模噪声的原因很多，如外界电磁场在所有信号线上感应出相同的电压，再由这个电压产生 I_N；信号线两端所接的设备对“地”电位不同，由于存在电位差而产生 I_N；所有信号线与“地”之间存在电位差，因此产生 I_N。

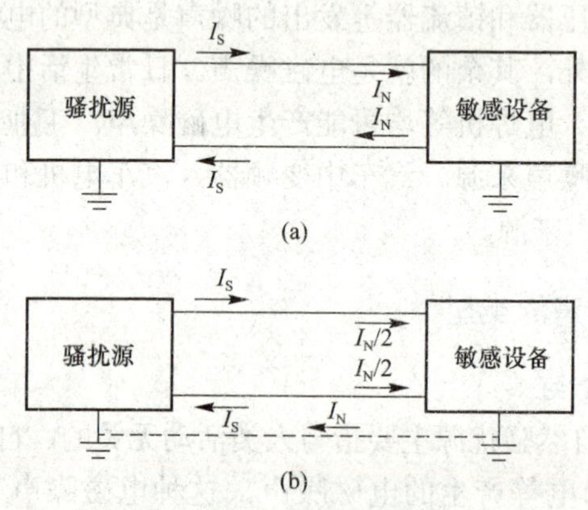

图 9-3　差模噪声和共模噪声
（a）差模噪声；（b）共模噪声

若外界电磁场在图 9-3（b）中两根信号线上感应不同的电压或两根信号线对“地”阻抗不一致，那么信号线中既存在共模噪声，也存在差模噪声。通常，汽车电力电子系统或部件输入 / 输出电缆、低压控制导线、通信导线等与外壳之间产生的噪声都属于共模噪声，共模噪声的抑制是汽车电磁兼容设计中非常重要的内容。

【共模和差模干扰】电器设备至少有电流输入线和回流线这两根导线，这两根导线作为往返线路回路，有的在这两根导线之外通常还有第三导体，这就是“地线”。电压变化和电流变化通过导线传输时有两种形态，一种是以正常工作的两根导线作为往返线路传输的信号，称为差模；另一种是以两根导线做去路，地线做返回传输，称为共模。

5．按电磁噪声波形及性质分类

（1）持续正弦波。持续正弦波可以用波形频率、幅值来进行描述，是一种典型的周期性噪声。在驱动电机控制器、隔离型直流－直流变换器、无线充电系统等内部主电路电压、电流基波会通过低压控制电源导线或 CAN 通信导线耦合到其他电气设备，表现为直流或交流电压上叠加较小幅值的纹波。

（2）偶发脉冲电压波形。偶发脉冲电压波形可以用波形最高幅值、上升沿斜率、脉冲宽度等特征值进行描述。通常因静电、雷击、火花塞空气隙击穿等放电过程引起。这类电磁噪声对 PWM 控制器或 CAN 通信会产生不良影响。

（3）脉冲序列。脉冲序列可以用波形最高幅值、上升沿及下降沿斜率、单个脉冲宽度、持续时间等特征值来描述。电力电子器件的周期性开通和关断会产生这种噪声。

6. 按电磁噪声频谱分类

（1）音频噪声：频率低于 20 kHz 的噪声。

（2）音频与射频之间的噪声：频率范围为 20 k ～ 150 kHz 的噪声。

（3）传导射频噪声：频率范围为 150 k ～ 50 MHz 的噪声。

（4）辐射噪声：频率大于 50 MHz 的噪声。

9.2.3 开关噪声源

【开关噪声源】没有电流变化或电压的变化就不会有噪声，汽车中的各种电力电子开关的过程产生了电流或电压的变化。因此，这些电力电子的开关过程是产生噪声的主要来源。汽车上还有一些电流或电压的变化虽然不是电力电子开关造成的，但也会造成电流或电压的变化，以及产生噪声。

1. 电力电子器件开关过程产生的电磁噪声

（1）功率二极管开关过程产生的电磁噪声。在功率二极管开通过程中，功率二极管两端会产生很大的正向电压尖峰，对周围电磁环境而言，这个尖峰是一个电磁噪声发射源；在功率二极管关断时，会有反向恢复过程。反向恢复过程中，较大的 di/dt 会在功率二极管所在线路的寄生电感上产生很高的电压跳变，进而形成具有很宽频谱的骚扰源。

（2）晶闸管开关过程产生的电磁噪声。晶闸管在开通过程中，随着阳极电流的增加，晶闸管两端电压会迅速下降并趋向等于导通压降，这种电压的快速变化形成的较大的 dv/dt 将会产生高频干扰，这种干扰具有较宽的频谱。晶闸管的关断与功率二极管的关断过程类似，因此，产生的电磁噪声也类似。

（3）功率 MOSFET 和 IGBT 开关过程产生的电磁噪声。与晶闸管相比，功率 MOSFET 和 IGBT 开关速度更快，开关频率更高，因此，功率 MOSFET 和 IGBT 开关过程产生的电磁噪声的频谱要比晶闸管产生的电磁噪声频谱宽得多。图 9-4 所示为一功率 MOSFET 开关过程中漏极电流的波形。在功率 MOSFET 导通和关断过程中，电流出现了高频振荡过程，高频振荡会产生严重的电磁噪声，通过传导或辐射向外传播。

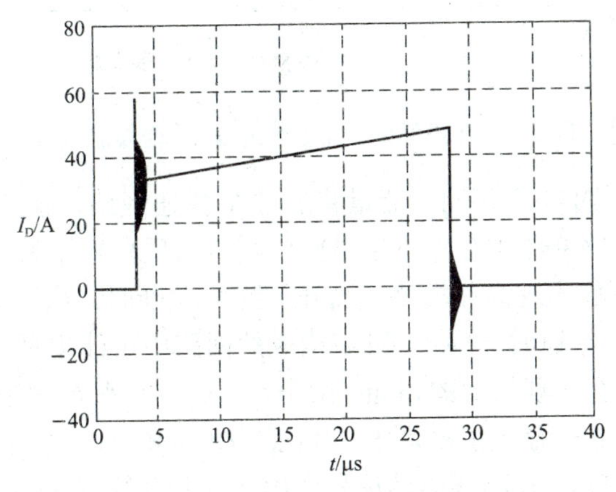

图 9-4 功率 MOSFET 开关过程中漏极电流的坡形

2. 传统汽车开关产生的电磁噪声

（1）汽油机点火系统产生的电磁噪声。汽油机点火系统是汽车电气系统中最典型的电磁骚扰源。汽油机点火时，初级和次级线圈瞬间电压很高，会对车载电气电子系统或部件产生很强的传导骚扰；同时，火花塞电极放电会向周围空间产生较强的电磁辐射；另外，初级回路和次级回路都可能因为线路寄生电感和分布电容形成高频振荡，对外产生一定的电磁辐射。

（2）整车电气系统产生的电磁噪声。起动机工作瞬间，会导致整车电气系统电压突降，出现较高的 dv/dt，会对其他电气设备产生传导骚扰。

有刷直流电机电刷与换向器之间产生火花放电，会引发较宽频谱的电磁噪声，对很多电气电子系统或部件产生骚扰。

发电机整流电路交流侧和直流侧电流出现畸变而含有大量的高次谐波电流，从而导致一定的电磁传导或辐射骚扰。

电力电子器件作为执行器件控制感性负载（如电磁阀、继电器等）时，电力电子器件通断过程中，感性负载会感应出反向瞬变电压，并与线路的分布电容交换能量，形成振荡回路，成为一种宽频谱、高能量的瞬变骚扰源。

3. 直流－直流变换器产生的电磁噪声

图 9-5 所示为考虑部分分布参数的 Buck 变换器电路。图中 C_1 和 C_2 分别为电源 U_i（如蓄电池、燃料电池等）正极和负极对“地”（车身或底盘）的分布电容；C_3 和 C_4 分别为电力电子开关管 IGBT（符号 V）和电力二极管（符号 D）对散热器（固定于车身或底盘）的分布电容；C_v 为 V 的结电容或集电极、发射极之间的等效电容；L_s 为电源侧线路等效电感。为简化起见，这里忽略了电感 L、电容 C 和线路的寄生电阻及功率二极管 D 的寄生电容。

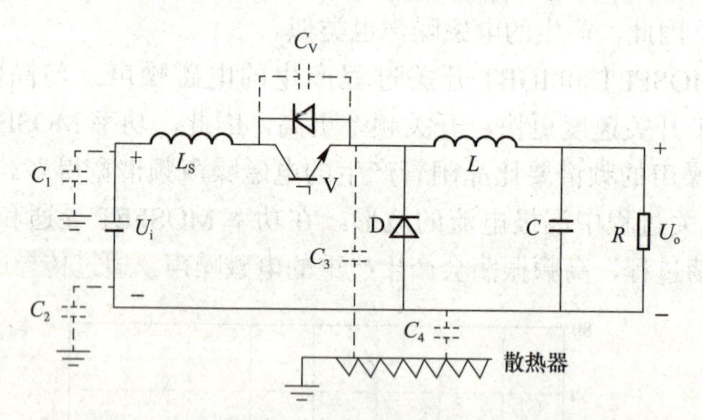

图 9-5 考虑部分分布参数的 Buck 变换器电路

当开关管 V 导通时，C_v 存储的能量将通过 V 快速释放，在 C_v 和 V 之间形成具有较大电流的回路，若该回路中存在寄生电感，则会出现高频振荡，同时，在 U_i、L_s、L 和 C 构成的回路中可能出现高频振荡；当开关管 V 关断时，由于 L_s 的存在，会产生一定的电压尖峰；当 D 导通时，D、L 和 C 构成的回路中可能出现高频振荡；当 D 关断时，由于反向恢复，会出现较大的 di/dt；由于 C_1、C_2、C_3 和 C_4 的存在，会产生漏电流，并为共模噪声提供传导途径；根据降压（Buck）DC-DC 的工作特点，变换器输出电压 U_o 会有一定的电压纹波；在高频驱动信号作用下，开关管 V 的栅极回路会因寄生电感和结电容等产生高频振荡。以上各种暂态过程都会产生电磁噪声并经过传导或电磁辐射对敏感设备产生骚扰。

4. 驱动电机系统产生的电磁噪声

图 9-6 所示为考虑部分分布参数的驱动电机系统电路。在图中，C_1 和 C_2 分别为电源 U_i（如蓄电池、燃料电池等）正极和负极对“地”（车身或底盘）的分布电容；C_{INV} 为电机控制器等效对地电容；C_{EM} 为电机中性点等效的对地电容；L_s 为电源侧线路等效电感；L_C 和 R_C 分别为直流侧电容 C 的等效寄生电感和电阻；L_{A1}、L_{A2}、L_{B1}、L_{B2}、L_{C1} 和 L_{C2} 分别为每相上、下桥臂的等效电感。

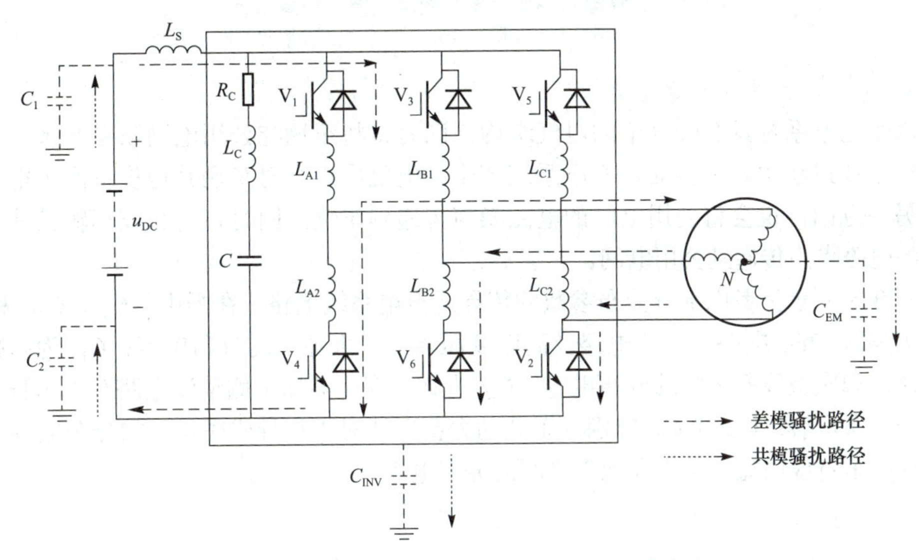

图 9-6 考虑部分分布参数的驱动电机系统电路

当 $V_1 \sim V_6$ 分别导通时，IGBT 所在回路因存在寄生电感和寄生电容，会出现高频振荡；当 $V_1 \sim V_6$ 通、断转换时，由于 L_s、L_{A1}、L_{A2}、L_{B1}、L_{B2}、L_{C1} 和 L_{C2} 的存在，会在直流电源侧及每相桥臂支路产生一定的电压尖峰；当与各 IGBT 反并联的功率二极管关断时，由于反向恢复，会出现较大的 di/dt；由于 C_1、C_2、C_{INV} 和 C_{EM} 的存在，会产生漏电流并为共模噪声提供传导途径；在逆变电路工作过程中，因直流侧电容 C 的等效寄生电感和电阻的存在会导致 C 上出现高频纹波电压；在高频驱动信号作用下，$V_1 \sim V_6$ 的栅极回路会因寄生电感和结电容等产生高频振荡。以上各种暂态过程都会产生电磁噪声并经过传导或电磁辐射对敏感设备产生骚扰。

图 9-7 给出了驱动电机系统工作时的三相定子绕组交流电流波形和电机定子绕组中性点对地漏电流的波形。可以看出，三相定子绕组交流电流中含有丰富的高次谐波，这些高次谐波会通过差模传导途径对直流侧电源所在回路产生影响，进而对车辆上连接到该电源的其他电气电子系统或部件产生电磁骚扰。同时，三相定子绕组电流中的共模电流成分会经图 9-6 中 C_{EM} 流入地，并对连接到地的其他电气电子部件产生电磁骚扰。因此，在整车部件布置设计和安装时，要尽可能缩短电机控制器与电机之间的高压导线。同时，所有高压导线都应具有屏蔽层。

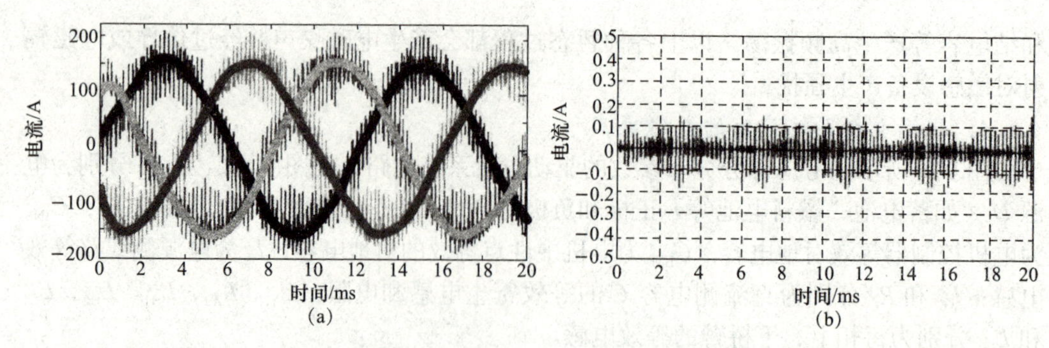

图 9-7　驱动电机系统定子绕组电流波形和漏电流波形

（a）定子绕组电流波形；（b）中性点对地漏电流波形

5. 充电系统产生的电磁噪声

汽车充电系统具有较复杂的电气结构，同时也将车辆与公用电网联系起来。在充电系统工作过程中，一方面，充电系统产生的电磁噪声会对车辆其他设备产生电磁骚扰；另一方面，也会将公用电网的电磁噪声传递到车辆，同时将自身或车辆其他部件产生的电磁噪声传递到公用电网。

图 9-8 所示为考虑部分分布参数的传导式充电系统电路。在图中，C_{R1}、C_{INV} 和 C_T 分别为整流 /PFC 电路、逆变电路及高频变压器对“大地”的分布电容；C_{TR} 为高频变压器初级和次级线圈之间的分布电容；C_{R2} 为高频变压器输出侧整流电路对“车身或底盘”的分布电容；C_{B1} 和 C_{B2} 分别为车载动力蓄电池对“车身或底盘”的分布电容；C_G 为车辆“车身或底盘”与“大地”之间的分布电容。

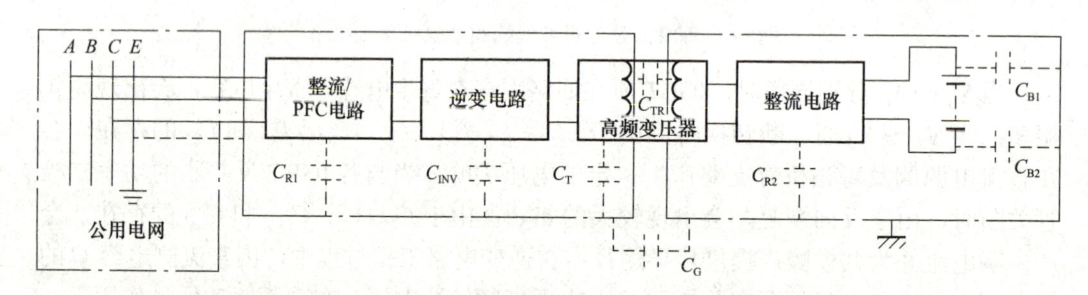

图 9-8　考虑部分分布参数的传导式充电系统电路

当公用电网电压发生畸变时，会有高次谐波电流注入充电系统中，从而对充电系统及车载电气电子系统或部件产生电磁骚扰。反之，由于充电系统电路结构时变，以及非线性的工作特性也会产生高次谐波电流注入公用电网，对公用电网的电能质量产生不良影响。

对于整流 /PFC 电路、逆变电路、高频变压器输出侧整流电路，在电力电子器件开关过程中，会出现较大的 di/dt 和 dv/dt，由于电路存在着电感和电容元件、电力电子器件自身的寄生电容及分布电容和线路杂散电感，进而出现高频振荡电流，向空间辐射电磁波，形成近场骚扰；另外，会经过导线及图 9-8 中所示的分布电容传导差模电磁噪声和共模电磁噪声。

对无线充电系统而言，除产生与传导式充电系统类似的电磁噪声外，还在耦合线圈周围产生强烈的近场骚扰，严重时不仅对处于车内电磁环境中的电气电子设备产生骚扰，还可能威胁到人或其他生物体的安全。

9.2.4 静电放电对汽车电力电子系统的影响

静电是自然环境中最常见的电磁危害源。当两种材料发生摩擦时，电子会从一种材料转移到另一种材料上，就会导致两种材料的表面积累一定量的正电荷和负电荷。产生电荷的数量一方面与材料有关，另一方面与周围空气的湿度有关。

人体因行走或其他活动经常产生静电，当带有静电的人体接近导体（通常为金属物，如车辆部件壳体、电力电子器件电极等）时，若人体与导体的电场强度达到一定数值，就会导致空气击穿，形成导电通路和电弧，这种过程称为静电放电（Electro Static Discharge，ESD）。

静电放电会对汽车电力电子系统或部件中的电力电子器件产生损害。在空气湿度较低时，人体与器件形成的静电电压可以达到 20 kV 以上，这个电压很容易使功率 MOSFET 和 IGBT 栅极的氧化层击穿，使器件失效；另外，静电放电时会使器件局部发热，可能导致半导体材料局部损坏，从而使器件的性能下降，使用寿命受到影响。

静电放电还可能造成汽车电力电子系统或部件中薄膜电容绝缘介质击穿、驱动控制芯片失效、电阻的电阻值偏移等现象，进而使汽车电力电子系统或部件失效。

电力电子器件除可被人体所带静电产生静电损伤外，还可能因导电体如金属工具、自动化设备、夹具等放电而失效。另外，电力电子器件在装配、测试、运输或存储过程中，管壳会与其他材料摩擦而带电，在与其他物体或地接触时也会发生静电放电。因此，汽车电力电子系统或部件对静电要有一定的抗扰度，要具有防静电措施。

在对汽车电力电子系统或部件进行电磁兼容性评价时，静电抗扰度也是非常重要的一个方面。

在对汽车电力电子系统或部件的静电抗扰度进行评价时，常使用人体模型（Human Body Model，HBM）来模拟人体静电放电过程对被测对象的影响，具体如图 9-9 所示。图中 C_H 为人体等效对“地”电容；R_H 为人体等效电阻。在对车辆电气电子部件进行静电抗扰度测试时，C_H 等于 330 pF，R_H 等于 2 000 Ω。在测试过程中，C_H 的最高充电电压可以达到 ±25 kV。

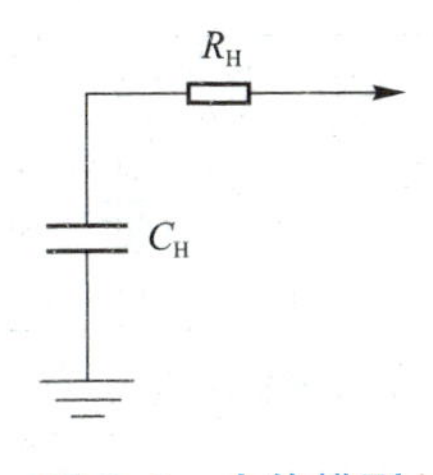

图 9-9 人体模型

车载部件（如燃料电池、蓄电池等）漏电可能会对静电敏感的电力电子器件造成电气过载（Electrical Overstress，EOS）而使器件失效或损坏，其现象与静电放电类似，所以，一般也会将其纳入静电防护体系中来考虑。

9.2.5 汽车电磁噪声的耦合途径

1. 传导耦合

传导耦合是指电磁噪声在电路中以电压或电流的形式，通过导体或电感、电容、变压器等实际或寄生元件耦合至敏感设备或电路中。传导耦合可以分为以下几种耦合方式。

（1）直接阻抗耦合。直接阻抗耦合是指电磁噪声经过导线直接传导到敏感设备或电路中而产生骚扰。这些导线可以是车辆部件之间的高压电缆、低压控制导线或 CAN 通信导线，也可以是部件内部电路之间的导线，如 IGBT 驱动导线、传感器连线、控制电源导线、数字或模拟地线等。这些导线在传递有用信号（包括电能）的同时，也传递了电磁噪声。

图 9-10 所示为直接阻抗耦合示意。图 9-10（a）中，U_s 为骚扰源电压；R_s 为骚扰源内阻；R_L 为敏感设备或电路等效内阻。该电阻随着骚扰信号频谱的改变而改变，在骚扰信号频率较高时，应考虑集肤效应对该电阻的影响。在考虑电磁兼容问题时，在骚扰信号频率较低时，可以将传输导线等效为电阻 R_{DC}，如图 9-10（b）所示；但在骚扰信号频率较高时，对传输导线不但需要考虑集肤效应影响下的电阻 R_{AC}，还要考虑线路等效电感 L_R、漏电阻 R_P 及杂散电容 C_P，具体如图 9-10（c）所示。

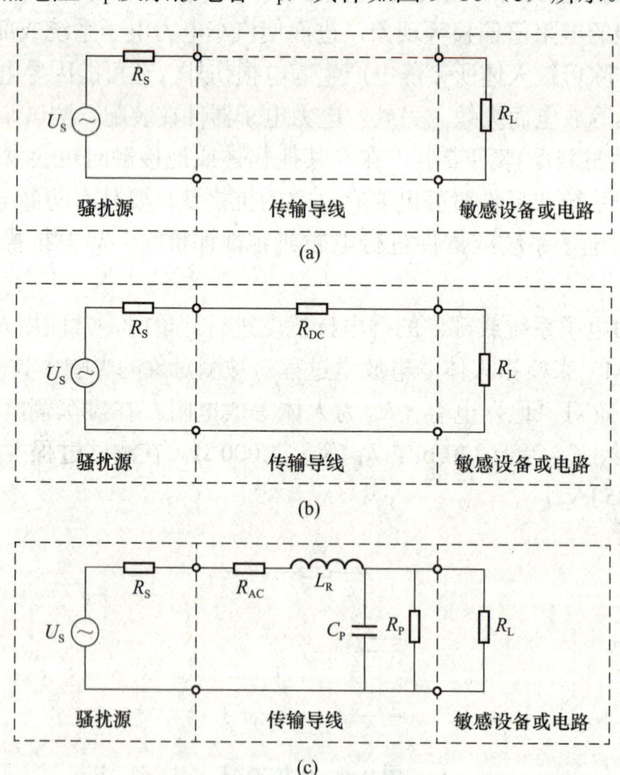

图 9-10 直接阻抗耦合示意

（a）实际线路；（b）低频等效电路；（c）高频等效电路

由于汽车上许多电气电子系统或部件要共用低压控制电源，电源导线及电源内部等效的阻抗就成为这些部件的公共阻抗。当公共阻抗电流发生变化时，公共阻抗的压降也会随之变化，进而导致电源电压发生变化。如图 9–11（a）所示，系统 A 的工作电流在公共阻抗 Z_s 上的压降会对系统 B 的供电电压产生影响，从而对系统 B 产生电磁骚扰。

如图 9–11（b）所示，若电气部件共用同一地线，由于存在公共地阻抗 Z_G，系统 A 的电流流经 Z_G 时，也会使系统 B 的“地电位”发生变化，从而对系统 B 产生电磁骚扰。

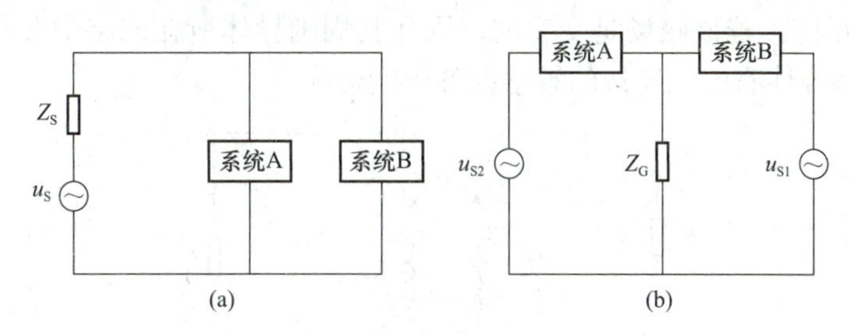

图 9–11　公共阻抗耦合

（a）公共电源阻抗耦合；（b）公共地阻抗耦合

公共阻抗耦合属于直接阻抗耦合中的一种特殊情况，但在车辆上却是常见的耦合方式。

另外，当电气部件内部相邻元件或导体之间的绝缘电阻降低时，电信号可以通过这个降低的绝缘电阻耦合到其他系统而形成骚扰。这种耦合也被称为漏电耦合。与其他直接阻抗耦合方式相比，漏电耦合只传递干扰能量而不传递任何有用信息，因此，其危害性更具有隐蔽性。

（2）电容性耦合。电容性耦合是指在高电压作用下，电磁噪声经过导体之间存在的寄生电容传导到敏感设备或电路中而产生干扰。

图 9–12 所示为两个导体之间产生电容性耦合的情况，其中，电容 C_{12} 为导体 1 与导体 2 之间的分布电容，C_{1G} 和 C_{2G} 分别是导体 1 和导体 2 与地之间的包括杂散电容和外接电容的总的等效电容。流经导体 1 的信号可以经电容 C_{12} 将信号能量注入导体 2，进而对 R_{2G} 和 R_{2L} 产生干扰。

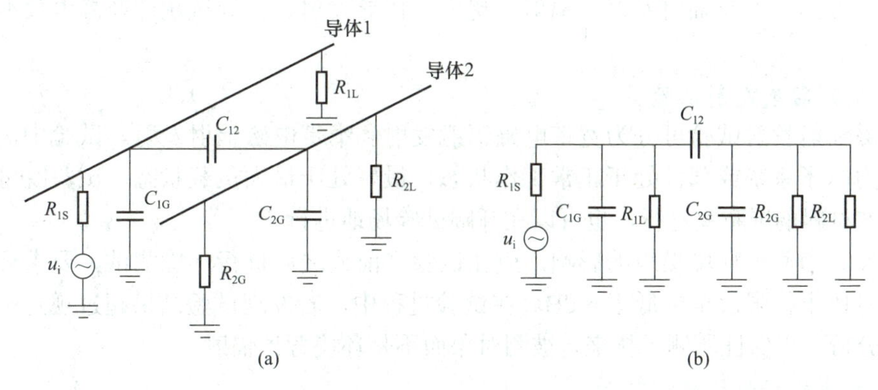

图 9–12　导体之间的电容性耦合

（a）实际电路示意；（b）等效电路

因电容性耦合而引起的电磁干扰的程度与骚扰源频率、C_{12} 大小及回路的参数有关，通过减小 C_{12} 可以有效抑制这种骚扰。通常采取的措施有增大导体之间的距离、缩小导体半径及对导体增加屏蔽层等。

（3）电感性耦合。电感性耦合是指干扰源产生的电磁噪声磁场与被干扰回路发生磁通交链，以互感的形式产生的电磁干扰。

如图 9-13 所示，骚扰源所在回路中的信号在载流导体周围空间中产生磁场，由于导体之间存在互感，若该磁场是交变的，则在其周围导体所在回路中会产生感应电动势，从而对周围导体有电气连接的敏感设备产生骚扰。

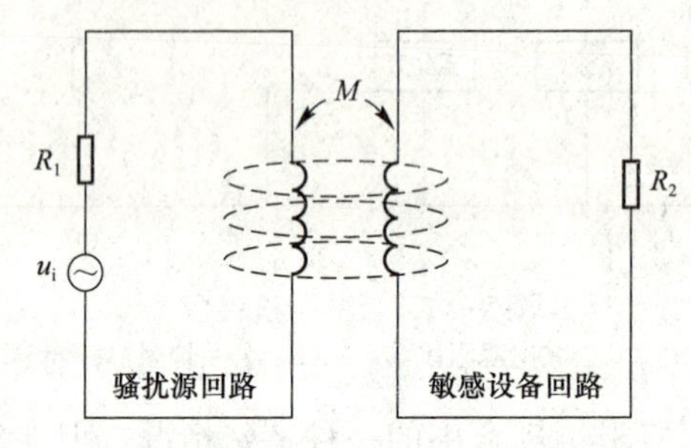

图 9-13　电感性耦合示意

2．辐射耦合

辐射耦合是指电磁噪声以电磁场的形式，通过空间辐射传播，耦合到敏感设备或电路中。辐射耦合可分为近场耦合和远场耦合。由于汽车电力电子器件的开关频率一般不超过 100 kHz，可以认为绝大多数辐射耦合属于“近场”或“感应场”耦合。如图 9-13 所示的电感性耦合也可以看作是一种辐射耦合。

9.2.6　汽车电力电子系统电磁兼容性测试内容

汽车电力电子系统或部件属于车辆电气电子部件（Electrical/Electronic Sub-Assembly，ESA），其相关电磁兼容性测试一般依据相关的国家标准或法规进行。

按照相关国家标准的要求，汽车电力电子系统或部件电磁兼容性的测试内容主要分为五个方面，涉及辐射发射、辐射抗扰度、传导发射、传导抗扰度及静电放电抗扰度的测试。

1．电磁辐射发射试验

电磁辐射发射试验可分为宽带电磁辐射发射和窄带电磁辐射发射。试验中，要求汽车电力电子系统或部件处于正常工作状态，最好处于最大负载状态。试验既可以在装有吸波材料的屏蔽室进行，也可以在开阔试验场地进行。

另外，为避免环境噪声的影响，应在试验之前或之后进行环境测试，要求环境噪声或信号比干扰限值至少低于 6 dB。在试验过程中，若发现试验结果超过规定限值，应进行分析，以保证所测干扰来自被测对象而不是环境背景辐射。

2．电磁辐射抗扰度试验

在规定的频率范围内，采用电波暗室法、横电磁波（Transverse Electro Magnetic，TEM）小室法、大电流注入（Bulk Current Injection，BCI）法、150 mm 带状线法、

800 mm 带状线法等方法或组合方法进行汽车电力电子系统或部件的电磁辐射的抗扰度试验。

要求汽车电力电子系统或部件处于正常工作状态。在标定时，汽车电力电子系统或部件运行需要的所有辅助设备不应放置在试验位置。为确保试验结果的可复现性，试验时信号发生设备及线路配置应与标定时相同。若汽车电力电子系统或部件包含多个单元，单元之间的连接线最好使用原车上使用的连接线束。线束应尽可能按实际情况端接，最好带上真实负载和激励。

对于汽车电力电子系统或部件来说，不同负载下电磁辐射发射和抗扰度的试验结果会有很大差别，因此，上述的电磁辐射发射试验和电磁辐射抗扰度试验的试验内容都希望在试验过程中带上真实负载，从而能获得正确的试验结果。对于直流 - 直流变换器、充电系统来说，负载可以是静止负载（如蓄电池、电阻箱等），易于连接和配置。对于驱动电机系统来说，可以采用测功机作为负载，因为动态电力测功机能够模拟实际道路工况，可在暗室中对驱动电机系统进行全面的电磁兼容性测试。但由于测功机系统也属于大功率电气设备，为避免其工作中对测试结果产生影响，可以将其放置于暗室外部，其与驱动电机的连接方式如图 9-14（a）所示。图 9-14（b）和图 9-14（c）分别为实物配置图片。

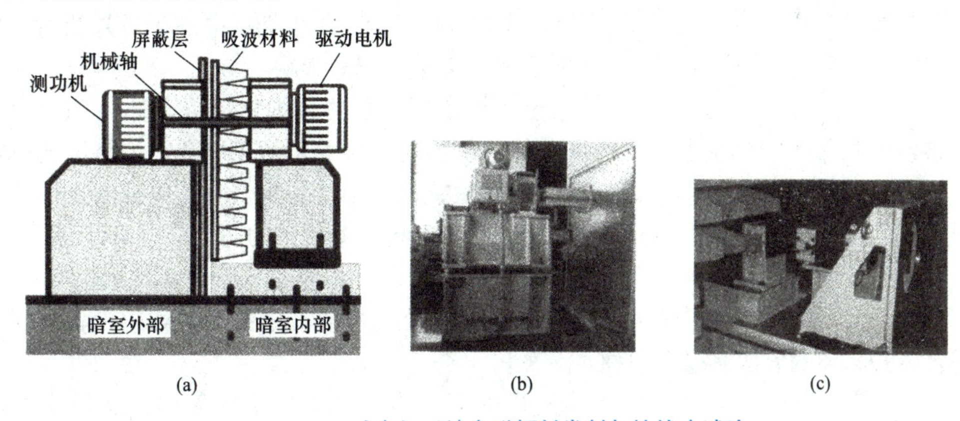

图 9-14 驱动电机系统电磁辐射发射与抗扰度试验

（a）测功机与驱动电机的连接；（b）暗室外部配置；（c）暗室内部配置

3. 传导发射试验

传导发射试验是采用示波器或波形采集设备，测试汽车电力电子系统或部件电源导线、用于与其他车载部件电气连接的导体的传导发射情况。试验中，要求汽车电力电子系统或部件处于正常工作状态，最好处于最大负载状态。

4. 传导抗扰度试验

对汽车电力电子系统或部件电源导线及与其他车载部件进行电气连接的导体施加规定波形的电压，来评价被测对象的传导的抗扰度。试验中，要求汽车电力电子系统或部件处于正常工作状态。若电力电子系统或部件包含多个单元，单元之间的连接线最好使用原车上使用的连接线束。线束应尽可能按实际情况端接，最好带真实负载和激励。

5. 静电放电抗扰度试验

静电放电抗扰度试验是评估汽车电力电子系统或部件遭受来自操作者或邻近物体的静电放电时的抗扰度。静电放电的形式有直接接触放电和空气放电两种。试验中，直接接触放电即直接将静电放电发生器的探头与被测对象上的测试点接触并放电。空气放电则需要将静电放电发生器的探头与被测对象测试点相隔一定的距离，然后缓慢接近直到产生静电放电。对所有测试点完成规定的电压和极性测试后，被测对象应该进行全部可用的功能试验，并根据试验结果来判断静电放电抗扰度。

9.3 汽车电力电子系统电磁干扰的抑制

汽车电力电子系统电磁干扰的抑制有屏蔽、接地、滤波和隔离等方法。

9.3.1 屏蔽

1. 屏蔽的作用

电磁屏蔽是指通过对骚扰源和敏感设备所在的两个空间区域进行金属隔离，以抑制电场、磁场或电磁场由一个空间区域向另一个空间区域的感应和辐射。

在具体实施中，可以将骚扰源用屏蔽体包围起来，防止骚扰电磁场对外辐射；也可以将敏感设备用屏蔽体包围，防止其受到外界电磁场的影响。

（1）静电屏蔽。对于一个带正电荷的物体用屏蔽体包围后，屏蔽体内侧会感应出与被包围物体等量的负电荷，而屏蔽体外侧会感应出等量的正电荷。当将屏蔽体接“地”后，屏蔽体外侧电场会消失，其外侧敏感设备不再受到带有正电荷的物体的感应骚扰。良好的接地和完善的屏蔽体是达到较好静电屏蔽效果的两个前提条件。

低频交变电场的屏蔽与静电屏蔽原理是相同的。

（2）磁场屏蔽。磁场屏蔽的作用是抑制或消除低频磁场骚扰源及敏感设备之间的磁耦合。其具体的方法有以下两种。

1）采用高磁导率材料的屏蔽体进行屏蔽。由于高磁导率屏蔽体具有较小的磁阻，屏蔽体内或外界干扰的磁场的磁通将被屏蔽体旁路，从而起到磁屏蔽的作用。由于利用的是磁通旁路的原理，所以，要求屏蔽体的磁阻尽量小，不能因为材料拼接或有空气隙而使磁路的磁阻增加。另外，由于大多数铁磁材料的磁导率与磁场频率相关，低频时才能保证具有较高的磁导率，因此，这种磁场屏蔽方法适用于低频磁场的抑制。

2）采用高电导率的屏蔽体进行屏蔽。这种方法比较适合于高频磁场的抑制。对于处于高频磁场中的屏蔽体，其表面会感应出涡流，涡流将产生一个反向磁场来抵消穿过屏蔽体的磁场，使其得到抑制。显然，涡流越大，抑制效果越好。因此，电导率越高的材料越适合作为屏蔽体。由于集肤效应，涡流会发生在屏蔽体表面，因此，较薄的屏蔽体就可以达到较好的屏蔽效果。

（3）电磁场的屏蔽。电磁场中同时存在电场分量和磁场分量，在考虑屏蔽时，需要同时对电场和磁场进行屏蔽。由于车辆上电力电子器件的工作频率通常不超过 100 kHz，因此在考虑屏蔽时，主要考虑近场的屏蔽措施。对于近场，若骚扰源为高压小电流，则主要考虑电场产生的骚扰；若骚扰源为低压大电流，则主要考虑磁场产生的骚扰。

2. 汽车电力电子系统的屏蔽

由于有抗机械冲击、抗振动、较高防护等级等要求，对汽车电力电子系统或部件普遍采用铝质金属材料制作其防护壳体。图 9-15 所示为电动汽车电机控制器的外形结构。图中壳体上的机械安装接口用于将部件固定在车身或底盘上；壳体上的高压电气连接器用于连接高压电缆；壳体上的低压电气连接器用于连接低压控制电源线、通信线等。另外，对于大功率的电力电子部件，壳体上还会有冷却接口，用于与散热系统的冷却液管路相连接。

(a)

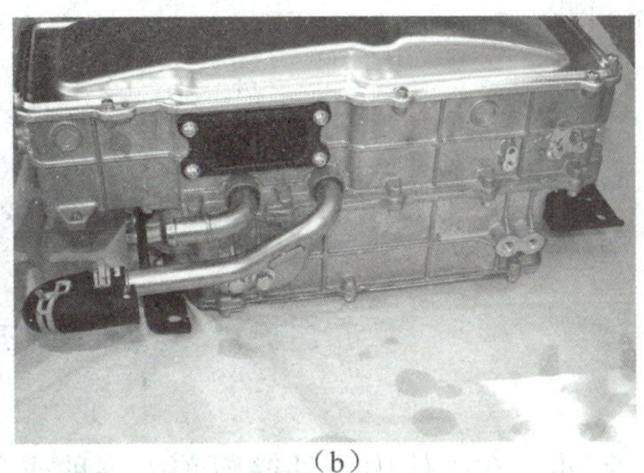
(b)

图 9-15 电动汽车电机控制器的外形结构

汽车电力电子系统或部件金属壳体是无法做到完全密闭的，壳体上会有很多孔缝，如连接器安装孔、不同部分的接合缝隙等。这些孔缝可导致壳体导电连续性变差，从而使壳体的屏蔽效能变得很低，甚至不具有屏蔽作用。

因安装连接器等的需要，在壳体上开孔后，会导致电磁场泄漏，开孔面积越大，泄漏磁场的强度也越高。因此，在对壳体的外形结构进行设计时，要充分考虑开孔对屏蔽效能的影响。同时，在选取和装配电气连接器或接插件的时候，要尽量选取开孔面积小、具有屏蔽配件的连接器。连接器配有机械防脱自锁及高压插头断开后的互锁开关，图 9-16 所示为电动汽车常用的高压电气连接器。该连接器一端与带有屏蔽层的电缆连接，另一端安装在部件壳体上。由于这种连接器可以实现电缆屏蔽层与壳体的 360° 电气搭接，因此，减轻了开孔对电磁屏蔽效能的影响。

图 9-16 高压电气连接器

无论是高压电缆、低压电气导线还是通信导线，都应具有屏蔽层。图 9-17 所示为电动汽车用高压电缆内部的四层结构（普通电缆为两层结构），当通过有屏蔽连接的连接器将有电气耦合的系统或部件连接起来后，相当于这些部件为整个电气系统提供了一个较完整的屏蔽体，对减少对外电磁辐射及抑制外界对这些部件的电磁骚扰大有益处。屏蔽体的另一个作用是当内部电缆铜线因弯折与屏蔽体接触时，电池管理系统内部的绝缘检测可以检测到。

汽车电力电子系统或部件不同部分结合处可能会在接触面产生缝隙，并造成电磁泄漏。解决这个问题的较好方法是在缝隙处使用导电的密封衬垫，如电导率较高的金属 - 橡胶混合填充材料或弹性金属材料，在减少电磁泄漏的同时，使结合处具有较好的密封性。

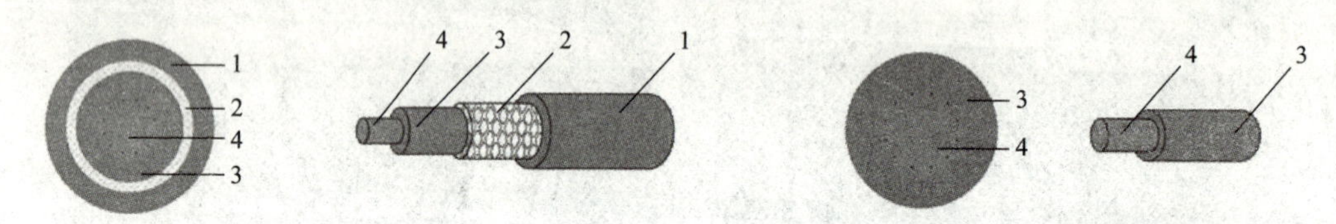

图 9-17　电动汽车高压电缆与普通电缆的区别

1—护套；2—编织 + 包带；3—绝缘；4—导体

另外，在壳体内、外壁覆盖由一种或多种具有高电导率和高磁导率材料组成的屏蔽膜，也可以提高汽车电力电子系统或部件的屏蔽效能。这些屏蔽膜材料包括导电材料、吸波材料等。

总之，尽量保证屏蔽体的完整性和导电的连续性是获得较高屏蔽效能的重要前提。

9.3.2　接地

1. 接地的作用

汽车的“地”不是“大地”，而是指车辆的车身或底盘，也就是说，这里的“地”可理解为以金属车身或底盘为主体的等电位体。因此，将汽车上电气设备的某一点与车身或底盘相连接，既实现了等电位连接，也实现了接地。这种接地是通过金属导体之间的接触来实现的，其连接阻抗要求尽量小。车辆电气部件或线缆接地有以下作用：

（1）电气安全。基于电气安全的接地是为车辆电气部件或线缆与“地”之间提供一条低阻抗的电流通路，进而保证司乘人员或部件的电气安全。如图 9-18 所示，当动力蓄电池组和与之有电气连接的负载因 $C_1 \sim C_4$ 而出现漏电时，动力蓄电池的金属壳体和负载的金属壳体可能出现电位不一致的情况，当人体与这两个壳体相接触时，会有电流从人体流过而威胁到人身安全。当车辆所有部件都与车辆底盘有较好接触时，部件的外壳与车身或底盘等电位，从而提高了整车的电气安全性。

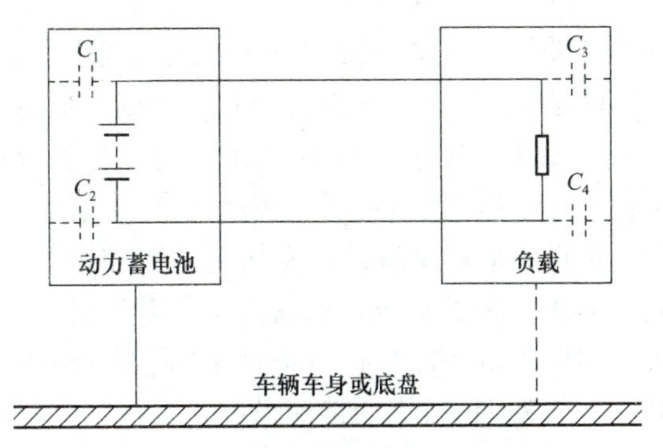

图 9-18　基于电气安全的接地

安全接地是否有效主要取决于接地电阻，接地电阻阻值越小越好。接地电阻的阻值和接地装置与车辆车身或底盘的连接方式及环境因素相关。

（2）提供低压电气系统负极回路。对于传统汽车，电气系统采用“单线制”供电，负极就近“搭铁”，即将“地”作为负极回路为各部件提供电能。

对于电动汽车，低压电源仍采用负极“搭铁”的供电方式，一些对电能质量要求不高的负载，如冷却风扇、水泵等，仍为“单线制”供电方式。但对于控制类负载，如 ECU 或部件内部控制子系统，考虑到系统工作的稳定性、减小其他负载的干扰，多采用“双线制”供电方式，即不再利用车身或底盘作为负极回路，而是采用正、负两根电源导线与供电电源相连接。

（3）屏蔽接地。为了获得较高的屏蔽效能，屏蔽体必须接地。屏蔽体包括汽车电力电子系统或部件的金属壳体，也包括高压电缆的屏蔽层。

（4）信号接地。信号接地是指为了消除或抑制外界或其他设备对本设备的干扰，将地作为电路中电位的参考点或电位基准。

2. 接地的方式

（1）单点接地。单点接地是指只有一个接地点，所有接地线都直接接在该点。这种接地方式又可以分为共用接地线接地和独立接地线接地，如图 9-19 所示。

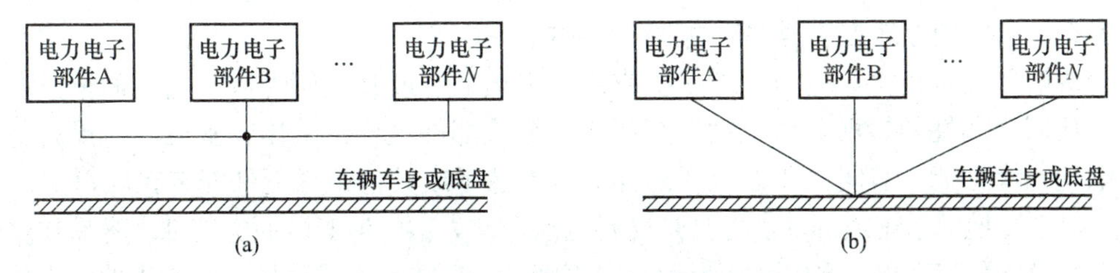

图 9-19　地线接地示意（注意交汇点的位置）

（a）共用接地线接地；（b）独立接地线接地

1）对于共用接地线接地，接地方式简单、方便，易于维护。但由于各部件接电线具有公共阻抗，各部件对地电流会通过该阻抗产生直接传导耦合。

2）对于独立接地线接地，各部件各自使用独立的接地线，最后接于一个公共接地点，因此，不存在共用接地线接地方式的公共阻抗耦合问题，比较适用于各部件接地线较短、接地电流频率低的场合。这种接地方式，接地线之间的电感和电容耦合强度会随着电流频率的增高而增大，因此，部件离公共接地点的距离不能太远。

（2）多点接地。多点接地是电力电子部件就近接地，如图 9-20 所示。由于就近接地，接地线较短，接地阻抗较小，可以适用于高频场合。

对于汽车电力电子系统或部件来说，多采用金属壳体进行防护，而其又必须固定在车辆车身或底盘上，因此，多点接地是目前汽车各部件普遍采用的一种接地方式。当然，不能简单地认为部件的机械安装孔位就是接地点，应在部件厂商给出的接地标识处进行可靠的对地连接，以保证较小的接地阻抗。

多点接地的缺点是接地点较多，维护难度大，任何接地点出现腐蚀、松动都会使所连接的部件对地阻抗增高，从而使接地效果变差。

（3）混合接地。混合接地是指工作在高频状态下的部件就近接地，而工作在低频状态下的部件采用单点接地。对于可能处于高频状态，也可能处于低频状态的部件或者宽频工作的部件应就近接地，或采用图 9-21 所示的单点接地方式。图 9-21 中，电容 C_A,…，C_N 在高频下阻抗较小，可以认为短路；而在低频下，阻抗较大，可以认为是开路。C_A,…，C_N 应选用等效串联电感较小的电容，并且对地引线越短越好。

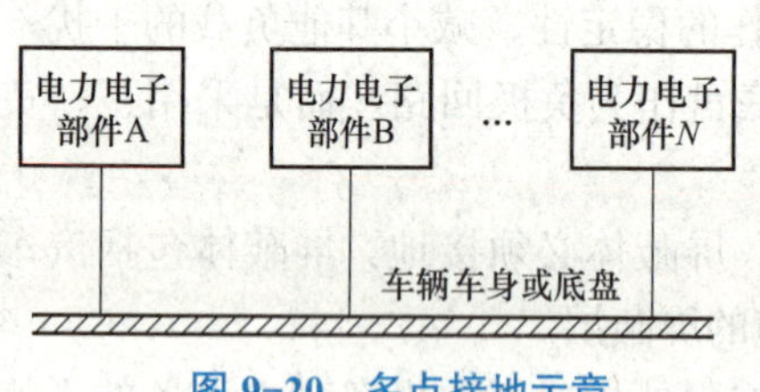

图 9-20　多点接地示意

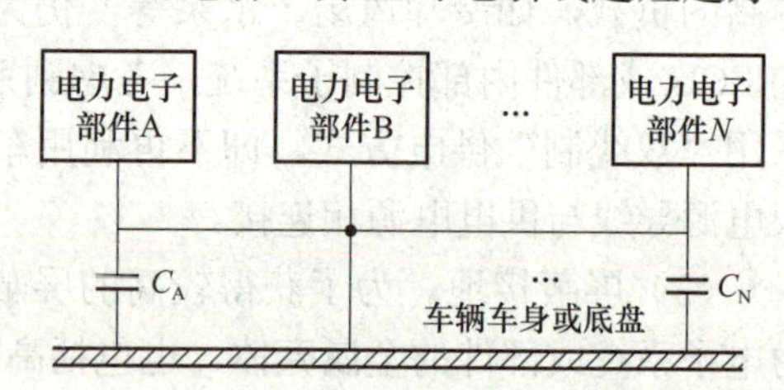

图 9-21　宽频单点接地示意

（4）浮地。由于车身或底盘存在着阻抗，因此，车身或底盘上任意两点之间均存在着电位差。所有接地的汽车电力电子系统或部件经过地线、车身或底盘构成的回路会流过环路电流；对于高压屏蔽电缆或低压屏蔽导线，当其屏蔽层两端接地时，线缆的屏蔽层和地也会构成地环路。地环路中任一点的骚扰都会对连接到地的所有部件产生骚扰。可以用浮地方法消除通过地线产生的骚扰。

所谓浮地是指汽车电力电子系统或部件不接地，或其金属壳体不与车辆车身或底盘有任何金属性的接触。对电动汽车高压系统或部件这种情况比较常见，为提高整车的电气绝缘性能，有时高压系统或部件通过绝缘子或其他绝缘配件安装在底盘上。

对于浮地的系统或部件，尤其是燃料电池、动力蓄电池等电源类部件，容易在壳体上产生静电积累现象，当电荷积累到一定程度时，会在系统或部件之间产生放电现象，从而形成一个强骚扰源。另外，积累的静电对设备维护也会造成不便。因此，可以在系统或部件壳体与车身或底盘之间接入阻值较大的泄放电阻，以消除静电积累的影响。

9.3.3　滤波

1. 滤波的作用

滤波是指从混有噪声或无用的信号中提取出有用信号分量的方法，其实现方式有两种：一种是禁止噪声或无用的信号通过，让其返回噪声源；另一种是把噪声或无用的信号在滤波器里消耗掉。

具有滤波功能的电路或装置称为滤波器。汽车电力电子系统或部件内部电路可以分为主电路部分和控制电路部分，用于这两部分的滤波器有所区别。用于主电路的滤波器需要处理高电压、大电流信号，滤波器选用的元器件需要具有较高的电气应力；而用于控制电路的滤波器主要用于控制电源电路或通信电路，需要处理的信号功率较小。

用于抑制电磁噪声或骚扰信号，提高汽车电力电子系统或部件电磁兼容性能的滤波器具有以下技术特征：

（1）由于电磁噪声具有一定的偶发性，以及瞬变的特点，滤波器工作时往往需要在较宽的频率范围内（如 150 ～ 30 MHz）具有较好的滤波性能。

（2）滤波电路结构应尽量简单，滤波器体积要小、质量要轻，不能因滤波器而导致汽车电力电子系统或部件体积和质量出现明显的增加，以保证整车对部件功率密度的要求。

（3）滤波器内的电感和电容等元件的寄生参数要尽量小，以减小高频信号下寄生参数的影响。

（4）滤波器的参数和配置应合理，使用时对其特性要充分了解，否则，可能不但发挥不了滤波器的作用，还可能导致新的噪声。

2. 电力电子主电路的滤波电路

（1）直流侧的滤波电路。电力电子主电路的直流侧一般连接较大容量的电容，该电容具有稳定直流侧电压的作用，但高频特性较差。为了抑制直流母线传导的电磁噪声，可以采用图 9–22 所示的滤波电路。

在图 9–22 中，C_1 为主电路原有大容量直流侧电容。C_2 ～ C_6、L_1 ～ L_3 构成滤波电路，其中，C_6 为差模滤波电容，C_2 ～ C_5 为共模滤波电容，L_1 和 L_2 为共模电感，L_3 为差模电感。该滤波电路可以对差模噪声和共模噪声进行抑制。

（2）交流侧的滤波电路。电力电子主电路交流侧主要指电机控制器中逆变电路输出侧，其连接驱动电机的定子绕组。由于电机控制器采用的控制算法和实际控制效果通常对电机参数的变化比较敏感，所以，一般采用只包括共模电感的滤波电路。该滤波电路可以通过三相交流导线在同一铁芯同方向绕制实现，即形成三相共模扼流圈（Common mode Choke），具体结构如图 9–23 所示。

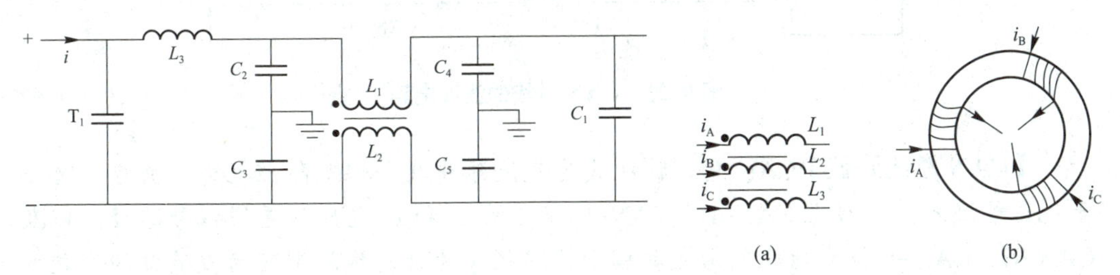

图 9–22　电力电子主电路直流侧的滤波电路

图 9–23　电力电子主电路交流侧的滤波电路
（a）电路结构；（b）物理结构

3. 低压控制电源的滤波电路

汽车低压电气系统容易受到如负载突变等原因引发的瞬态骚扰，可以采用压敏电阻（Voltage Dependent Resistor，VDR）或瞬变电压吸收二极管（Transient Voltage Suppressor，TVS）对电源电压尖峰进行抑制。对于出现的低频正、负脉冲，则可以通过增加滤波电容的方法抑制。

结合瞬态骚扰抑制的低压控制电源滤波电路如图 9-24 所示。图中 T_1 为瞬变电压吸收二极管，C_1 为差模滤波电容，C_2 ~ C_5 为共模滤波电容，L_1 和 L_2 为共模电感，L_3 为差模电感。该滤波电路可以对差模噪声、共模噪声和瞬态骚扰进行抑制。

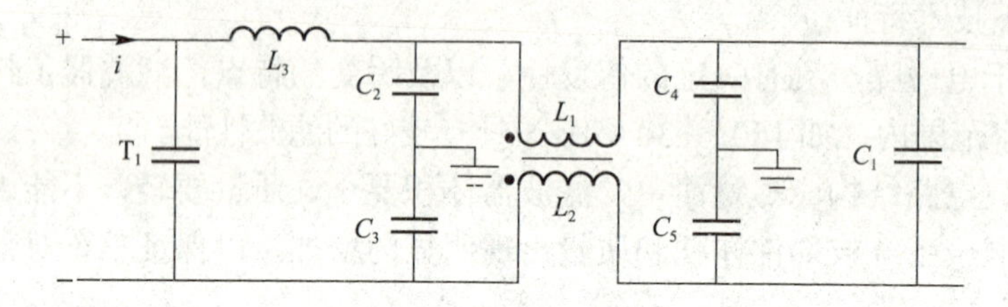

图 9-24 低电压控制电源的滤波电路

4. CAN 总线的滤波电路

CAN 总线是汽车电力电子系统或部件与外界之间重要的电磁噪声传导途径。强度较大的电磁噪声会影响部件之间的正常通信，严重时会损坏 CAN 总线相关硬件芯片，从而使整个系统或部件失效。另外，由于 CAN 总线分布较广，更易受到共模骚扰和瞬态骚扰的影响。

图 9-25 所示为 CAN 总线的滤波电路。图中 T_1 ~ T_4 为瞬变电压吸收二极管，C_1 ~ C_4 为共模滤波电容，L_1 和 L_2 为共模电感。该滤波电路可以对共模噪声和瞬态骚扰进行抑制。

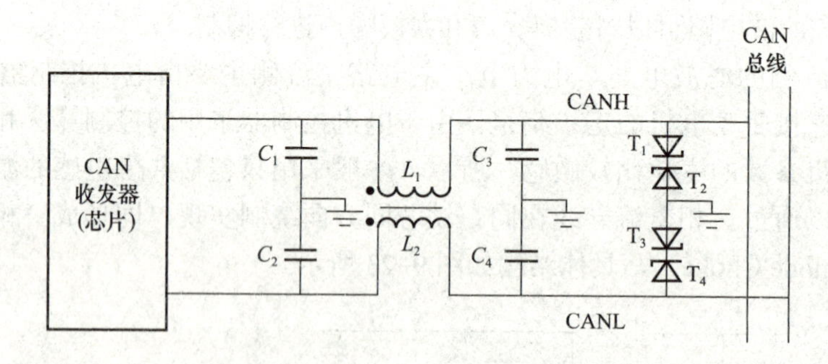

图 9-25 CAN 总线的滤波电路

【CAN 总线滤波】 CAN 总线脉冲波为直流脉冲波，但实际上也会有共模或差模干扰信号混入，总线上 CAN-H、CAN-L 线之间 L_1 和 L_2 电感为差模信号路径，以及 CAN-H、CAN-L 线和地之间形成共模干扰路径。为让总线波形仍为直流脉冲波就要给差模和共模干扰信号提供滤出的路径。

9.3.4 隔离

1. 隔离的作用

与电磁辐射相比，电磁噪声更多地通过导体传导方式影响着汽车各电气电子部件的工作。采用隔离的方法可以有效地切断传导路径，进而在很大程度上抑制电磁噪声的传播。

所谓隔离，是指汽车电力电子系统或部件之间、同一系统或部件各组成部分之间没有任何电气上的连接或耦合。除切断电磁传导途径外，汽车上的电气隔离还有增加电气绝缘强度及提高电气安全性的作用。

常见的隔离方式有变压器隔离和光电隔离两种。

2. 变压器隔离

变压器除可以用于控制信号的隔离（如驱动电路中的信号隔离变压器）外，还可以用于电能传输中的隔离（如直流 - 直流变换器中的高频变压器）。

由于变压器初级线圈和次级线圈缠绕在同一铁芯上，在高频电流作用下，两个线圈之间存在着分布电容（图 9-8 中的 C_{TR}），因而会形成电容耦合路径。可以通过在初级线圈和次级线圈之间设置屏蔽层的方法降低初级线圈和次级线圈之间的分布电容；另外，隔离变压器的壳体也应具有屏蔽层，以抑制空间电磁辐射的影响。屏蔽的隔离变压器对高频脉冲群、浪涌信号、传导辐射、静电骚扰等都具有较好的抑制作用。

3. 光电隔离

光电隔离一般通过光电隔离电路或光电隔离器件实现，通常用于小功率控制信号的隔离。对于多数光电耦合器件，信号发送侧和接收侧之间也会存在分布电容，但与隔离变压器相比，分布电容值要小很多，因此，光电隔离对电磁噪声的隔离作用会更有效。

光电隔离的缺点是无法传输大功率信号。另外，信号传输中会有明显的时延，限制了其在高频场合的应用。

在隔离要求较高的场合，若普通光电隔离器件或隔离变压器无法达到设计要求，可以考虑采用多级隔离措施或采用隔离性能更好的光导纤维来传递电气信号。

9.4 无线充电系统的电磁安全性

9.4.1 无线充电系统的电磁辐射

在无线充电系统工作过程中，其耦合线圈之间及线圈周边会产生高频电磁场，高频电磁场是电能传输的媒介，但也可能对线圈周边的人或其他生物产生有害的影响。因此，无线充电技术得到推广应用的前提之一就是保证该系统周边生物活动范围内，电磁场强度满足相关标准或法规的要求。

为控制电场、磁场、电磁场所致公众暴露，电气与电子工程师协会（IEEE）制定的 IEEE Std C95.1™—2005 国际非电离辐射防护委员会（ICNIRP）制定的《限制时变电场、磁场和电磁场暴露的导则（300 GHz 以下）》及中国国家标准《电磁环境控制限值》（GB 8702—2014）等都对电磁环境中电场和磁场场量参数的限值作出了明确的规定，具体数值见表 9-1。在电动汽车领域，美国汽车工程师协会（SAE）于 2016 年 5 月发布了 SAEJ2954 标准，规定了轻型电动汽车无线充电系统常用的标称频率（Nominal Frequency）为 85 kHz，允许的工作频率范围为 81.38 ～ 90 kHz。在 85 kHz 下，相关标准或法规的电场强度、磁场强度和磁感应强度的公众暴露控制限值分别列于表 9-1。可以看出，中国国家标准中对场量参数的控制限制要求非常高。

表 9-1　85 kHz 下相关标准或法规的公众暴露控制限值

标准	电场强度 / （$V\cdot m^{-1}$）	磁场强度 / （$A\cdot m^{-1}$）	磁感应强度 / μT
GB 8702—2014	47	0.12	0.14
IEEE	614	163	205
ICNIRP	87	5	6.25

在无线充电系统设计过程中，应依据《电磁环境控制限值》（GB 8702—2014）的要求设计耦合线圈结构，并采取适当的电磁抑制措施，使其周边特定区域内电磁辐射强度满足相关限值要求。

在电动汽车无线充电系统中，人所能接触到的区域为车内乘客舱或汽车外部周边区域，如图 9-26 所示。基于电磁感应原理的电动汽车无线充电的耦合线圈一般具有“磁芯”结构，如图 9-27（a）所示。车辆一侧的线圈磁芯（一般为铁氧体材料或金属材料）及底盘金属结构具有较好的电磁屏蔽作用，因此，应重点考虑图 9-27 中周边电磁辐射的抑制。

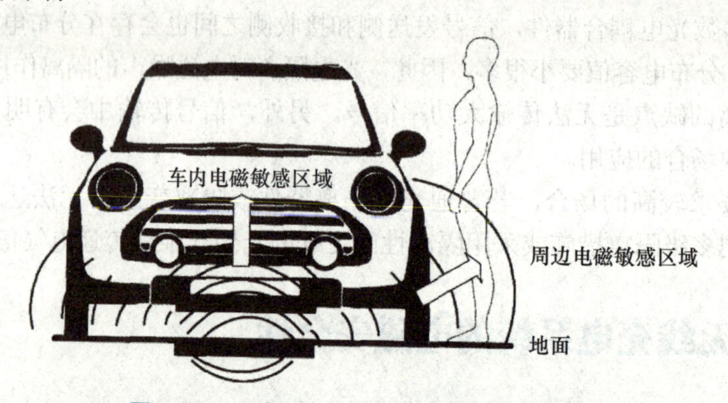

图 9-26　无线充电系统中电磁辐射敏感区域

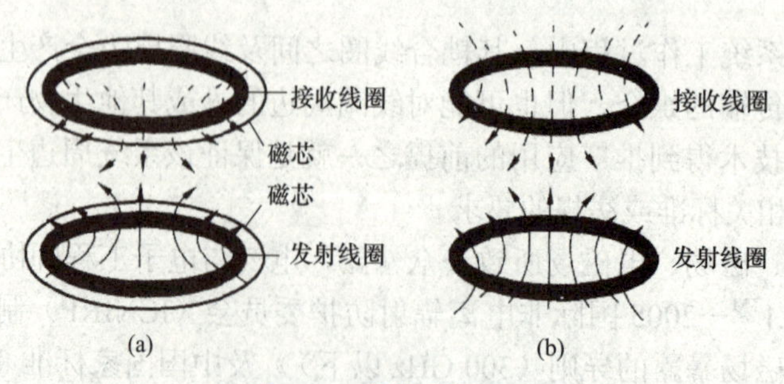

图 9-27　耦合线圈结构

（a）有磁芯结构；（b）无磁芯结构

对于图 9-27（b）所示的无磁芯耦合线圈结构，线圈电流频率一般要比前面讨论的感应式无线充电系统耦合线圈电流高很多，可达数兆赫。当线圈达到强耦合谐振状态时，可以传输较远的距离并具有较高的传输效率。国内外一些文献将其称为磁谐振式无线电能传输（Magnetic Resonant Wireless Power Transfer）。磁谐振式无线电能传输的机理一般可用耦合模理论加以解释，即将线圈视作振荡器，两线圈及中间间隙视为谐振腔来分析两线圈之间能量的传递与转换。磁谐振式无线电能传输系统可以由两个线圈构成，也可以由两个以上线圈（如四个线圈）构成。

9.4.2 无线充电系统的电磁辐射抑制

通常，有两种方法可以用于无线充电系统不良电磁辐射的抑制。

（1）被动屏蔽法。被动屏蔽法是指在耦合线圈周边设置固态屏蔽体，抑制对外电磁辐射水平。屏蔽材料主要为铁氧体材料、导电性金属材料等。采用被动屏蔽法时，需要将耦合线圈与屏蔽体进行一体化设计才能获得较理想的效果，很多时候需要“设计—仿真计算～试验验证”的反复迭代。同时，所采用的屏蔽体可能会对耦合线圈的耦合系数、充电系统的损耗等产生不良影响，进而使系统传输电能能力及传输电能的效率下降，这些屏蔽体带来的负面效应需要在设计中加以考虑。

（2）主动抑制法。主动抑制法是通过采用主动降低电磁场对外辐射强度的措施来使系统在电磁敏感区的电磁强度低于限值的方法。其特点是系统对外电磁辐射强度抑制效果可控，灵活性较强。主动抑制法包括以下方法：对耦合线圈结构进行优化，如采用多发射线圈并独立控制的方法，一方面可以缓解接收线圈的偏移引起的传输功率不足或效率低的问题；另一方面可以根据敏感区域的电磁场强度进行灵活控制，进而满足相关标准或法规要求。反向补偿电流的方法，即在耦合线圈周边添加补偿线圈，通以补偿电流，产生一个磁场方向与发射线圈产生的磁场相反的电磁场，进而起到抑制不良电磁辐射的作用。由于补偿电流可控，所以，该方法具有很好的灵活性。

第 10 章 汽车电力电子维修

10.1 电路板维修注意事项

在无任何电路原理图的情况下，要对一块陌生的且较复杂的故障电路板进行维修，以往的所谓“检修经验”难以应付。尽管电子技术的硬件功底深厚的维修人员，对维修工作充满了信心，但如果方法不当，工作起来照样事倍功半。怎样做才能更好地提高维修效率成为一件重要的事情。

遵循以下原则可使维修工作有条不紊，按顺序有步骤地进行。

10.1.1 先看后量

首先，应对待修的电路板进行目测，必要时还要借助于放大镜观察，主要观察以下内容：

（1）是否有断线和短路处，尤其是电路板上的印制板连接线是否存在断裂、粘连等现象；

（2）有关元器件如电阻、电容、电感、二极管、三极管等是否存在断开现象；

（3）是否有人修理过、动过哪些元器件，是否存在虚焊、漏焊、插反、插错等问题。

排除上述状况后，这时先用万用表测量电路板电源与地之间的阻值，通常电路板的阻值不应小于 70 Ω。若阻值太小，才几欧或十几欧，说明电路板上有元器件被击穿或部分击穿，就必须采取措施将被击穿的元器件找出来，具体办法是给被修板加电（注意：此时一定要搞清楚该板的工作电压的电压值与正负极性，不可接错和加入高于工作电压值，否则将对待修电路板有伤害）。用点温计测电路板上各器件的温度，将温度升得较快较高的器件视为重点怀疑对象。

若阻值正常后，再用万用表测量板上的阻容器件二极管、三极管，场效应晶体管，以及拨段开关等元器件。其目的就是首先要确保被测量过的元器件是正常的。能用一般测试工具（如万用表等）解决的问题，就不要将其复杂化。

10.1.2 先外后内

使用电路在线维修测试仪进行检测时，如果情况允许，最好是有一块与待修板一样的好电路板作为参照，然后使用测试仪的双棒 VI 曲线扫描功能对两块板进行好、坏对比测试。对开始的对比测试点可以从电路板的端口开始，然后由表及里，尤其是对电容器的对比测试。这可弥补万用表在线难以测出电容是否漏电的缺憾。

10.1.3 先易后难

使用电路在线维修测试仪进行检测时，为提高测试效果，在对电路板进行在线功能测试前，应对被修板做一些技术处理，以尽量削弱各种干扰对测试过程中带来的影响，具体措施如下。

1. 测试前的准备

将晶振短路（注意：对四脚的晶振要搞清哪两脚为信号输出脚，可短路此两脚。记住，一般情况下另外两脚为电源脚，千万不可短接。对于大容量的电解电容器，也要焊下一脚使其开路，因为大容量电容的充放电同样也会带来干扰）。

2. 采用排除法对器件进行测试

对器件进行在线测试或比较测试的过程中，凡是测试通过（或比较正常）的器件，请直接确认测试结果，并加以记录。对测试未通过（或比较超差）的，可再测试一遍，若还是未通过，也可先确认测试结果，这样一直测试下去，直到将板上的器件测试（或比较）完。然后再来处理那些未通过测试（或比较超差）的器件。

对未通过功能在线测试的器件，有些测试仪器还提供了一种不太正规却又比较实用的处理方法：由于该种测试仪器对电路板的供电还可以通过测试夹施加到器件相应的电源与地线脚上，若对器件的电源脚实施刃割，则这个器件将脱离电路板供电系统。这时，再对该器件进行在线功能测试；由于电路板上的其他器件将不会带电工作，消除了干扰作用，此时的实际测试效果将等同于“准离线测试”，测准率就会获得很大提高。

3. 用 ASA-VI 曲线扫描测试对测试库尚未涵盖的器件进行比较测试

ASA-VI 智能曲线扫描技术适用于对任何器件的比较测试。只要测试夹能将器件夹住，再有一块参照电路板，通过对比测试，其同样对器件具备较强的故障侦测判断能力。该功能弥补了器件在线功能测试时，要受制于器件测试库不足的约束，拓展了测试仪器对电路板故障的检测范围。

现实中往往会出现无法找到好的电路板作参照的情况，而且待修板本身的电路结构也无任何对称性，在这种情况下，ASA-VI 曲线扫描测试功能起不到很好的作用，而在线功能测试由于器件测试库的不完备，无法对电路板上每一个器件都测试一遍，电路板依然无法检测下去，这就是电路在线维修测试仪的局限。

10.1.4 先静后动

由于电路在线维修测试仪就目前而言，只能对电路板上的器件进行功能在线测试和静态特征分析，所以，故障电路板是否最终完全修复好，必须要装回原设备上检验才行。为使这种检验过程取得正确结果，以判断电路板是否修理好，这时最好先检查一下设备的电源是否按要求正确供给到电路板上，以及电路板上的各接口插件是否均接好，一定要排除电路板周围环境和外围电路的不正确带来的影响，否则会将维修电路板的工作带入歧途。

10.2 变频器故障维修方法

10.2.1 变频器目视检查

变频器目视检查以发现形态上的异常，重点注意以下内容：

（1）变频器前端整流元件有无爆裂；

（2）预充电电阻是否有烧毁（表面是否为灰白色或掉渣）的迹象；

（3）预充电电阻的切除继电器是否有拉弧、烧坏迹象；

（4）快熔是否熔断；

（5）直流母线电容器是否有爆裂与飞弧的熏黑迹象；

（6）与功率元件相连的阻容吸收元件、压敏器件有无爆裂；

（7）各线路板上是否有元器件爆裂、烧毁、开焊等现象；

（8）系统内是否存在异物，小动物或昆虫尸体，有无液体侵入，大量灰尘堆积等情况。

闻——系统中是否留有元件爆裂、飞弧、烧毁等焦煳味道；问——仔细询问在故障发生过程中经历的人员故障发生的现象和过程；切——逐步检测，若前面的检查没有发现，则按后面步骤进行。

10.2.2 静态测试

1．测试整流电路

找到变频器内部直流电源的P端和N端，将万用表调到电阻X10档，红表笔接到P，黑表笔依次接到R、S、T，应该有大约几十欧的阻值，且基本平衡。相反，将黑表笔接到P端，红表笔依次接到R、S、T，有一个接近于无穷大的阻值。将红表笔接到N端，重复以上步骤，都应得到相同结果。如果有以下结果，可以判定电路已出现异常，A阻值三相不平衡，可以说明整流桥故障。红表笔接P端时，电阻无穷大，可以断定整流桥故障或起动电阻出现故障。

2．测试逆变电路

将红表笔接到P端，黑表笔分别接U、V、W上，应该有几十欧的阻值，且各相阻值基本相同，反相应该为无穷大。将黑表笔接到N端，重复以上步骤应得到相同结果，否则可确定逆变模块故障。

用高阻表做绝缘检查：将变频器的U1、V1、W1、C、D、U2、V2、W2各点用一组测试短路线（如带有鳄鱼的短路线，应自制）短路成一点。其高阻检测表的正极性表笔接上述短路点，负表笔接系统外壳（PE），测试电压可选 DC-500 V 或 DC-1 000 V 在上述端子外侧无其他连接的情况下，测得的电阻值应≥ 2 MΩ（多为 2 ～ 10 MΩ）。但这个结果有时会受现场环境湿度的影响，端子外部保有连接的情况下也会对此值有大的影响。

10.2.3　动态测试

在静态测试结果正常以后，才可进行动态测试，即上电试机。在上电前后必须注意以下几点：

（1）上电之前，须确认输入电压是否有误，将 380 V 电源接入 220 V 级变频器之中会出现炸机（炸电容、压敏电阻、模块等）。

（2）检查变频器各接播口是否已正确连接，连接是否有松动，连接异常有时可能会导致变频器出现故障，严重时会出现炸机等情况。

（3）上电后检测故障显示内容，并初步断定故障及原因。

（4）如未显示故障，首先检查参数是否有异常，并将参数复归后，进行空载（不接电机）情况下启动变频器，并测试 U、V、W 三相输出电压值。如出现缺相、三相不平衡等情况，则模块或驱动板等有故障。如果 U、V、W 三相输出电压值偏离，可检测直流母线电压，一般在 513（负载）～ 573 V（空载）左右为正常。

（5）在输出电压正常（无缺相、三相平衡）的情况下，带载测试。测试时，最好是满负载测试。

10.2.4　变频器 / 逆变器的正确拆装

（1）在设备断电和完全放电后进行。

（2）场地干净，拆、装工具与部件、结构件应有区域存放。

（3）有正确、适用的拆装工具。

（4）准备好清洗剂（无水酒精）、耗材，注意防火。

（5）拆卸过程中应做好记录，以备回装时查用。

（6）操作时应穿着防静电工作服，佩带防静电腕扣。注意：经常执行静电释放动作，避免身体的静电损坏线路板及半导体元、器件。

（7）对有些无禁固部件的放置形态（如 D 尺寸装置中的电流互感器），需要注意安放方向标记。

（8）拆装前必须完成装置的数据备份。一种方法是在有工艺调节板（T400、T300、T100 等）时，将工艺板的参数备份或记录完整；另一种方法是将原 CU 原封不动暂存，用另一块 CU 板在维修期间暂用。

（9）紧固可控硅与 IGBT 等功率器件时，应按照指明的紧固力矩值，用力矩扳手操作。

（10）可控硅与 IGBT 模块在与散热器接触的底面上涂有导热硅脂，将器件拆下后，用无水酒精将安装基面擦洗干净；安装器件时要重新涂覆导热硅脂。注意：不可涂抹过多，而是越薄、越均匀越好。

10.3 常见的故障现象和原因分析

10.3.1 过流（OC）

过流是变频器报警最为频繁的现象。

（1）重新启动时，一升速就跳闸。这是过电流十分严重的表现。主要原因有：负载侧短路，机械部位有卡住；逆变模块损坏；电动机的转矩过小等现象引起。

（2）上电就跳。这种现象一般不能复位，主要原因有模块坏、驱动电路坏、电流检测电路坏。

（3）加速时跳闸。重新启动时并不立即跳闸，而是在加速时跳闸。主要原因有加速时间设置太短、电流上限设置太小、转矩补偿（V/F）设定较高。

10.3.2 过压（OV）

过电压报警和跳闸，其主要原因如下：

（1）电源电压过高；

（2）减速时间设定太短；

（3）降速过程中，再生制动的放电单元工作不理想，来不及放电；

（4）应增加外接制动电阻和制动单元；

（5）放电支路发生故障，实际并不放电。

10.3.3 欠压（UV）

欠压报警和跳闸，其可能的原因如下：

（1）电源电压过低（220 V 系列低于 200 V，380 V 系列低于 400 V）；

（2）电源断相。

（3）整流桥故障，如整流桥某一路损坏或可控硅三路中有工作不正常的都有可能导致欠压故障的出现，主回路接触器损坏，导致直流母线电压损耗在充电电阻上面有可能导致欠压。还有就是电压检测电路发生故障而出现欠压问题。

10.3.4 过热（OH）

过热也是一种比较常见的故障，主要原因：周围温度过高，风机堵转，温度传感器性能不良，马达过热。

10.3.5 输出不平衡

输出不平衡一般表现为马达抖动，转速不稳，主要原因：模块坏，驱动电路坏，电抗器坏等。

10.3.6 变频器过载

过载也是变频器跳动比较频繁的故障之一，平时看到过载现象应该先分析一下到底是马达过载还是变频器自身过载。一般来讲，马达由于过载能力较强，只要变频器参数表的电机参数设置得当，一般不大会出现马达过载的情况。而变频器本身由于过载能力较差很容易出现过载报警，可以检测变频器输出电压。

10.3.7 开关电源损坏

开关电源损坏是众多变频器最常见的故障，通常是由于开关电源的负载发生短路造成的。丹佛斯变频器采用了新型脉宽集成控制器 UC2844 来调整开关电源的输出，同时 UC2844 还带有电流检测、电压反馈等功能。当发生无显示、控制端子无电压、DC12 V、24 V 风扇不运转等现象时，首先应该考虑开关电源是否损坏了。

10.3.8 短路故障（SC）

短路故障是变频器较常见的故障。IGBT 模块损坏，是引起 SC 故障报警的原因之一。另外，驱动电路损坏也容易导致 SC 故障报警。电机抖动、三相电流、电压不平衡、有频率显示却无电压输出，这些现象都有可能是 IGBT 模块损坏。IGBT 模块损坏的原因有多种，首先是外部负载发生故障而导致 IGBT 模块的损坏，如负载发生短路、堵转等。其次，驱动电路老化也有可能导致驱动波形失真，或驱动电压波动太大而导致 IGBT 损坏，从而导致 SC 故障报警。

10.3.9 接地故障（GF）

接地故障也是平时会碰到的故障。在排除电机接地存在问题的原因外，最可能发生故障的部分就是霍尔传感器了，霍尔传感器由于受温度、湿度等环境因素的影响，工作点很容易发生飘移，导致 GF 报警。

10.3.10 限流运行

在平时运行中可能会碰到变频器提示电流极限。对于一般的变频器在限流报警出现时不能正常平滑的工作，电压（频率）首先要降下来，直到电流下降到允许的范围，一旦电流低于允许值，电压（频率）会再次上升，从而导致系统的不稳定。

10.4 维修无图纸电路板的方法

10.4.1 维修无图纸电路板的准备

1．要“胸有成图”

要彻底理解一些典型电路的原理。图纸是死的，思想是活的，可以类比，可以推理，可以举一反三。例如，开关电源，总离不开振荡电路、开关管、开关变压器，检查时要检查电路有没有起振，电容有没有损坏，各三极管、二极管有没有损坏，不管碰到什么开关电源，操作起来都差不多，不必强求有电路图；又如，单片机系统，包括晶振、三总线（地址线、数据线、控制线）、输入输出接口芯片等，检修起来也都离不开这些范围；再如，各种运算放大器组成的模拟电路，纵然变化万千，在“虚短”和“虚断”的基础上去推理，也可有头有绪，条分缕析，弄个明明白白。学会了分析和推理的方法后，即使遇到从未见过的设备，也只要从原理上搞明白就可以。

2. 要讲究检修先后顺序

讲究检修顺序才可找到解决问题的最短路径，避免乱捅乱拆，维修不成，反致故障扩大。维修就像医生给人看病，也讲究“望闻问切”。“望”即检查故障板的外观，看上面有没有明显损坏的痕迹，有没有元件烧黑、炸裂，电路板有无受腐蚀引起的断线、漏电，电容有没有漏液，顶部有没有鼓起等；“闻”即用鼻子嗅一嗅有没有东西烧焦的气味，这气味是从哪里发出的；“问”很重要，要详细地询问当事人，设备出故障当时的情况，从情况推理可能出现的故障部位或元件；“切”即动用一定的检测仪器和手段，分为通电和不通电两种情况，检查电路部位或元件的阻值、电压、波形等，将好坏电路板对比测试，观察参数的差异等。

其实有很多故障连万用表都没用上就解决了，电路图自然免了。

3. 要善于总结规律

一般积累一定的维修经验后，要善于总结分析每一次元件损坏的原因，是操作不当、欠缺维护、设计不合理、元件质量欠佳、自然老化，还是其他原因。有了这些分析，下次再碰到同类故障，可参考进行分析。

4. 要善于寻找资料

设备原理和电路原理几乎都可以从网上找到，IC 资料也都可以从网上找得到。IC 资料是英文时可在网上进行翻译。

5. 要有必要的检测设备

如果将维修当成自己的一番事业，那么一定的设备投资是必要的。电烙铁、万用表、常用的拆装工具，有条件的话再准备一个 100 M 的双踪示波器，最好再购置一个在线维修测试仪。

10.4.2 工控电路板电容损坏的故障特点及维修

电容损坏引发的故障在电子设备中是最高的，其中尤其以电解电容的损坏最为常见。

电容损坏表现为：容量变小；完全失去容量；漏电；短路。

电容在电路中所起的作用不同，引起的故障也各有特点。在工控电路板中，数字电路占绝大多数，电容多用作电源滤波，用作信号耦合和振荡电路的电容较少。用在开关电源中的电解电容如果损坏，则开关电源可能不起振，没有电压输出；或者输出电压滤波不好，电路因电压不稳而发生逻辑混乱，表现为机器工作时好时坏或开不了机，如果电容并在数字电路的电源正负极之间，故障表现同上。这在电脑主板上表现尤其明显，很多电脑用了几年就会出现有时开不了机，有时又可以开机的现象，打开机箱，往往可以看见有电解电容鼓包的现象，如果将电容拆下来量一下容量，发现比实际值要低很多。

电容的寿命与环境温度直接有关，环境温度越高，电容寿命越短。这个规律不但适用电解电容，还适用其他电容。所以在寻找故障电容时，应重点检查和热源靠得比较近的电容，如散热片旁及大功率元器件旁的电容，离其越近，损坏的可能性就越大。以曾经修过一台 X 光探伤仪的电源为例，用户反映有烟从电源里冒出来，拆开机箱后发现有一只 1 000 μF/350 V 的大电容有油质一样的东西流出来，拆下来一量容量只有几十 μF，还发现只有这只电容与整流桥的散热片离得最近，其他离得远的就完好无损，容量正常。另外，有瓷片电容出现短路的情况，也发现电容离发热部件比较近。所以，在检修查找时应有所侧重。有些电容漏电比较严重，用手指触摸时甚至会烫手，这种电容必须更换。

在检修时好时坏的故障时，排除了接触不良的可能性以外，一般大部分就是电容损坏引起的故障了。所以在碰到此类故障时，可以将电容重点检查一下，换掉电容后往往令人惊喜（当然也要注意电容的品质，要选择好一点的牌子，如红宝石、黑金刚之类）。

10.4.3 电阻损坏的特点与判别

常看见许多初学者在检修电路时对电阻又是拆又是焊，其实修得多了，只要了解了电阻的损坏特点，就不必如此大费周章。

电阻是电器设备中数量最多的元件，但不是损坏率最高的元件。电阻损坏以开路最常见，阻值变大较少见，阻值变小十分少见。常见的有碳膜电阻、金属膜电阻、线绕电阻和保险电阻几种。前两种电阻应用最广，其损坏的特点一是低阻值（100 Ω 以下）和高阻值（100 kΩ 以上）的损坏率较高，中间阻值（如几百欧到几十千欧）的极少损坏；二是低阻值电阻损坏时往往是烧焦发黑，很容易发现，而高阻值电阻损坏时很少有痕迹。线绕电阻一般用作大电流限流，阻值不大。圆柱形线绕电阻烧坏时，有的会发黑或表面爆皮、裂纹，有的没有痕迹。水泥电阻是线绕电阻的一种，烧坏时可能会断裂，否则也没有可见痕迹。保险电阻烧坏时，有的表面会炸掉一块皮，有的也没有什么痕迹，但绝不会烧焦发黑。根据以上特点，在检查电阻时可有所侧重，快速找出损坏的电阻。

根据以上电阻损坏的特点，可以先观察一下电路板上低阻值电阻有没有烧黑的痕迹，再根据电阻损坏时绝大多数开路或阻值变大及高阻值电阻容易损坏的特点，就可以用万用表在电路板上直接测量高阻值的电阻两端的阻值，如果量得阻值比标称阻值大，则这个电阻肯定损坏（要注意等阻值显示稳定后才下结论，因为电路中有可能并联电容元件，有一个充放电过程），如果测量得阻值比标称阻值小，则一般不用理会。这样在电路板上每一个电阻都量一遍，就可以判断电阻是否损坏。

10.4.4 运算放大器的好坏判别方法

运算放大器好坏的判别对相当多的电子维修者有一定的难度，不只是文化程度的原因。

理想运算放大器具有“虚短”和“虚断”的特性，这两个特性对分析线性运用的运放电路十分有用。为了保证线性运用，运放必须在闭环（负反馈）下工作。如果没有负反馈，开环放大下的运放会成为一个比较器。如果要判断器件的好坏，先应分清楚器件在电路中是做放大器用还是做比较器用。

一般从图纸上可以看出，无论是何类型的放大器，都有一个反馈电阻（R_f），则在维修时可从电路上检查这个反馈电阻，用万用表检查输出端和反向输入端之间的阻值，如果大得离谱，如几 MΩ 以上，则大致可以肯定器件是做比较器用，如果此阻值较小，0 Ω 至几十 kΩ，则再查查有无电阻接在输出端和反向输入端之间，有的话定是做放大器用。

根据放大器虚短的原理，即如果这个运算放大器工作正常的话，其同向输入端和反向输入端电压必然相等，即使有差别也是 mv 级的。当然，在某些高输入阻抗电路中，万用表的内阻会对电压测试行造成一点影响，但一般也不会超过 0.2 V，如果有 0.5 V 以上的差别，则放大器必坏无疑（此外为 FLUKE179 万用表）。如果器件是做比较器用，则允许同向输入端和反向输入端不等，同向电压＞反向电压，则输出电压接近正的最大值；同向电压＜反向电压，则输出电压接近 0 V 或负的最大值（视乎双电源或单电源）。如果检测到电压不符合这个规则，则器件必坏无疑。这样不必使用代换法，不必拆下电路板上的芯片就可以判断运算放大器的好坏了。

10.4.5　万用表测试贴片元件的小窍门

有些贴片元件非常细小，用普通万用表表笔测试检修时很不方便，一是容易造成短路，二是对涂有绝缘涂层的电路板不便接触到元件管脚的金属部分。这里有一个简便方法，会给检测带来方便。取两枚最小号的缝衣针，将之与万用表笔靠紧，然后取一根多股电缆里的细铜线，用细铜线将表笔和缝衣针绑在一起，再用焊锡焊牢。这样用带有细小针尖的表笔去测那些 SMT 元件的时候就再无短路，而且针尖可以刺破绝缘涂层，直捣关键部位，再也不必费神去刮那些膜了。

10.4.6　电路板公共电源短路故障的检修方法

在电路板维修中，如果碰到公共电源短路的故障往往感到为难，因为很多器件都共用同一电源，每一个用此电源的器件都有短路的嫌疑，如果板上元件不多，采用“锄大地”的方式终归可以找到短路点，如果元件太多，“锄大地”能不能锄到状况就要靠运气了。在此推荐一比较管用的方法，采用此方法，往往能够很快找到故障点。

要有一个电压电流皆可调的电源，电压为 0 ～ 30 V，电流为 0 ～ 3 A，此电源价格低廉，一般在 300 元人民币左右。将开路电压调到器件电源电压水平，先将电流调至最小，将此电压加在电路的电源电压点如 74 系列芯片的 5 V 和 0 V 端，视乎短路程度，慢慢将电流增大，用手摸器件，当摸到某个器件发热明显，这个往往就是损坏的元件，可将之取下进一步测量确认。当然操作时电压一定不能超过器件的工作电压，并且不能接反，否则会烧坏其他好的器件。

10.4.7　一块小橡皮，解决大问题

工业控制用到的板卡越来越多，很多板卡采用金手指插入插槽的方式。由于工业

现场环境恶劣，多尘、潮湿、多腐蚀气体的环境易使板卡产生接触不良故障，很多人可能通过更换板卡的方式解决问题，但购买板卡的费用非常可观，尤其某些进口设备的板卡。其实，不妨使用橡皮擦在金手指上反复擦几下，将金手指上的污物清理干净后，再试机，也许就解决了问题。这种方法简单又实用。

10.4.8 时好时坏电气故障的分析

各种时好时坏的电气故障从概率大小来讲主要包括以下几种情况。

1. 接触不良

板卡与插槽接触不良、缆线内部折断时通时不通、线插头及接线端子接触不好、元器件虚焊等皆属此类。

2. 信号受干扰

对数字电路而言，在特定的情况条件下，故障才会呈现，有可能确实是干扰太大影响了控制系统使其出错，也有电路板个别元件参数或整体表现参数出现了变化，使抗干扰能力趋向临界点，从而出现故障。

3. 元器件热稳定性不好

从大量的维修实践来看，其中首推电解电容的热稳定性不好，其次是其他电容、三极管、二极管、IC、电阻等。

4. 电路板上有湿气、积尘等

湿气和积尘会导电，具有电阻效应，而且在热胀冷缩的过程中阻值还会发生变化，这个电阻值会同其他元件有并联效果，当效果比较强时就会改变电路参数，使故障发生。

5. 软件因素

电路中许多参数使用软件来调整，某些参数的裕量调得太低，处于临界范围，当机器运行工况符合软件判定故障的理由时，报警就会出现。

10.4.9 快速查找元器件资料的方法

现代的电子产品五花八门，元器件种类日益繁多，何止万千，在电路维修中，尤其在工业电路板维修领域，许多元器件乃见所未见，甚或闻所未闻。另外，即使某款板子手头元器件的资料齐全，但要在电脑里将这些资料一一翻阅分析，若没有一个快捷查寻之法，则维修效率就要大打折扣。

推荐网站：http：//www.alldatasheet.com、http：//www.icminer.com、http：//www.21icsearch.com、http：//datasheet.eeworld.com.cn/、https：//mbb.eet-china.com/，某些查不到的还可以到论坛发帖求助，这对维修人员来说真是太有价值了。

附录 1 工业变频器电路图

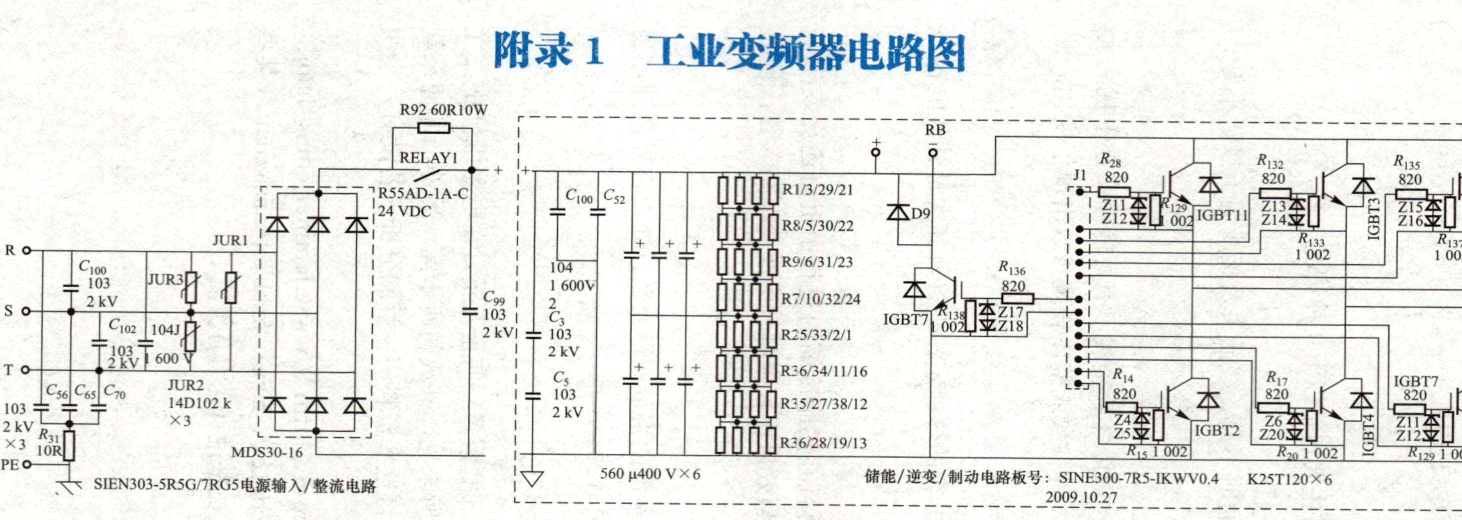

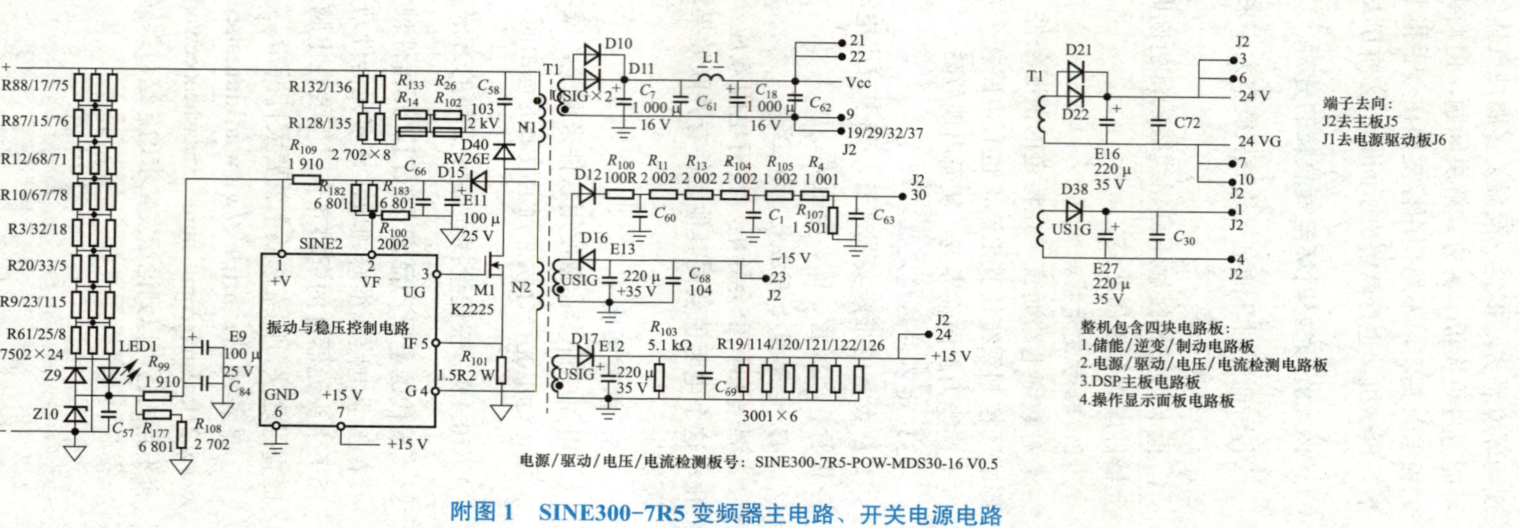

附图 1 SINE300-7R5 变频器主电路、开关电源电路

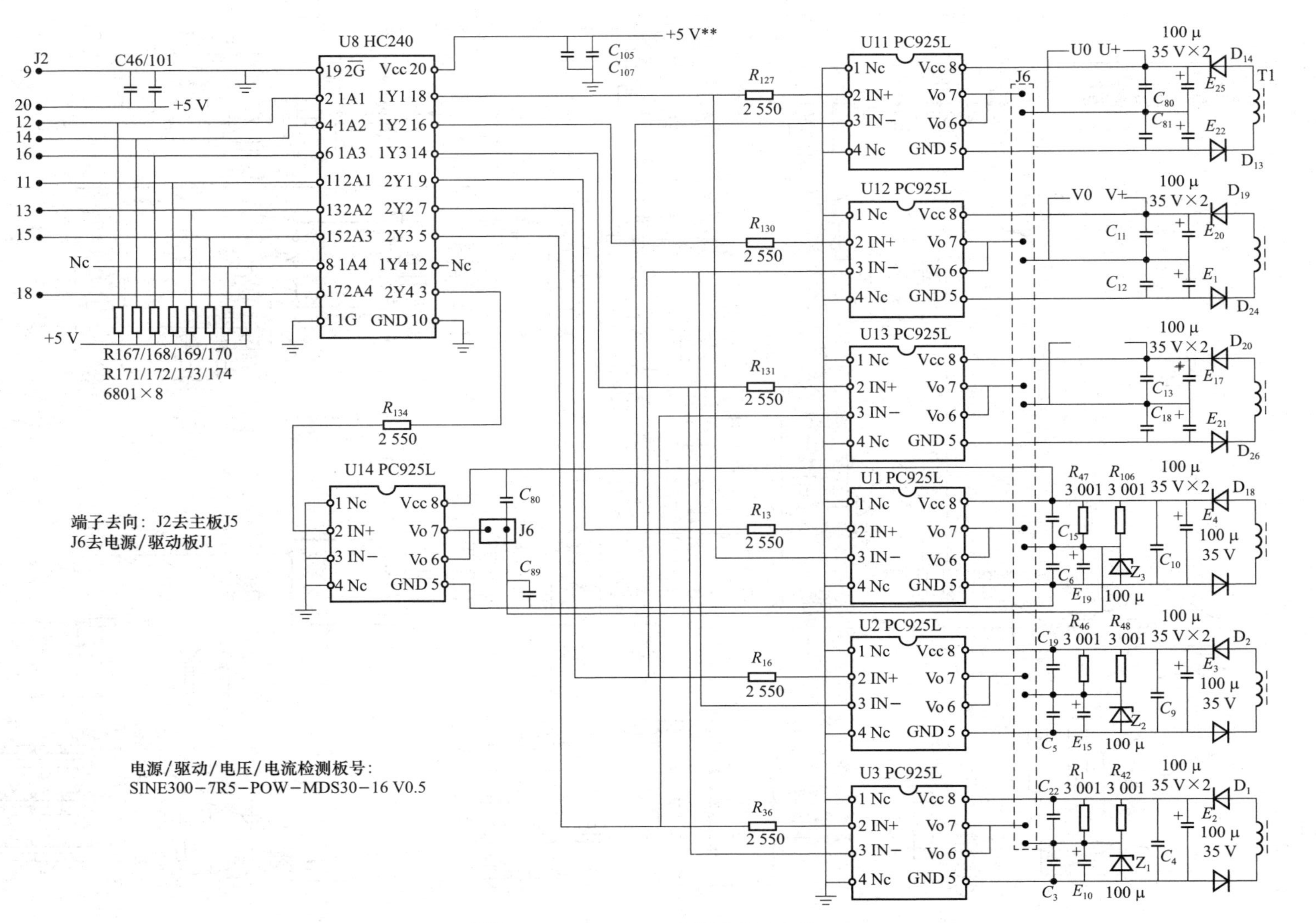

附图 2　SINE300-7R5 变频器驱动电路

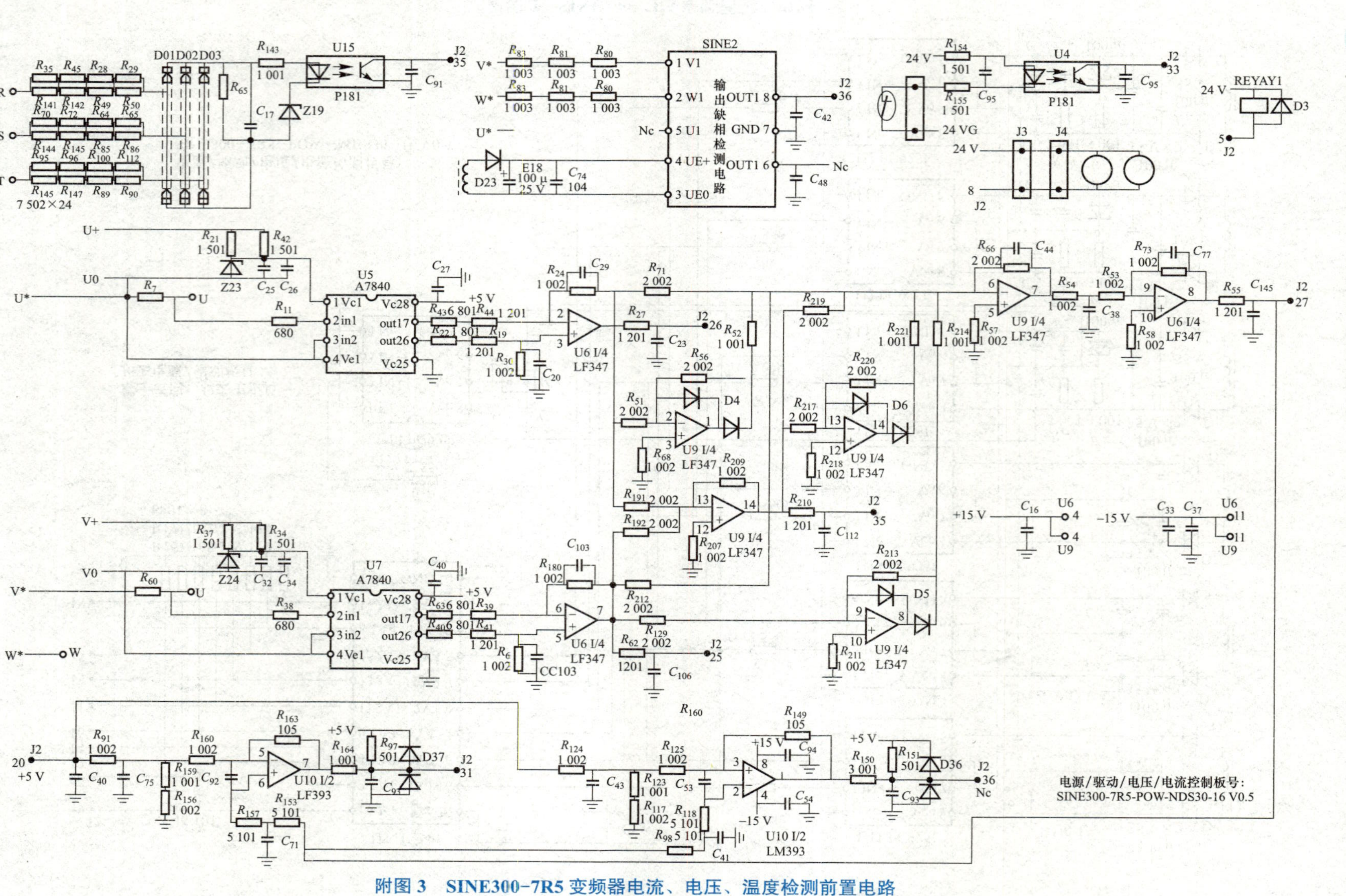

附图 3 SINE300-7R5 变频器电流、电压、温度检测前置电路

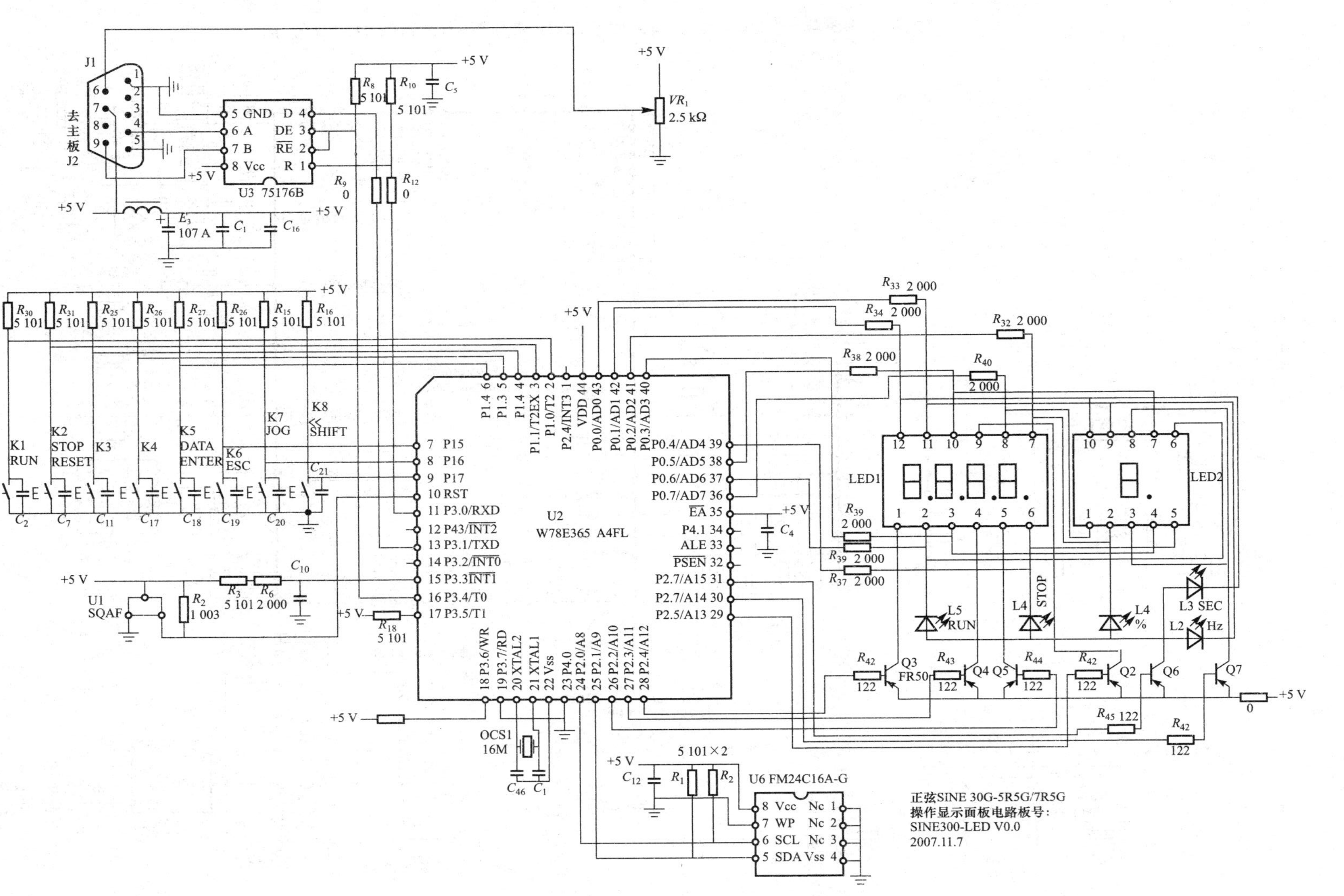

附图4 SINE300-7R5变频器操作显示面板电路

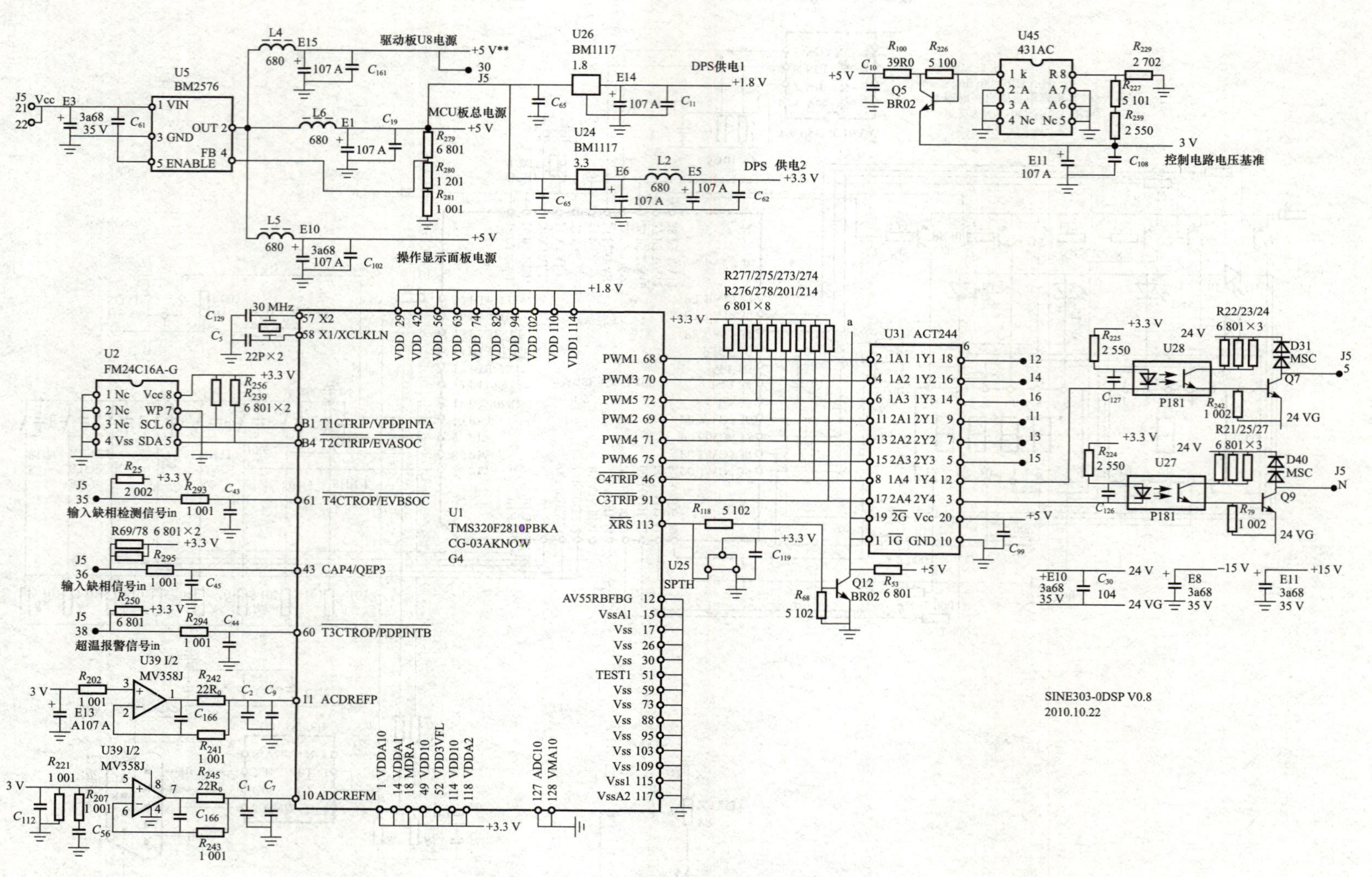

附图 5　SINE300-7R5 变频器 MCU 基本电路、MCU 电源、脉冲输出电路

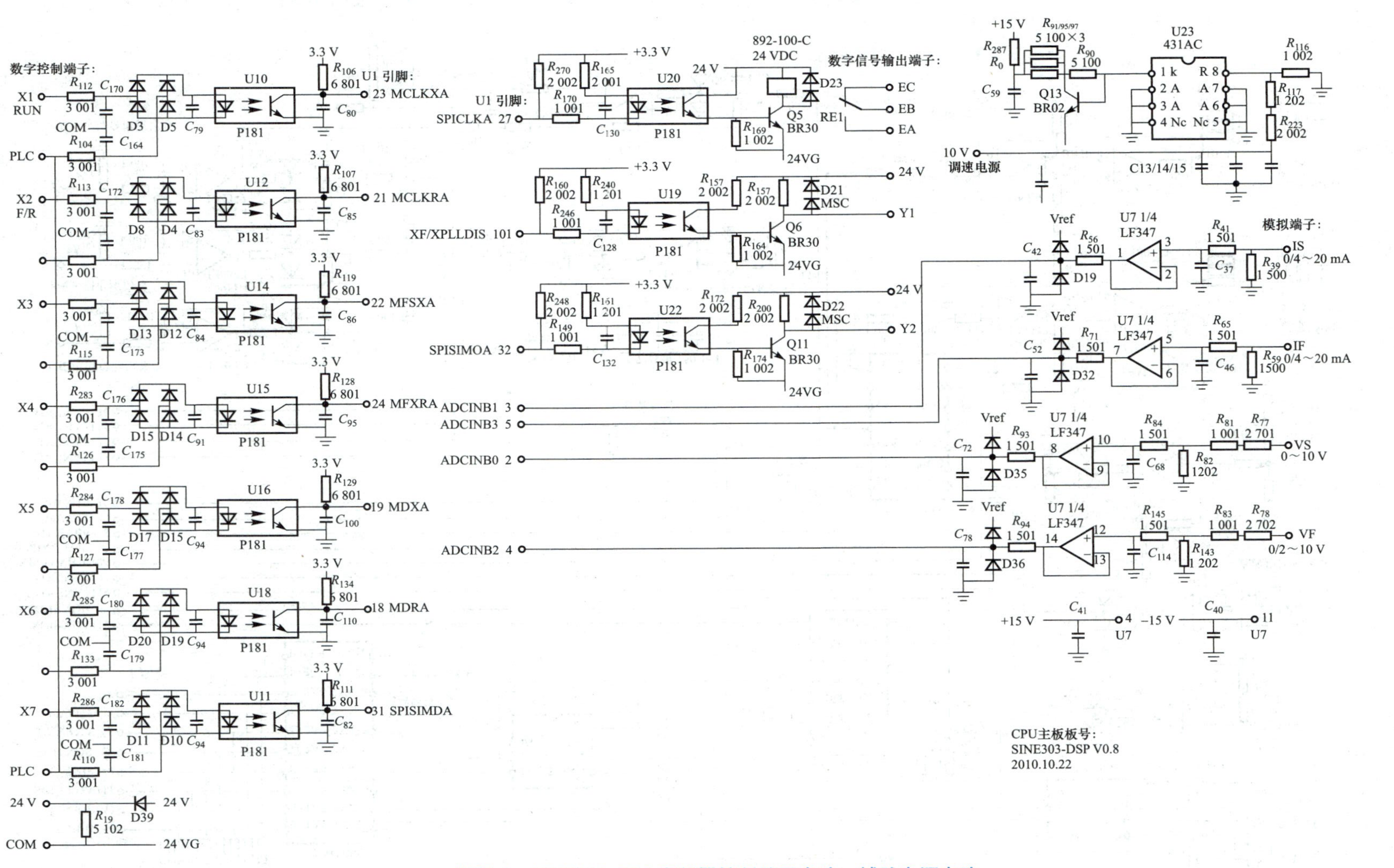

附图 6　SINE300-7R5 变频器控制端子电路、辅助电源电路

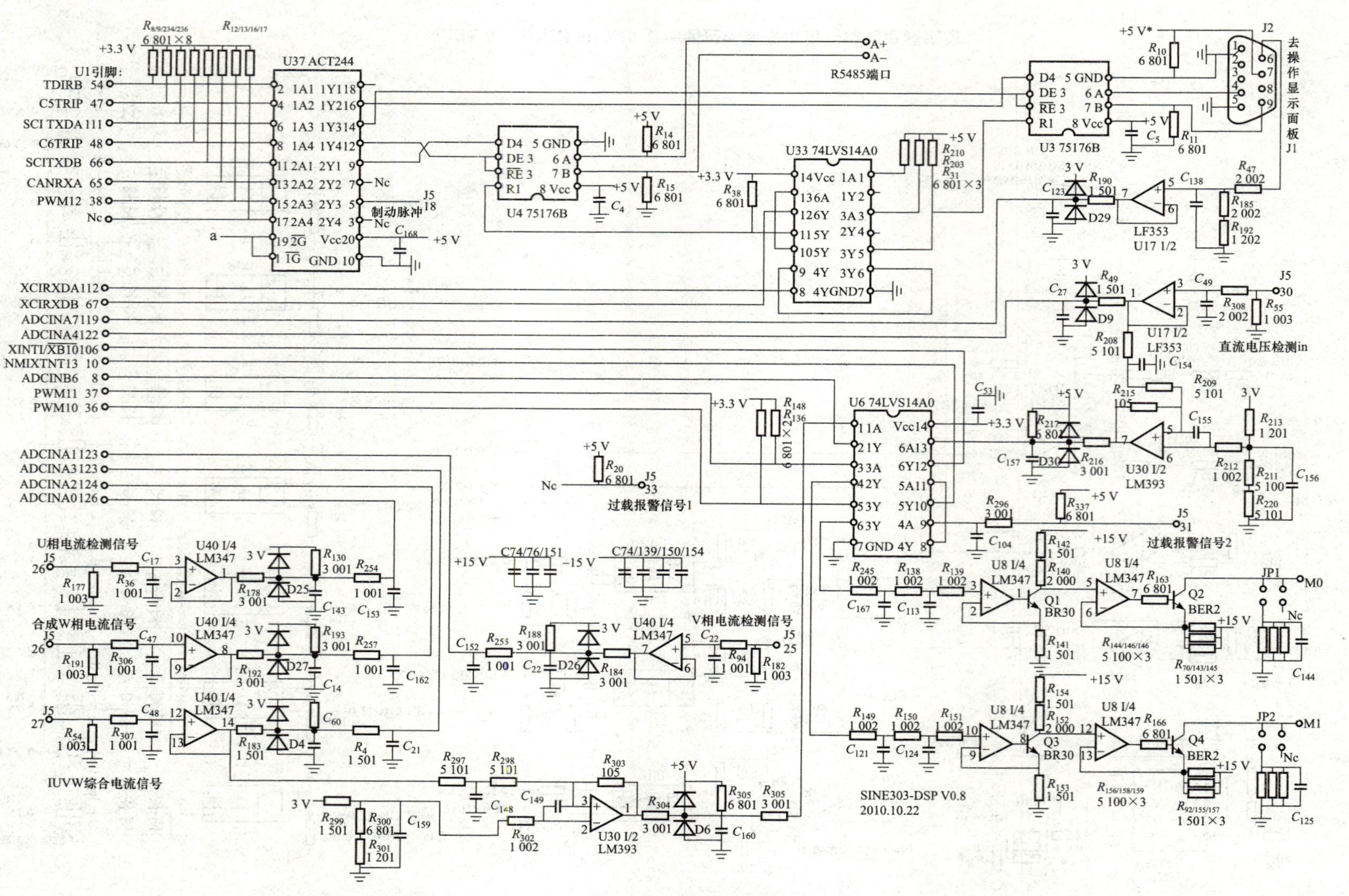

附图 7 SINE300-7R5 变频器后级检测电路、控制端子电路、面板通信电路

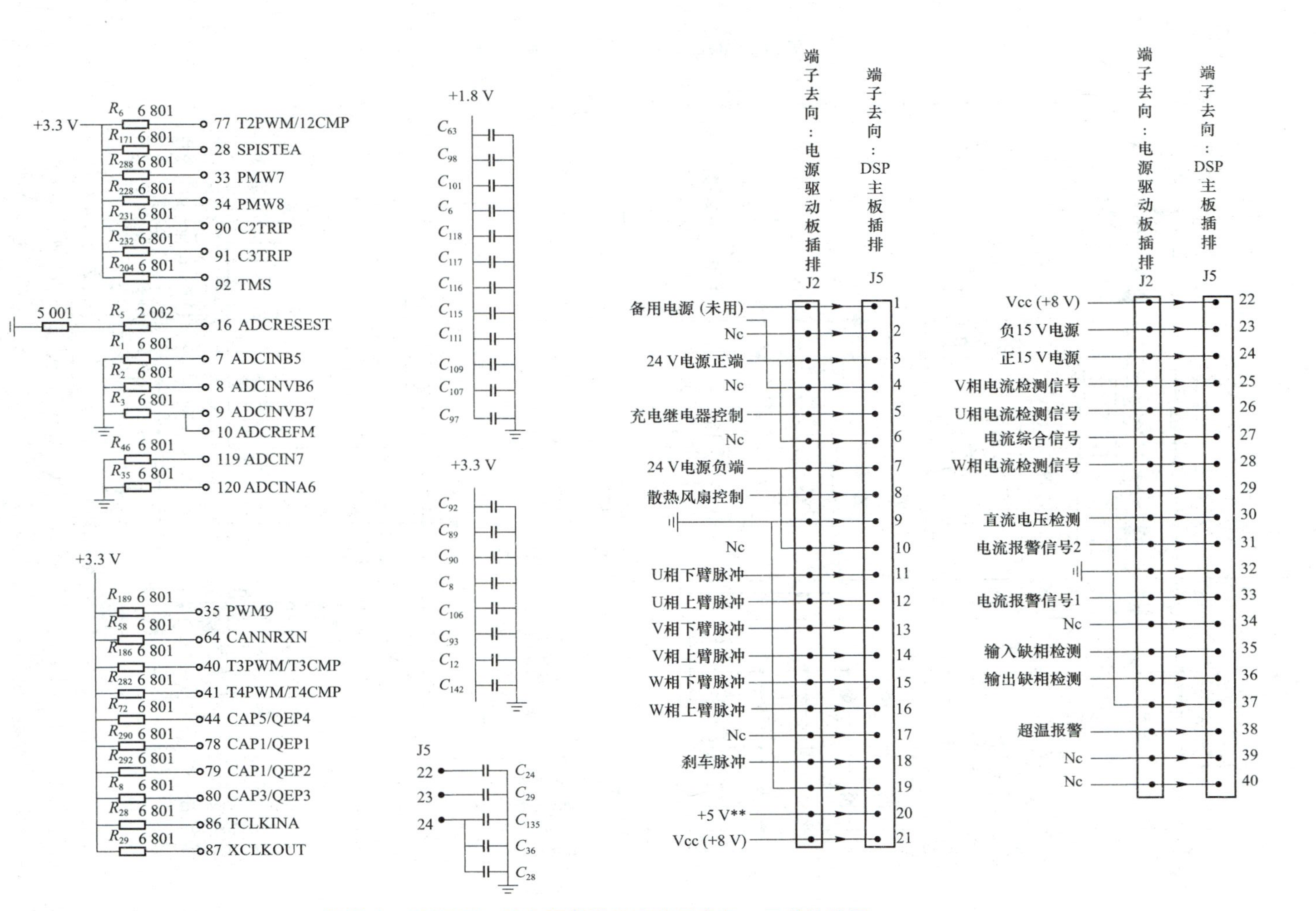

附图 8　SINE300-7R5 变频器端子信号去向、元件补遗图

附录 2　充电器电路图

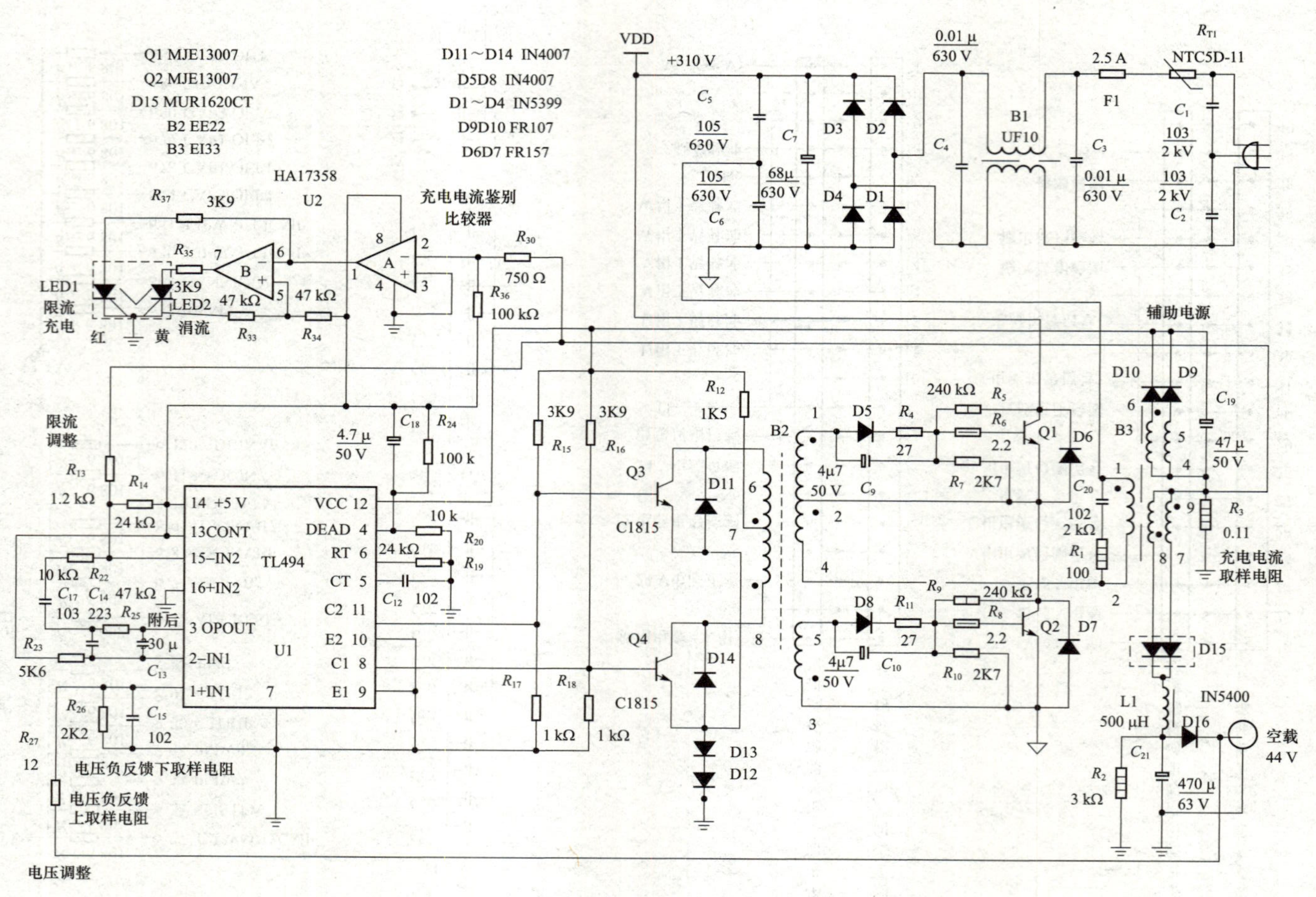

附图 9　半桥式智能电动车充电器电路

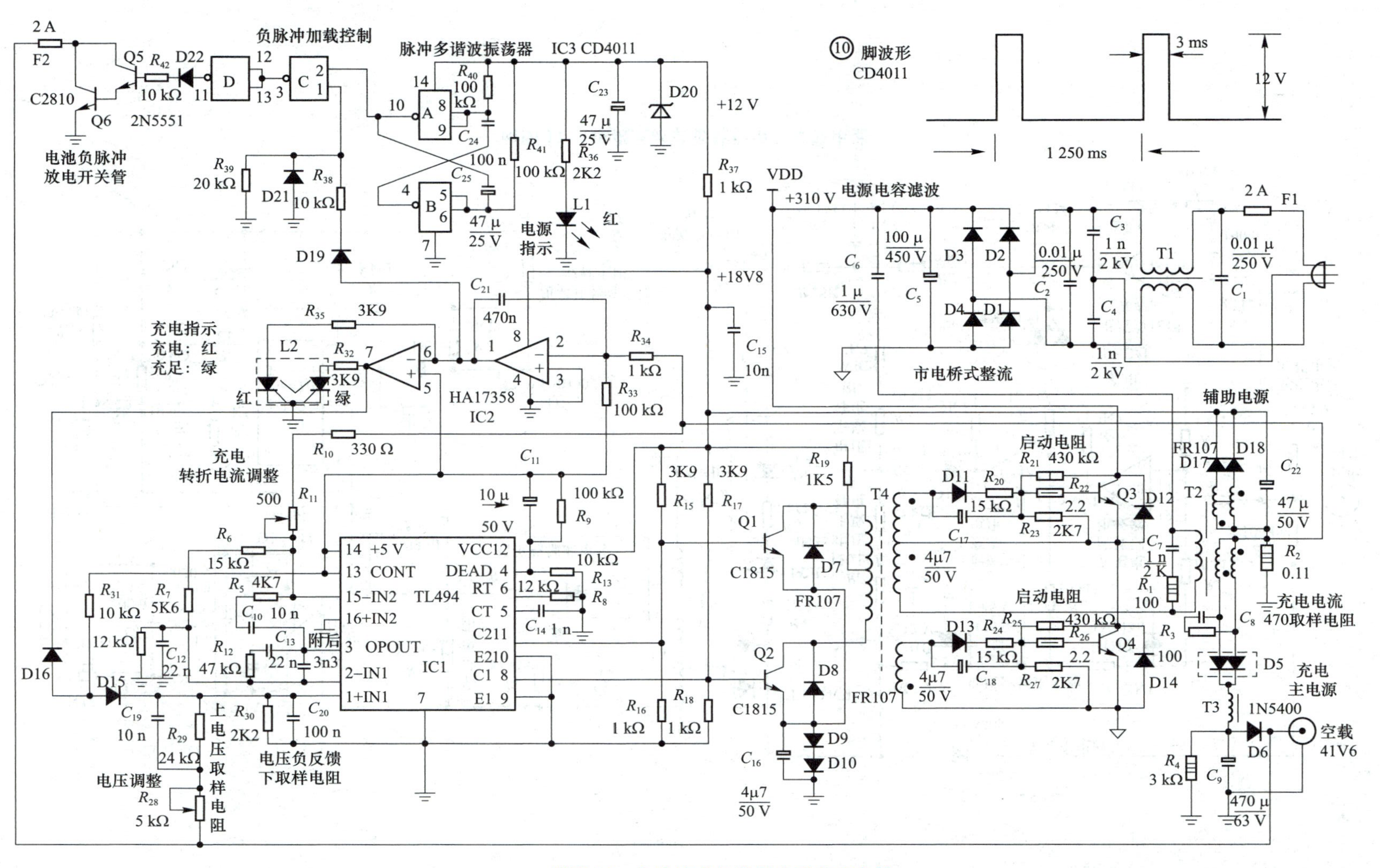

附图 10　负脉冲式智能型电动车充电器

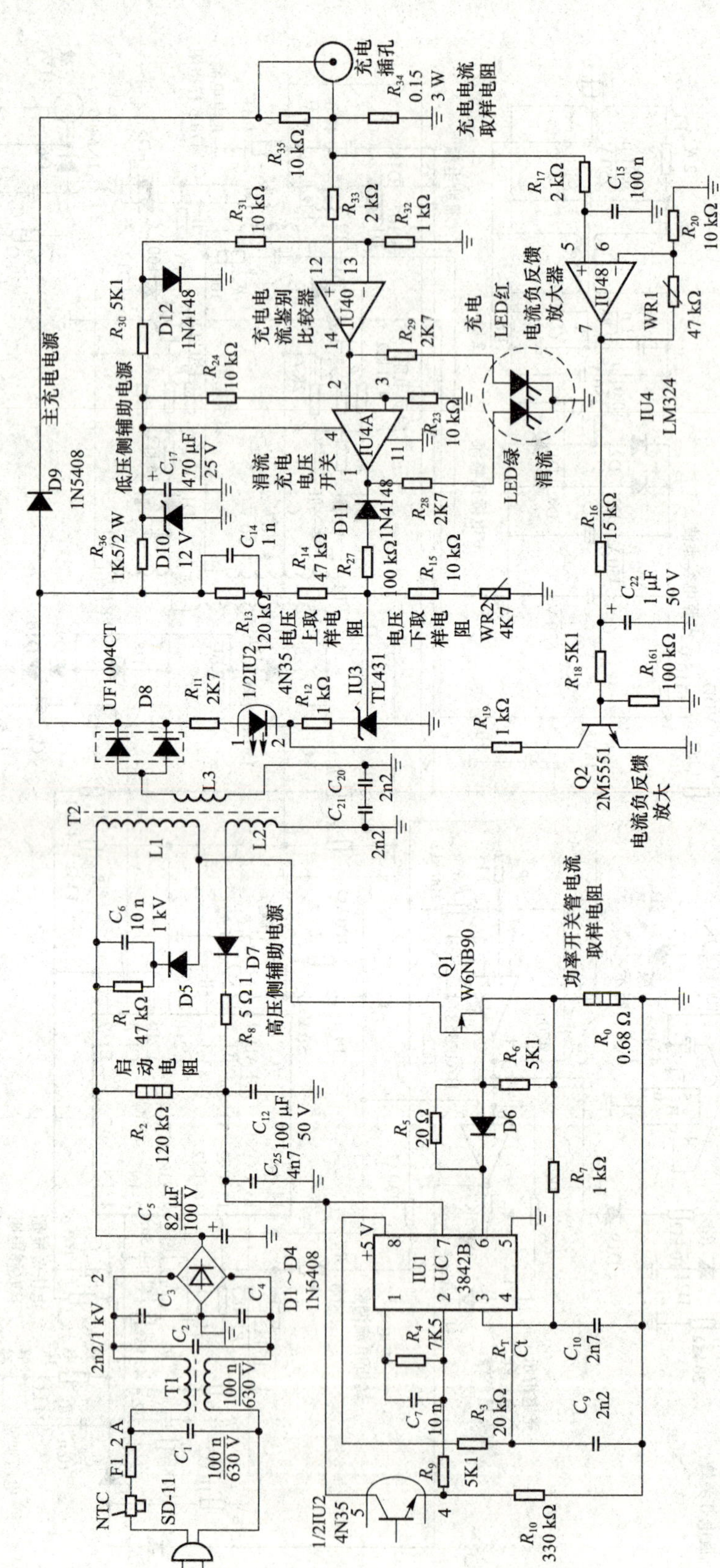

附图 11 单极反激式智能型电动车充电器

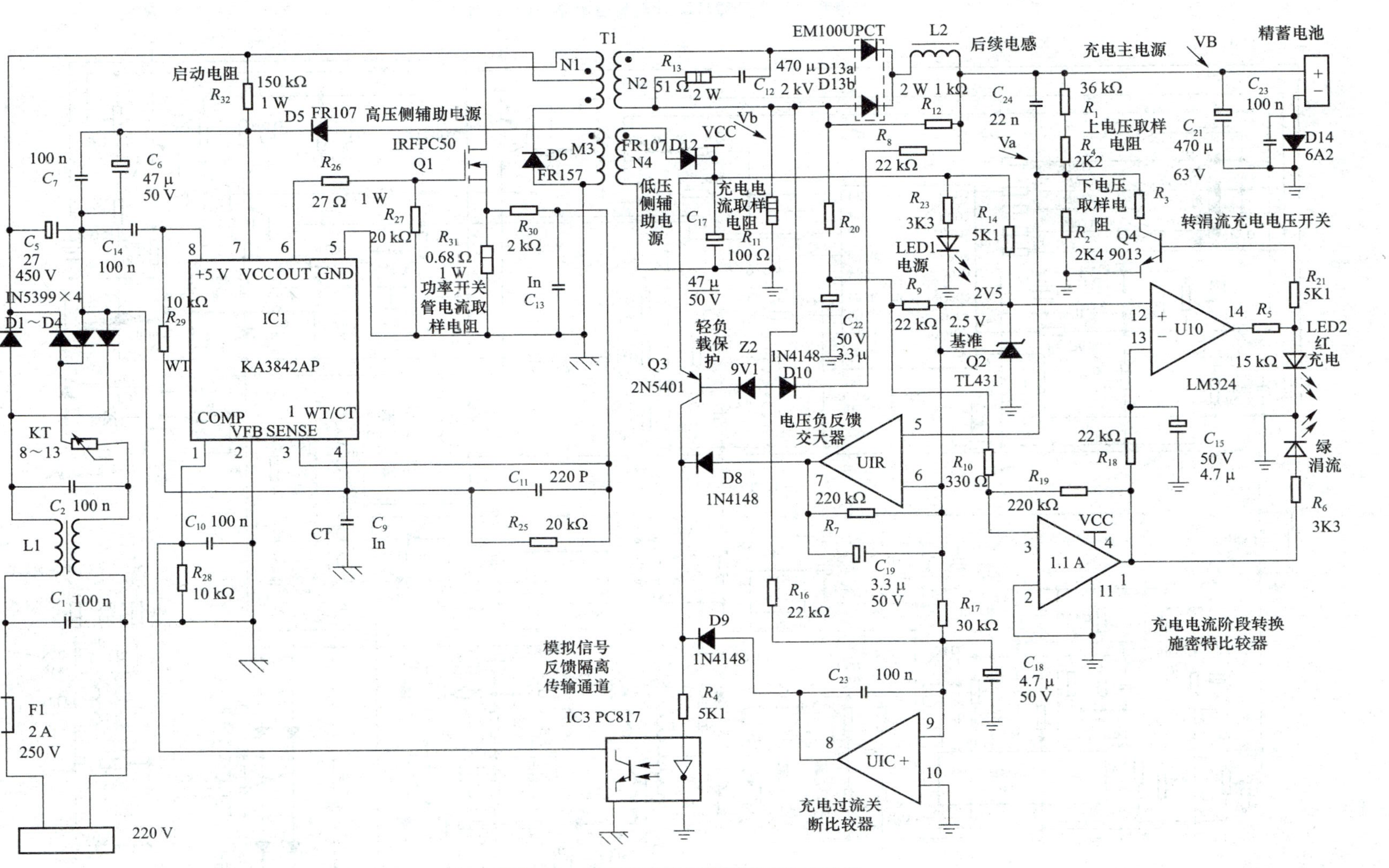

附图 12　单极正激式智能型电动车充电器

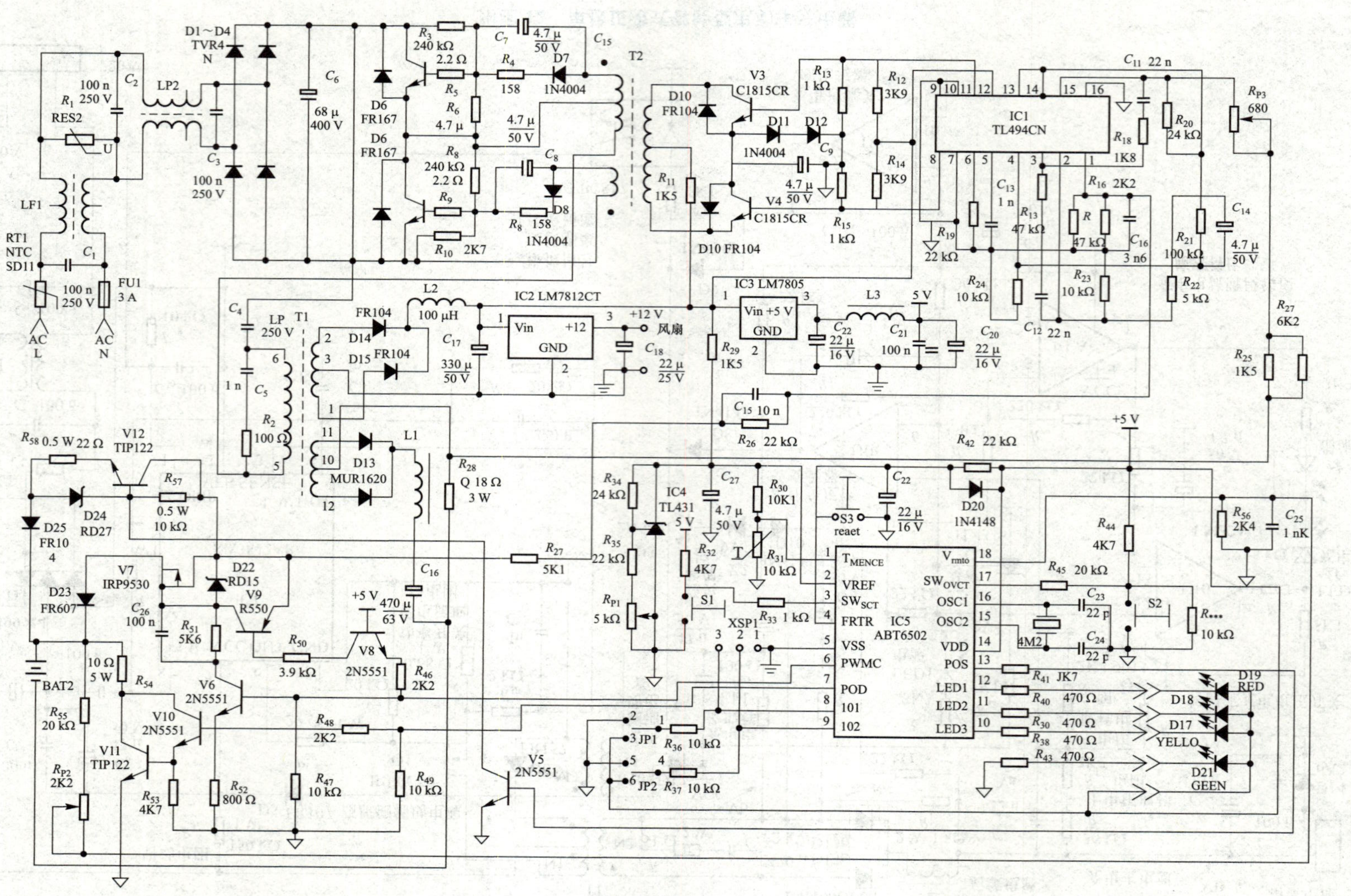

附图 13　专用单片控制的智能型电动车充电器

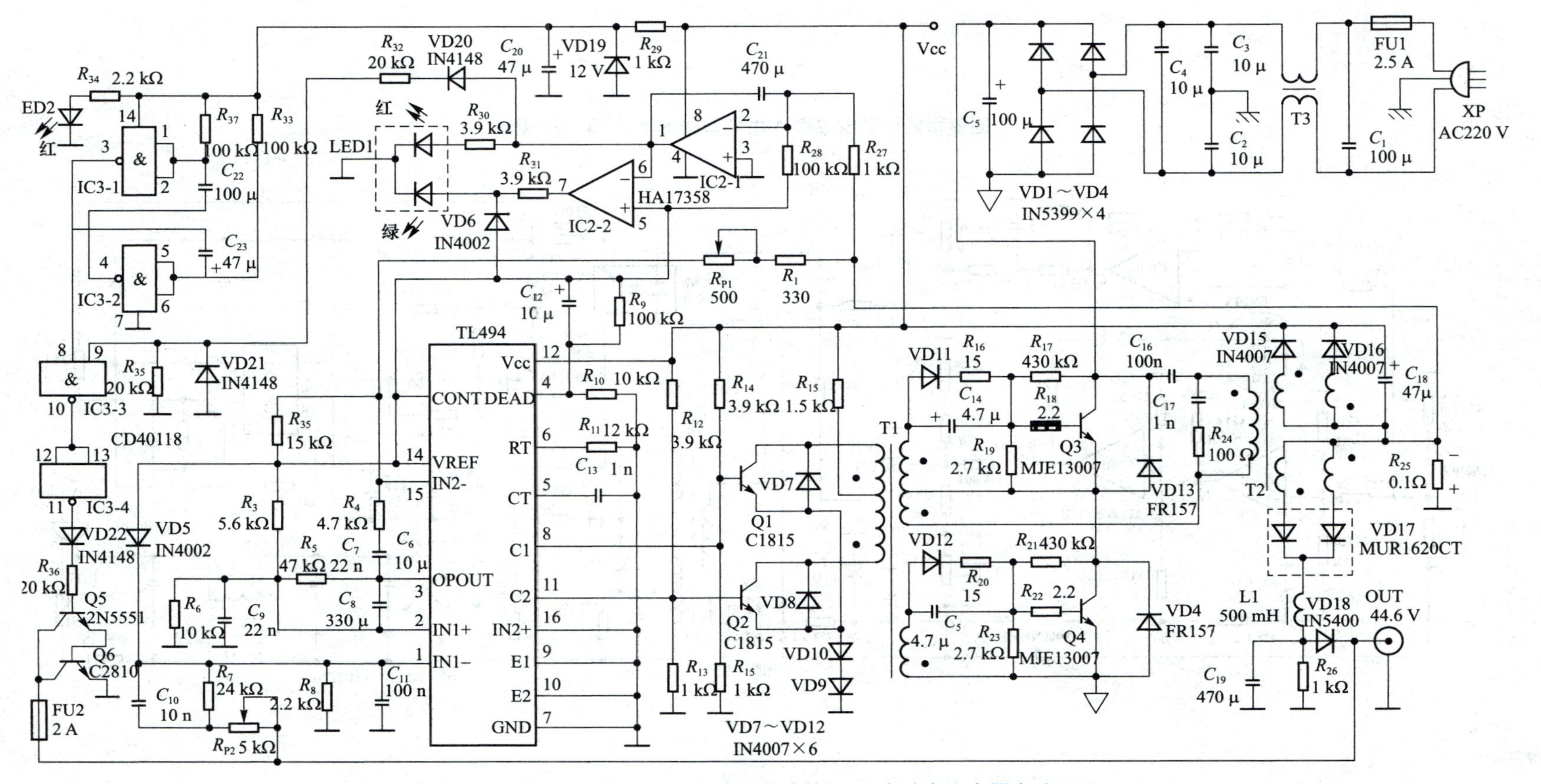

附图 14 TL494，LM358 构成的 48 V 电动车充电器电路

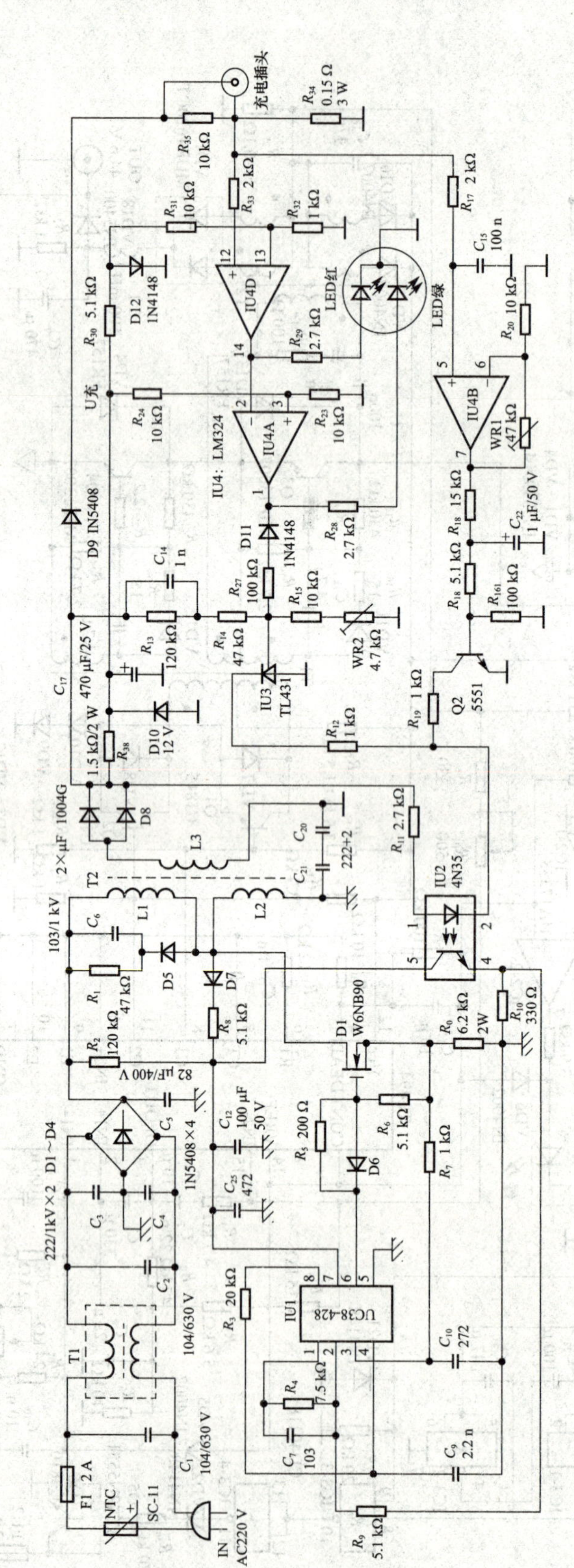

附图 15 UC38428 构成的 48V 电动车充电器电路图

参 考 文 献

[1] 高大威. 汽车电力电子学［M］. 北京：清华大学出版社，2019.
[2] 赵振宁，邱洁，刘凤珠. 混合动力汽车构造原理与检修［M］. 北京：机械工业出版社，2019.
[3] 丰田 PRIUS 手册 .
[4] 电动汽车传导式充电接口国家标准 1—9 部分 .
[5] 奔驰混合动力培训 .
[6] 毛兴武，郑周. 功率因数校正控制器 FAN7527 及应用电路［J］. 半导体技术，2010，26（3）.

汽车电力电子技术应用基础

学习评价手册

北京理工大学出版社
BEIJING INSTITUTE OF TECHNOLOGY PRESS

第 1 章　绪论

1.1　概述

1.1.1　汽车电力电子概念

____

____

1.1.2　汽车电力电子器件

____

____

填写表 1-1“汽车微电子”与“汽车电力电子”的特点。

表 1-1　“汽车微电子”与“汽车电力电子”的特点

类别	汽车微电子	汽车电力电子
电压		
电流		
功率		
目的		
器件		

1.1.3　汽车电力电子系统

画出图 1-1 所示燃料电池汽车动力系统结构示意

图 1-1　燃料电池汽车动力系统结构示意

1.1.4　汽车电力电子部件概念

汽车电力电子部件概念为：______________________________

____

____

一个汽车电力电子部件应具有下列特征。

1．功能

2．电气结构

3．机械结构

4．满足车用条件

1.1.5 汽车电力电子技术的发展历程

1.2 电力电子在汽车上的应用

1.2.1 传统汽车上的应用

在以内燃机为动力的传统汽车上，汽车电力电子技术的应用主要集中在发动机、底盘和电气三大控制系统。

1．汽车发动机系统

2．汽车底盘系统

3．汽车电气系统

1.2.2 新能源汽车上的应用

【特别指导】驱动车用电机变频器和电机控制器的区别

2. 直流 - 直流变换器

直流 - 直流变换器主要包括以下两类：

（1）小功率直流 - 直流变换器。

（2）大功率直流 - 直流变换器。

3. 车载和非车载充电机

1.3 汽车电力电子技术的特点和发展趋势

1.3.1 汽车电力电子技术的特点

汽车电力电子技术的主要特点表现在以下几个方面。

1. 高效率

2. 高频率

3. 高密度

4. 智能化

5. 高性能电力电子器件的应用

6. 复杂的工况和频繁的变载

7. 突出的电磁兼容问题

1.3.2 汽车电力电子技术的发展趋势

第 2 章　汽车电力电子器件

2.1　汽车电力电子器件概述

2.1.1　电力电子器件

写出五种电力电子器件：

____

____

画出表 2-1 四种汽车电力电子器件的符号和特性曲线并写出名称。

表 2-1　四种汽车电力电子器件

名称	符号	特性曲线

2.1.2　车用与工业用电力电子器件区别

____

____

2.1.3　电力电子器件实际特性与理想特性区别

写出表 2-2 电力电子器件实际特性与理想特性的区别。

表 2-2　电力电子器件实际特性与理想特性

类别	实际特性	理想特性
关断状态		
开通状态		
开通过程		
关断过程		
驱动与控制		

2.2　电力二极管

2.2.1　电力二极管作用

画出图 2-2 所示电力二极管外形及符号及图所示 2-3 电力二极管伏安特性曲线。

图 2-2　电力二极管外形及符号

图 2-3　电力二极管伏安特性曲线

将老师对曲线的解释记录在下面：

2.2.2　电力二极管类型

电力二极管主要类型有普通二极管、快速恢复二极管和肖特基二极管。

1．普通二极管

2．快速恢复二极管

3. 肖特基二极管

2.3 电力晶闸管

2.3.1 晶闸管概念

画出图 2-4 所示小功率晶闸管外形，以及图 2-5 所示大功率晶闸管外形。

图 2-4 小功率晶闸管外形
(a) 单向晶闸管外形；(b) 双向晶闸管外形

图 2-5 大功率晶闸管外形

2.3.2 晶闸管用途

2.3.3 晶闸管基本结构

晶闸管结构及工作原理如图 2-6 所示。

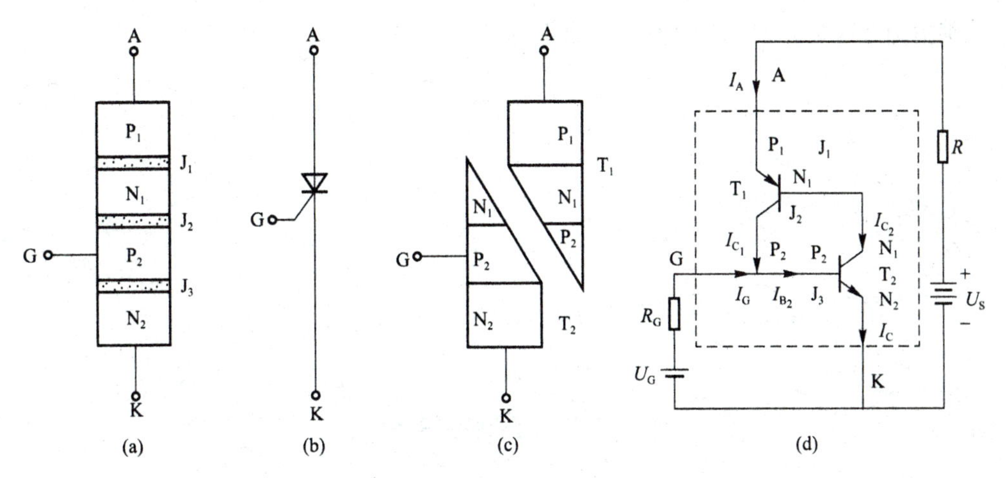

图 2-6　晶闸管结构及工作原理

（a）结构；（b）符号；（c）结构模型；（d）等值电路

2.3.4　晶闸管工作原理

1. 晶闸管导通的原理

2. 晶闸管关断的原理

2.3.5　双向晶闸管

画出图 2-7 所示双向晶闸管的结构、符号及外形。

（a）　（b）　（c）　（d）　（e）

图 2-7　双向晶闸管的结构、符号及外形

（a）内部结构；（b）等效结构；（c）等效电路；（d）符号；（e）外形

1. 双向晶闸管概念

2. 双向晶闸管的触发电路

2.3.6 晶闸管的伏安特性

画出图 2-8 所示晶闸管的伏安特性曲线。

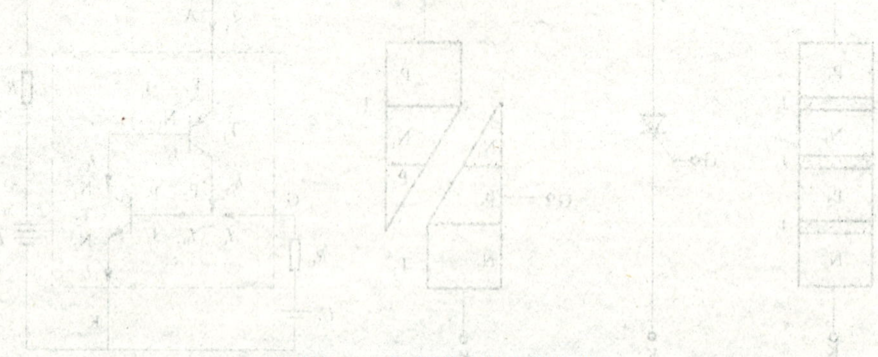

图 2-8 晶闸管的伏安特性曲线

（a）单向晶闸管的伏安特性曲线；（b）双向晶闸管的伏安特性曲线

2.3.7 应用

画出图 2-9 所示单相电动机的双向晶闸管调速电路。

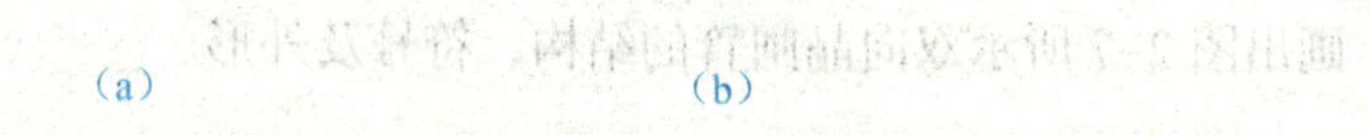

图 2-9 单相电动机的双向晶闸管调速电路

（a）供电电路的结构；（b）晶闸管的信号波形

2.3.8 检查方法

检查双向晶闸管用万用表好坏的方法如下。

1. 测量极间电阻法

____

____

2. 检查触发导通能力

____

____

2.4 电力晶体管

2.4.1 电力晶体管概念

2.4.2 电力晶体管结构

画出图 2–13 所示电力晶体管结构、外形和等效电路。

（a）　　　　（b）　　　　（c）

图 2–13 电力晶体管结构、外形和等效电路

（a）GTR 结构示意图；（b）GTR 模块的外形；（c）GTR 模块的等效电路

2.4.3 电力晶体管原理

根据图 2–14 写出电力晶体管工作原理。

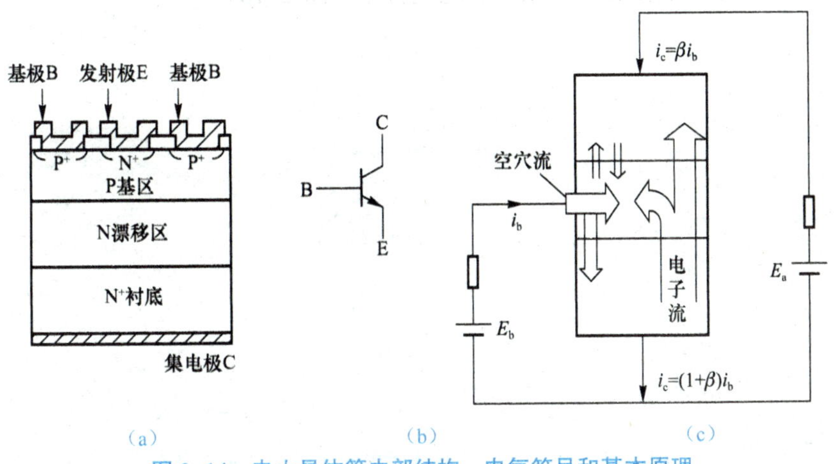

（a）　　　　（b）　　　　（c）

图 2–14 电力晶体管内部结构、电气符号和基本原理

（a）结构剖面示意图；（b）电气符号；（c）正向导通电路图

2.4.4 电力晶体管模块化

画出电力晶体管模块化符号（图 2-15）。

（a）　　（b）　　（c）　　（d）

图 2-15 电力晶体管模块化符号

（a）单元模块；（b）二单元模块；（c）四单元模块；（d）六单元模块

2.5 电力场效应晶体管

2.5.1 电力场效应晶体管概念

2.5.2 电力场效应晶体管结构

画出电力场效应晶体管内部结构、电气符号（图 2-18）。

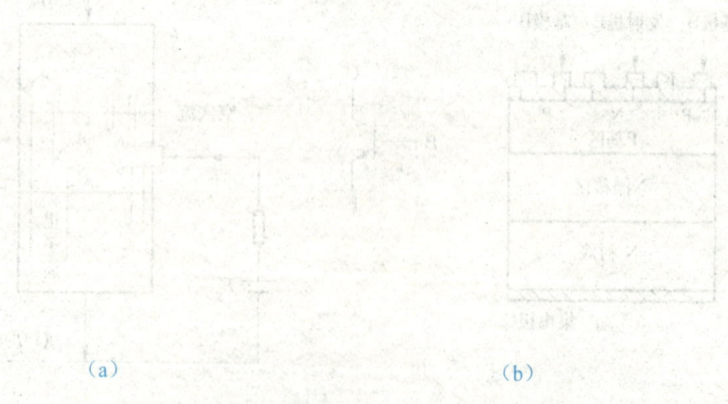

（a）　　（b）

图 2-18 电力场效应晶体管内部结构、电气符号

（a）内部结构剖面示意；（b）电气符号

2.5.3 电力场效应晶体管原理

1. 栅极（G）和源极（S）之间无驱动电压或低于开启电压

2. 栅极（G）和源极（S）之间电压大于或等于管子的开启电压

3. 栅极（G）和源极（S）之间加负电压时

2.5.4 电力场效应晶体管保护措施

2.6 绝缘栅双极晶体管

2.6.1 绝缘栅双极晶体管概念

2.6.2 绝缘栅双极晶体管结构

画出图 2-19 所示绝缘栅双极晶体管（IGBT）内部结构、等效电路和电气符号。

（a）　　　　（b）　　　　（c）

图 2-19　绝缘栅双极晶体管（IGBT）内部结构、等效电路和电气符号

（a）内部结构；（b）等效电路；（c）电气符号

2.6.3 绝缘栅双极晶体管原理

1. 栅极（G）和发射极（E）之间无驱动电压或低于开启电压

2. 电力场效应晶体管栅极（G）和发射极（E）之间电压大于或等于管子的开启电压

3. 栅极（G）和发射极（E）之间加负电压时

2.6.4 绝缘栅双极晶体管模块

画出图 2-20 所示绝缘栅双极晶体管模块常用封装后的符号。

图 2-20 绝缘栅双极晶体管模块常用封装符号

（a）一单元；（b）两单元；（c）六单元

2.6.5 驱动电压对 IGBT 的影响

作用在 IGBT 栅极和发射极之间的电压会有如下表现：

2.7 IGBT 的栅极驱动和隔离

2.7.1 IGBT 驱动电路功能

IGBT 的驱动电路必须具备以下两个功能。

1. 栅极驱动功能

2. 电隔离功能

2.7.2 典型驱动电压

2.7.3 IGBT 驱动方式

（1）小功率的 IGBT 驱动。

（2）中等功率的 IGBT 驱动。

［典型驱动电路］光耦隔离直接驱动方式

画出图 2-22 所示 M57957L 光电隔离驱动芯片内部结构。

图 2-22　M57957L 光电隔离驱动芯片的内部结构

画出图 2-23 所示 M57937L 驱动芯片外部电路及要被驱动的 IGBT。

图 2-23　M57957L 驱动芯片外部电路及要被驱动的 IGBT

（3）大功率 IGBT 驱动。

2.8　IGBT 失效及保护

2.8.1　IGBT 的失效机理

2.8.2　IGBT 失效及保护措施

2.9　IGBT 使用和检查

2.9.1　使用注意事项

2.9.2 IGBT 过载使用

2.9.3 正常 IGBT 管极性判断

2.9.4 有故障 IGBT 的检测

2.9.5 逆变器短路原因

2.10 智能功率模块

2.10.1 智能功率模块概念

2.10.2 智能功率模块结构

画出图 2-28 所示的全桥智能功能模块，内含 6 个 IPM 模块的内部保护电路，分别独立驱动 6 个 IGBT。

图 2-28 全桥智能功能模块

画出图 2-29 所示的全桥智能功能模块内含 7 个 IPM 模块的内部保护电路，下桥合并驱动。

图 2-29　带制动控制的全桥智能功能模块

2.10.3　智能功率模块功能

1．驱动功能

2．保护功能

2.10.4　驱动和保护

1．控制驱动电源欠压锁定（UV）

2．过热保护（OT）

3．过流保护（OC）

4．短路保护（SC）

2.10.5 IPM 与微控制器的隔离

画出图 2-31 所示在微控制器输出的反向器部分和 IPM 模块之间增加了光电隔离驱动电路。

图 2-31 IPM 模块光电隔离驱动电路

画出图 2-32 所示 IPM 的电机驱动电路。

图 2-32 IPM 的电机驱动电路

第 3 章　汽 / 柴油车辆中的电力电子技术应用

3.1　传统汽车中的电力电子技术

3.1.1　传统汽车电力电子技术应用

3.1.2　电力电子驱动方式

画出图 3-2 所示的汽车执行器的驱动电路结构。

图 3-2　汽车执行器的驱动电路结构

（a）低边驱动；（b）高边驱动；（c）高低边驱动；（d）半桥驱动；（e）H 桥驱动；（f）三相桥驱动

3.2　汽车电气电力电子应用

3.2.1　汽车电源系统

3.2.2　三相整流电路

3.2.3 电源的电压波动

3.3 汽油机电力电子技术应用

3.3.1 汽油机电子点火系统

画出图 3-7 所示的汽油机电子点火系统。

（a） （b）

图 3-7 汽油机电子点火系统

（a）有分电器的电子点火系统；（b）无分电器单缸独立电子点火系统

画出图 3-8 所示基于 IGBT 的电子点火系统。

图 3-8 基于 IGBT 的电子点火系统

3.3.2 汽油机缸内直喷系统

1. 喷油器驱动电流要求

画出图 3-9 所示理想喷油器的驱动电流波形。

图 3-9　理想喷油器的驱动电流波形

2. 喷油器驱动电路结构

画出图 3-10 所示喷油器驱动电路结构。

图 3-10　喷油器驱动电路结构

3. DC / DC 升压电路

画出图 3-11 所示基于 UC3843 的 DC/DC 升压电路。

图 3-11　基于 UC3843 的 DC/DC 升压电路

3.4　柴油发动机电力电子技术应用

3.4.1　喷油器电磁阀驱动模块组成

3.4.2 柴油机两种喷油器的控制方式

1. 电磁喷油器的控制方式

（1）电流型控制。画出图 3-14 所示柴油机电磁喷油器的电流型控制方式。

（a）　　　　　　　　　　　　（b）

图 3-14　柴油机电磁喷油器的电流型控制方式

（a）电路结构；（b）控制逻辑与电流波形

（2）电压型控制。画出图 3-15 所示柴油机电磁喷油器的电压型控制方式。

（a）　　　　　　　　　　　　（b）

图 3-15　柴油机电磁喷油器的电压型控制方式

（a）电路结构；（b）控制逻辑与电流波形

2. 压电喷油器的控制方式

画出图 3-16 所示柴油机压电喷油器的控制方式。

图 3-16　柴油机压电喷油器的控制方式（图中电容符号 C_{Inj} 为压电晶体）

（a）半桥驱动；（b）类似 H 桥的半桥驱动

第 4 章　有刷直流电机的驱动控制

4.1　有刷直流电机概述

4.1.1　有刷直流电机分类

4.1.2　有刷直流电机构造

4.2　有刷直流电机工作原理

4.2.1　有刷直流电机模型

根据图 4-3 写出有刷直流电机的原理。

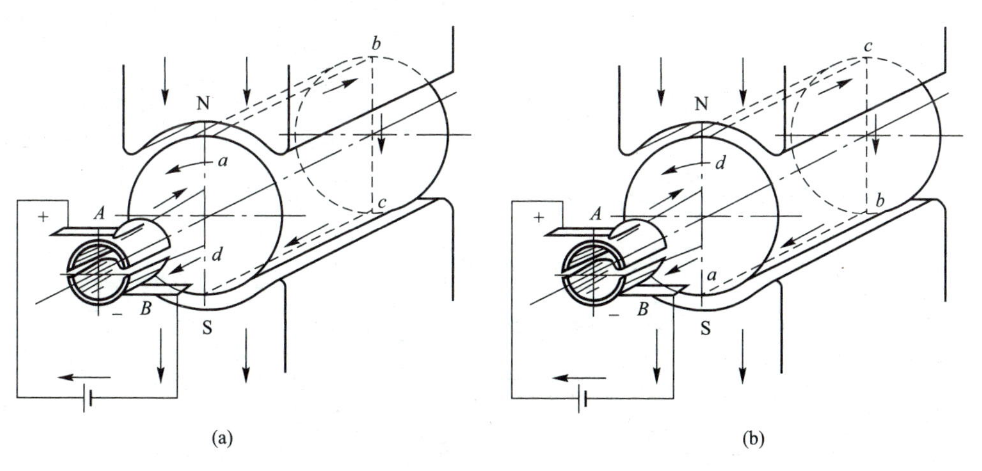

图 4-3　有刷直流电机的工作原理

4.2.2 永磁直流电机电力电子电路

（1）永磁直流电机的单极性驱动。画出图 4-4 所示永磁直流电机的单极性驱动电路。

（a）　　（b）　　（c）

图 4-4 永磁直流电机的单极性驱动电路

（a）低边驱动；（b）高边驱动；（c）半桥驱动

（2）永磁直流电机的双极性驱动。画出图 4-5 所示永磁直流电机的双极性驱动电路。

图 4-5 永磁直流电机的双极性驱动电路

第 5 章　无刷直流电机的驱动控制

5.1　无刷直流电机的结构

填写表 5-1 有刷直流电机与无刷直流电机特点对比。

表 5-1　有刷直流电机与无刷直流电机特点

项目	有刷直流电机	无刷直流电机
换相方式		
维护性		
使用寿命		
转速 / 转矩特性		
效率		
功率密度		
转子转动惯量		
转速范围		
电磁噪声		
制造成本		
控制电路与成本		
控制算法		

5.2　无刷直流电机的控制

5.2.1　三相全桥驱动电路

画出图 5-5 所示无刷直流电机的三相全桥驱动电路和时序，可以得到 6 个电力电子器件的通断状态，如图 5-6 所示。

（a）

（b）

图 5-5　无刷直流电机的三相全桥驱动电路

（a）电路结构；（b）相电流波形和控制时序

图 5-6　H-ONL-ON 控制

5.2.2　电机相电流控制

画出图 5-7 ～图 5-11 所示电机相电流控制图。

图 5-7　H-PWML-PWM 控制

图 5-8　H-ONL-PWM 控制

图 5-9　H-PWML-ON 控制

图 5-10　PWM-ON 控制

图 5-11　ON-PWM 控制

5.2.3　三相高边驱动和低边驱动电路

画出图 5-12 所示无刷直流电机的高边驱动和低边驱动电路。

（a）（b）

图 5-12 无刷直流电机的高边驱动和低边驱动电路

（a）高边驱动；（b）低边驱动

5.2.4 H 桥驱动电路

画出图 5-14 所示无刷直流电机的 H 桥驱动电路。

图 5-14 无刷直流电机的 H 桥驱动电路

5.3 无刷直流电机控制电路图解析

5.3.1 无刷直流电机控制器线路图

画出图 5-15 所示基于 MC33035 芯片和 MC33039 芯片的无刷直流电机控制器电路。

图 5-15　基于 MC33035 芯片和 MC33039 芯片的无刷直流电机控制器电路

5.3.3　电机驱动芯片 MC33033DW

画出图 5-16 所示某电动自行车 MC33033DW 芯片的无刷电机控制器线路图。

图 5-16　某电动自行车 MC33033DW 芯片的无刷电机控制器线路图

第 6 章　驱动电机单片机控制

6.1　驱动电机单片机控制概述

6.1.1　驱动电机单片机控制

6.1.2　电机控制算法比较

1. 方波控制

2. 正弦波控制

3. 磁场定向控制（FOC）

6.1.3　电机机械角度和电角度

1. 机械角度

2. 电角度

6.2　汽车驱动电机

6.2.1　驱动电机系统的概念

6.2.2 驱动电机系统的作用

6.2.3 驱动电机系统的驱动形式

（1）单电机驱动和多电机驱动。

（2）集中式驱动和分布式驱动。

6.2.4 电动汽车各种电机的特点

填写表 6-1 电动汽车各种电机的特点与应用。

表 6-1 电动汽车各种电机的特点与应用

电机类型	特点及应用
有刷直流电机	
无刷直流电机	
永磁同步电机	
交流感应电机	
开关磁阻电机	

6.4 工业电机通用变频器

6.4.1 通用变频器调速原理

6.4.2　通用变频器组成

画出图 6-11 所示的通用变频器结构原理示意。

图 6-11　通用变频器结构原理示意

6.4.3　工业变频器主电路工作原理

根据图 6-12 主电路组成，写出其工作原理。

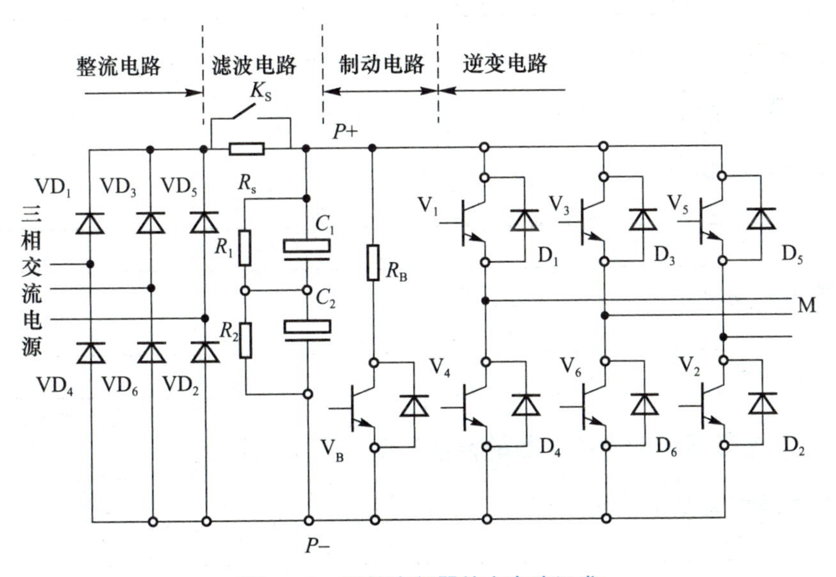

图 6-12　间接变频器的主电路组成

1. 整流与滤波

2. 制动电路

3. 逆变电路

6.5 工业变频器

6.5.1 变频器选择原则

6.5.2 变频器配件选择原则

1. 选用电抗器

2. 选用制动单元

6.5.3 矢量变频控制电机参数的自动测量

1. 矢量控制需要的参数

2. 自动测量操作

6.6 汽车驱动电机变频控制

6.6.1 纯电动汽车变频器

根据图 6-13 写出纯电动汽车变频主电路的特点。

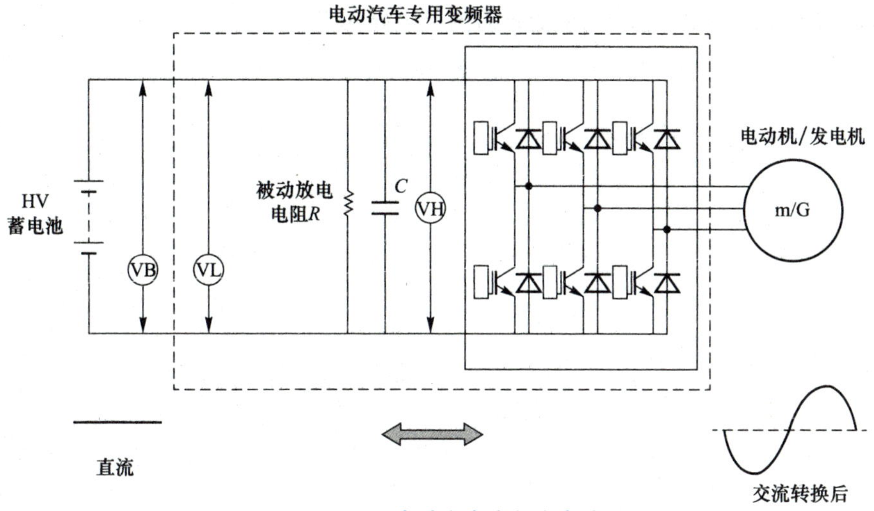

图 6-13 纯电动汽车变频主电路

6.6.2 混合动力汽车变频器

根据图 6-14 写出混合动力汽车变频器主电路的特点。

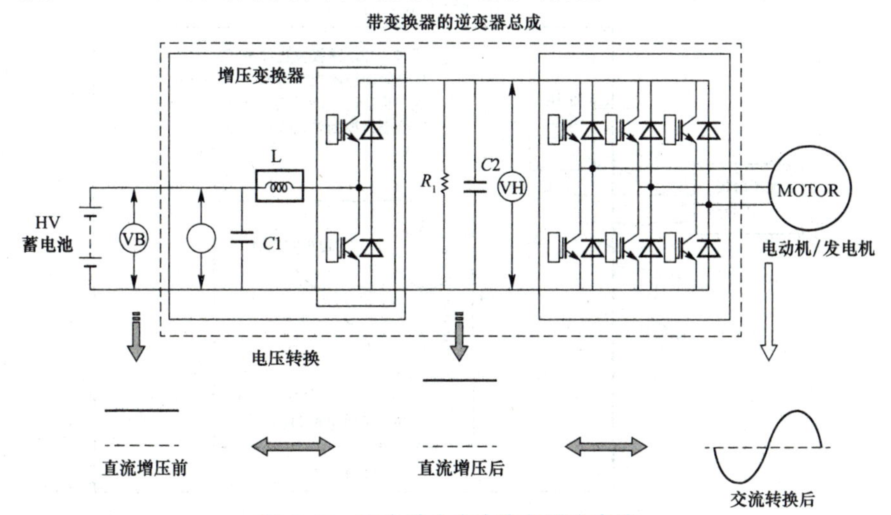

图 6-14 混合动力汽车变频器主电路

6.6.3 纯电动汽车变频器工作原理

画出图 6-15 所示纯电动汽车变频器内部电路示意。

图 6-15 纯电动汽车变频器内部电路示意

1. 驱动控制转矩申请

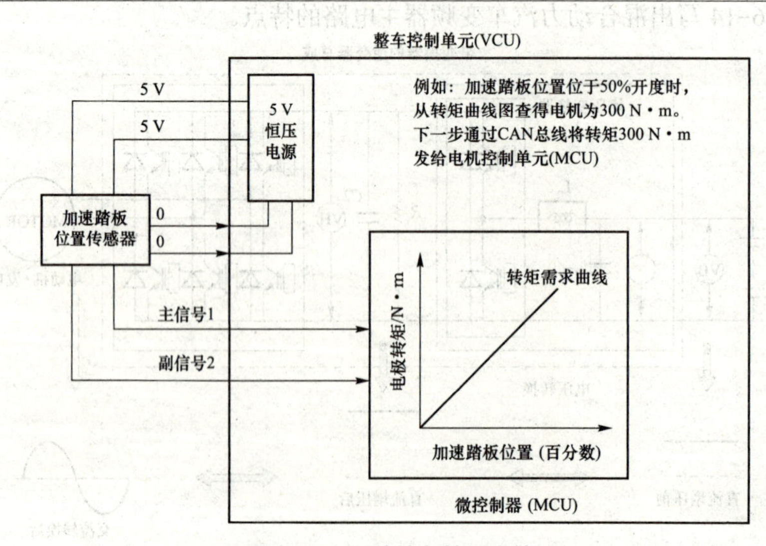

图 6-16 驱动控制转矩申请

2．驱动控制转矩的发送

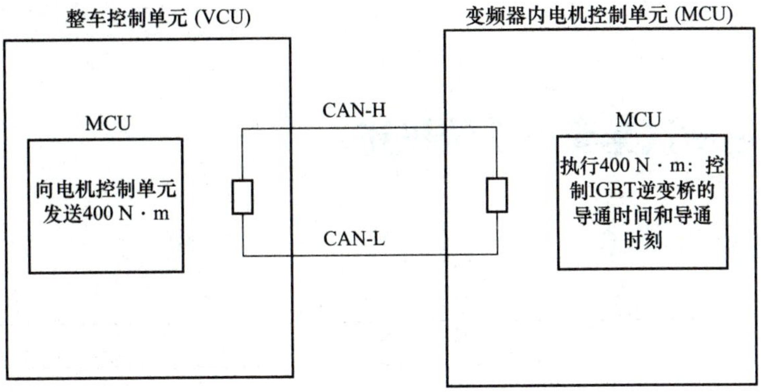

整车控制单元 (VCU)

MCU

向电机控制单元发送400 N · m

CAN-H

CAN-L

变频器内电机控制单元 (MCU)

MCU

执行400 N · m：控制IGBT逆变桥的导通时间和导通时刻

图 6-17　驱动控制转矩的发送

3．驱动控制转矩的实现

第 7 章　电动汽车充电系统

7.1　电动汽车充电系统概述

7.1.1　充电系统概念

7.1.2　充电系统分类

（1）传导式充电系统。画出图 7-1 所示传导式充电系统示意。

（a）　　　　（b）

图 7-1　传导式充电系统示意

（a）传导式交流充电系统；（b）传导式直流充电系统

（2）非传导式充电系统（无线充电系统）。画出图 7-2 无线充电系统示意。

图 7-2　无线充电系统示意

（a）静态无线充电系统；（b）动态无线充电系统

根据充电系统中传输的电能只是从电网或车辆外部储能装置传输到电动汽车的蓄电池，还是从车上的蓄电池或其他车载储能部件传输到电网或车外储能装置，分为单向充电系统和双向充电系统。

（1）单向充电系统。

____

____

（2）双向充电系统。

____

____

7.2　电动汽车充电系统环节功能

7.2.1　充电系统的电气环节组成

画出图 7-3 所示充电系统的电气环节。

图 7-3　充电系统的电气环节

7.2.2　充电系统的电气环节功能

1. 滤波电路

____

____

2．滤波电路输出侧的整流电路

3．功率因数校正电路

4．逆变电路

5．隔离电路

6．隔离电路输出侧的整流电路

7．直流－直流变换电路

7.2.3 电动汽车充电系统的要求

对一个充电系统有如下要求。

（1）较好的安全性。

（2）高可靠性。

（3）高效率。

（4）绿色环保。

（5）高功率密度。

（6）计费准确。

7.3 充电系统中的不控整流电路

7.3.1 单相桥式不控整流电路

画出图 7-5 所示单相桥式不控整流电路及波形。

（a）　　　　　　（b）

图 7-5　单相桥式不控整流电路及波形

（a）电路；（b）波形

7.3.2 三相桥式不可控整流电路

画出图 7-8 所示三相桥式不可控整流电路。

图 7-8　三相桥式不可控整流电路

7.4 全控整流电路

7.4.1 单相桥式全控整流电路

画出图 7-9 所示的单相桥式全控整流电路及波形。

（a）　　（b）

图 7-9　单相桥式全控整流电路及波形

（a）电路；（b）波形

7.4.2 三相桥式全控整流电路

画出图 7-12 所示的三相桥式全控整流电路工作波形。

（a）　　（b）　　（c）　　（d）

图 7-12　三相桥式全控整流电路工作波形

（a）α=0°；（b）α=30°；（c）α=60°；（d）α=90°

7.5 同步整流电路

7.5.1 同步整流的概念

7.5.2 同步整流的基本原理

画出图 7-13 所示二极管整流与同步整流。

图 7-13 二极管整流与同步整流

（a）二极管整流；（b）同步整流

7.5.3 同步整流的驱动方式

画出图 7-14 所示自驱动的同步整流。

图 7-14 自驱动的同步整流

7.6 大功率双向电动汽车充电器

7.6.1 双向变换器

___

7.6.2 双向 LLC 变换器原理

根据图 7-16 写出双向 3.3 kW LLC 变换器的工作原理。

___

___

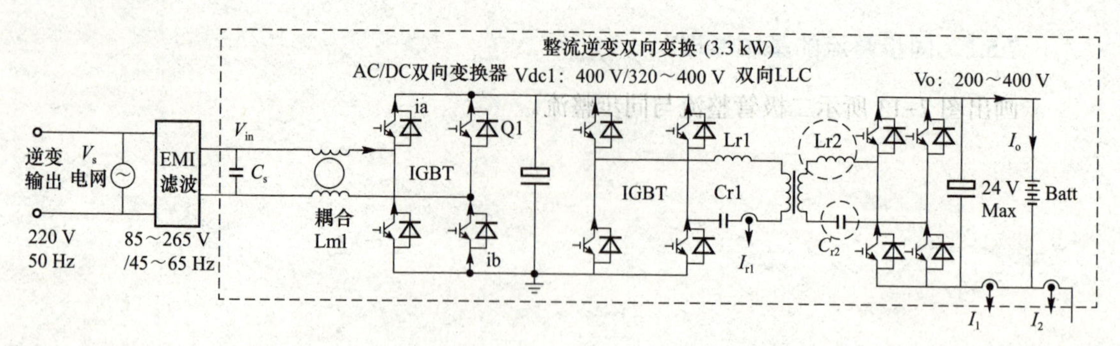

图 7-16 双向 3.3 kW LLC 变换器

7.6.3 正向充电 6.6 kW、反向逆变 3.3 kW 双向充电机

根据图 7-17 写出正向充电 6.6 kW、反向逆变 3.3 kW 双向充电机的工作原理

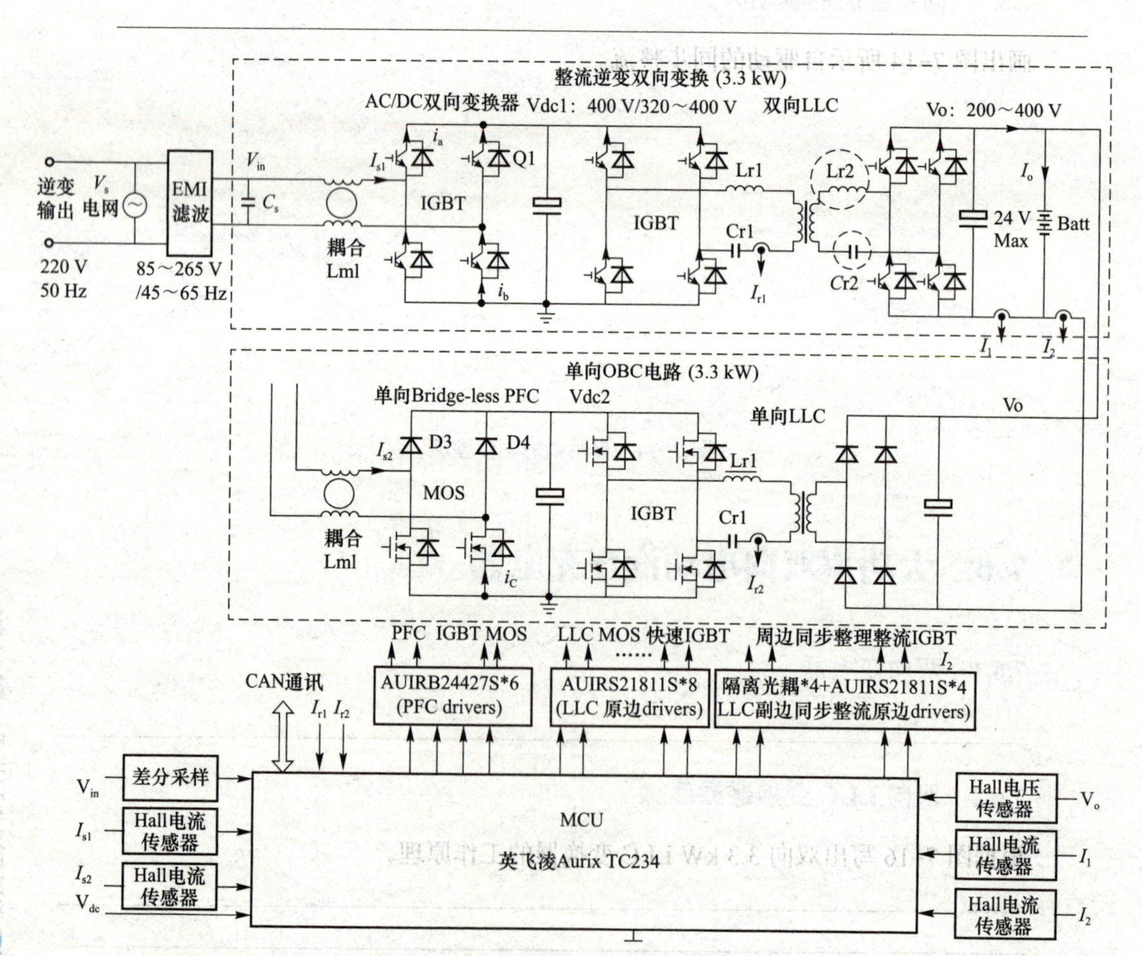

图 7-17 正向充电 6.6 kW、反向逆变 3.3 kW 双向充电机

7.6.4 大功率双向电动汽车充电机

画出图 7-18 大功率双向电动汽车充电电源电路。

图 7-18 大功率双向电动汽车充电电源电路

7.7 充电系统的控制

7.7.1 蓄电池的充电模式

1. 恒流限压模式

2. 恒压限流模式

3. 恒流定时模式

4. 恒压定时模式

7.7.2 充电系统的工作区域

根据图 7-20 写出充电系统的工作区域的意义。

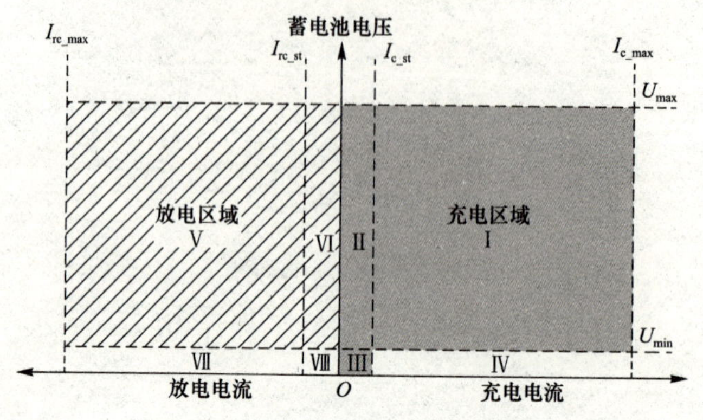

图 7-20 充电系统蓄电池一侧工作区域

7.8 充电系统的控制

7.8.1 小功率单向传导式充电系统

7.8.2 传导式充电系统的控制

7.9 直流充电桩

7.9.1 直流充电模块

画出图 7-22 所示一个直流充电模块的主电路的组成。

图 7-22　一个直流充电模块的主电路的组成

7.9.2　三相维也纳（VIENNA）整流原理

画出图 7-23 所示三相 VIENNA 整流器简化拓扑结构。

图 7-23　三相 VIENNA 整流器简化拓扑结构

7.10　无线充电系统的控制

7.10.1　大功率双向无线充电系统

7.10.2 控制注意事项

7.11 充电系统与电机驱动系统的集成

7.11.1 充电系统与电机驱动系统的集成概念

画出图 7-26 所示典型的电机驱动系统。

图 7-26 典型的电机驱动系统

7.11.2 单相充电系统与电机驱动系统的集成

画出图 7-27 所示单相充电系统与电机驱动系统的集成。

图 7-27 单相充电系统与电机驱动系统的集成

画出图 7-28 所示电机及其控制器等效为双向直流 - 直流变换器。

图 7-28　电机及其控制器等效为双向直流 - 直流变换器

第 8 章　电动汽车直流 - 直流变换器

8.1　直流 - 直流变换器的作用与分类

8.1.1　直流 - 直流变换器的作用

8.1.2　直流 - 直流变换器的分类

1．按变换器端口电压分类

2．按变换器能量流动方向分类

3．按变换器两端口电气耦合分类

8.2　单向直流 - 直流变换器

1. 构型 I

画出图 8-7 燃料电池动力系统构型 I 。

图 8-7　燃料电池动力系统构型 I

2. 构型Ⅱ

画出图 8-9 所示燃料电池动力系统构型Ⅱ。

图 8-9　燃料电池动力系统构型Ⅱ

8.3　降压型 / 升压型直流 - 直流变换器

8.3.1　降压型直流 - 直流变换器

1. 电路组成

画出图 8-10 所示降压型变换器电路结构。

图 8-10　降压型变换器电路结构

2. 电路的工作过程

____

____

____

____

8.3.2　升压型直流 - 直流变换器（Boot 变换器）

1. 电路组成

画出图 8-11 所示升压型变换器电路结构。

图 8-11　升压型变换器电路结构

2. 电路的工作过程

8.4　隔离型直流 - 直流变换器

隔离型直流 - 直流变换器的技术特点：

（1）隔离变换方法。

（2）控制方法。

（3）效率问题。

（4）散热问题。

8.5　全桥式直流 - 直流变换器

8.5.1　全桥式直流 - 直流变换器电路组成

画出图 8-13 所示全桥式直流 - 直流变换器电路（隔离型）。

图 8-13 全桥式直流 - 直流变换器电路（隔离型）

8.5.2 工作原理

根据图 8-13 写出全桥式直流 - 直流变换器电路（隔离型）工作原理。

____

____

____

____

____

____

8.6 半桥式直流 - 直流变换器

8.6.1 半桥式直流 - 直流变换器电路组成

画出图 8-14 所示半桥式直流 - 直流变换器电路（隔离型）电路。

图 8-14 半桥式直流 - 直流变换器电路（隔离型）

8.6.2 工作原理

根据图 8-14 写出半桥式直流 - 直流变换器电路（隔离型）的工作原理。

____

____

____

____

8.8 LLC 谐振直流－直流变换器

8.8.1 半桥式 LLC 谐振直流－直流变换器电路组成

画出图 8-17 所示半桥式 LLC 谐振直流－直流变换器电路结构。

图 8-17 半桥式 LLC 谐振直流－直流变换器电路结构

8.8.2 半桥式 LLC 谐振直流－直流变换器工作原理

根据图 8-17 写出半桥式 LLC 谐振直流－直流变换器工作原理。

____

____

____

8.9 有源钳位正激直流－直流变换器

8.9.1 有源钳位正激直流－直流变换器优势

____

____

8.9.2 有源钳位正激直流－直流变换器原理

主开关 V1 和辅助开关 V2 的驱动信号分为四个阶段说明（图 8-19）：

第一个阶段：

____

____

第二个阶段：

____

____

第三个阶段：

____

____

第四个阶段：

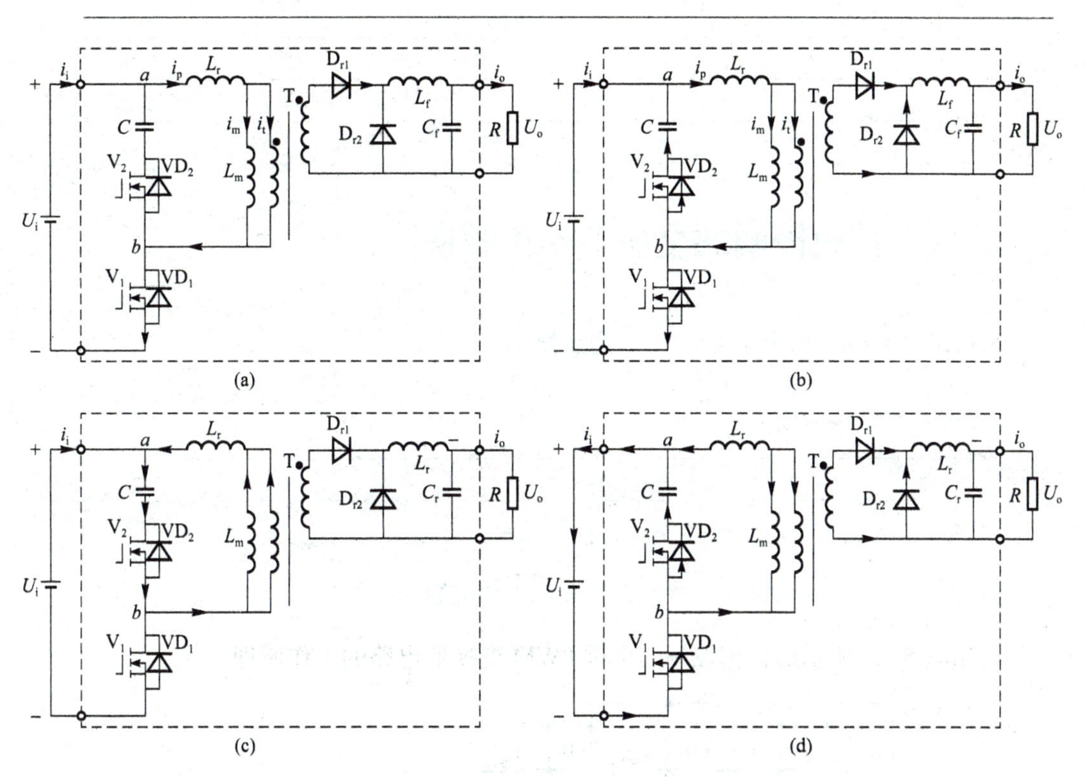

图 8-19　主开关 V_1 和辅助开关 V_2 的驱动信号

（a）V_1 开关管导通时的初级和次级电流方向；（b）V_1 开关管截止时的初级 和次级电动势方向；（c）V_2 开关管导通时的初级电流方向；（d）V_2 开关管截止时的初级电流方向

8.10　有源钳位正、反激直流 - 直流变换器

8.10.1　有源钳位正、反激直流 - 直流变换器结构

画出图 8-20 所示有源钳位正、反激直流 - 直流变换器电路结构。

图 8-20　有源钳位正、反激直流 - 直流变换器电路结构

8.10.2 有源钳位正、反激直流－直流变换器工作原理

根据图 8-20 写出有源钳位正、反激直流－直流变换器电路原理。

8.11 移相控制的全桥 PWM 变换器

8.11.1 移相控制全桥 PWM 变换器概念

8.11.2 移相控制的全桥 PWM 变换器工作原理

写出图 8-21 所示的移相控制的全桥 PWM 变换器电路的工作原理。

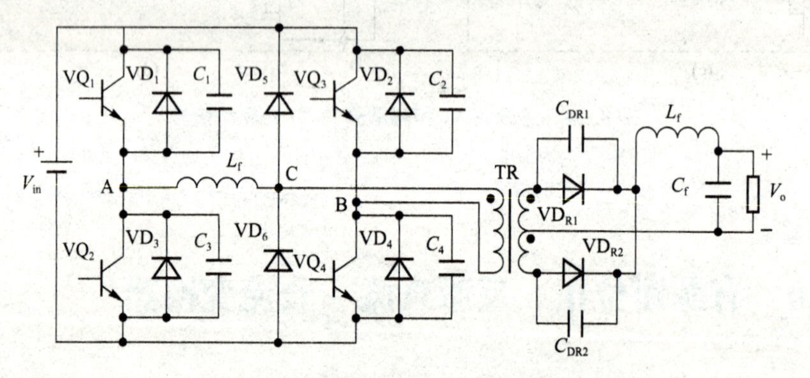

图 8-21 移相控制的全桥 PWM 变换器电路

第 9 章　汽车电力电子系统的电磁兼容

9.1　电磁兼容基本概念与术语

9.1.1　电磁场

9.1.2　电磁兼容

9.1.3　电磁兼容问题

1．外部电磁环境对车载设备的影响

2．车辆内部各车载设备之间的影响

3．车辆设备对车辆外部设备产生的影响

9.1.4　高频电磁干扰的产生

9.1.5　主要的电磁兼容术语

主要的电磁兼容术语如下：

画出图 9-2，说明主要电磁兼容术语之间的关系。

图 9-2　主要电磁兼容术语之间的关系

9.2　汽车电力电子电磁噪声

9.2.1　电磁噪声造成的振动

9.2.2　汽车电磁噪声的类型

1. 按电磁骚扰源分类

（1）自然骚扰源。

（2）车外骚扰源。

（3）车载骚扰源。

2. 按电磁噪声产生的原因分类

（1）放电噪声。

（2）高频振荡噪声。

（3）浪涌噪声。

3. 按电磁噪声传播方式分类

（1）传导噪声。

（2）辐射噪声。

4. 按电磁噪声传导模式分类

（1）差模噪声。

（2）共模噪声。

5. 按电磁噪声波形及性质分类

（1）持续正弦波。

（2）偶发脉冲电压波形。

（3）脉冲序列。

6. 按电磁噪声频谱分类

9.2.3 开关噪声源

1. 电力电子器件开关过程产生的电磁噪声

（1）功率二极管开关过程产生的电磁噪声。

（2）晶闸管开关过程产生的电磁噪声。

（3）功率 MOSFET 和 IGBT 开关过程产生的电磁噪声。

2. 传统汽车开关产生的电磁噪声

（1）汽油机点火系统产生的电磁噪声。

（2）整车电气系统产生的电磁噪声。

3．直流－直流变换器产生的电磁噪声

4．驱动电机系统产生的电磁噪声

5．充电系统产生的电磁噪声

9.2.4 静电放电对汽车电力电子系统的影响

9.2.5 汽车电磁噪声的耦合途径

1．传导耦合

（1）直接阻抗耦合。

（2）电容性耦合。

（3）电感性耦合。

2．辐射耦合

9.2.6 汽车电力电子系统电磁兼容性测试内容

1．电磁辐射发射试验

2．电磁辐射抗扰度试验

3. 传导发射试验

4. 传导抗扰度试验

5. 静电放电抗扰度试验

9.3 汽车电力电子系统电磁干扰的抑制

9.3.1 屏蔽

1. 屏蔽的作用

（1）静电屏蔽。

（2）磁场屏蔽。

（3）电磁场的屏蔽。

2. 汽车电力电子系统的屏蔽

9.3.2 接地

1. 接地的作用

2. 接地的方式

9.3.3 滤波

1．滤波的作用

2．电力电子主电路的滤波电路

3．低压控制电源的滤波电路

4．CAN 总线的滤波电路

9.3.4 隔离

1．隔离的作用

2．变压器隔离

3．光电隔离

9.4 无线充电系统的电磁安全性

9.4.1 无线充电系统的电磁辐射

9.4.2 无线充电系统的电磁辐射抑制

第 10 章　汽车电力电子维修

10.1　电路板维修注意事项

10.1.1　先看后量

10.1.2　先外后内

10.1.3　先易后难

10.1.4　先静后动

10.2　变频器故障维修方法

10.2.1　变频器目视检查

10.2.2　静态测试

1. 测试整流电路

2. 测试逆变电路

10.2.3 动态测试

10.2.4 变频器 / 逆变器的正确拆装

10.3 常见的故障现象和原因分析

10.3.1 过流（OC）

10.3.2 过压（OV）

10.3.3 欠压（UV）

10.3.4 过热（OH）

10.3.5 输出不平衡

10.3.6 变频器过载

10.3.7 开关电源损坏

10.3.8 短路故障（SC）

10.3.9 接地故障（GF）

10.3.10 限流运行

10.4 维修无图纸电路板的方法

10.4.1 维修无图纸电路板的准备

10.4.2 工控电路板电容损坏的故障特点及维修

10.4.3 电阻损坏的特点与判别

10.4.4 运算放大器的好坏判别方法

10.4.5 万用表测试贴片元件的小窍门

10.4.6 电路板公共电源短路故障的检修方法

10.4.7　一块小橡皮，解决大问题

10.4.8　时好时坏电气故障的分析

10.4.9　快速查找元器件资料的方法